该译著是武汉大学人文社会科学青年学术重点资助团队"大健康法制的理论与实践"的研究成果。

责任的世纪
美国保险法和侵权法的协同

[美]肯尼斯·S.亚伯拉罕 | 著
武亦文 赵亚宁 | 译

THE
LIABILITY
CENTURY

INSURANCE AND TORT LAW
FROM THE PROGRESSIVE ERA TO 9/11

中国社会科学出版社

图字：01-2018-0589号

图书在版编目(CIP)数据

责任的世纪：美国保险法和侵权法的协同／（美）肯尼斯·S. 亚伯拉罕著；武亦文，赵亚宁译．—北京：中国社会科学出版社，2019.9

书名原文：The Liability Century: Insurance and Tort Law from the Progressive Era to 9/11
ISBN 978-7-5203-4702-0

Ⅰ.①责… Ⅱ.①肯…②武…③赵… Ⅲ.①保险法—研究—美国②侵权法—研究—美国 Ⅳ.①D971.222.8②D971.237

中国版本图书馆CIP数据核字(2019)第262387号

The Liability Century: Insurance and Tort Law from the Progressive Era to 9/11
by Kenneth S. Abraham
Copyright © 2008 by the President and Fellows of Harvard College
Published by arrangement with Harvard University Press through Bardon-Chinese Media Agency.
Simplified Chinese translation copyright © (year) by China Social Sciences Press.
All Rights Reserved.

出 版 人	赵剑英
责任编辑	梁剑琴
责任校对	杨 林
责任印制	郝美娜

出　　版	中国社会科学出版社
社　　址	北京鼓楼西大街甲158号
邮　　编	100720
网　　址	http://www.csspw.cn
发 行 部	010-84083685
门 市 部	010-84029450
经　　销	新华书店及其他书店
印　　刷	北京君升印刷有限公司
装　　订	廊坊市广阳区广增装订厂
版　　次	2019年9月第1版
印　　次	2019年9月第1次印刷
开　　本	710×1000 1/16
印　　张	15.5
插　　页	2
字　　数	252千字
定　　价	88.00元

凡购买中国社会科学出版社图书，如有质量问题请与本社营销中心联系调换
电话：010-84083683
版权所有　侵权必究

献给 Rheubans 和 Thomsons

目　　录

致谢 ………………………………………………………………（1）
导言 ………………………………………………………………（3）
　　一　两个体系及其相互作用 ………………………………（4）
　　二　选题缘由 ………………………………………………（8）
　　三　对于此建设性课题的规范性假设 ……………………（10）
第一章　新时代的开启 …………………………………………（17）
　第一节　道德风险和十九世纪的保险 ………………………（18）
　第二节　保险之法律地位的历史演进 ………………………（22）
　　一　第一方保险和过失导致损失 …………………………（23）
　　二　责任免除和补偿协议 …………………………………（24）
　　三　Phoenix案的裁判规则 ………………………………（27）
　第三节　责任保险的产生与合法化 …………………………（29）
　　一　雇主责任的威胁 ………………………………………（30）
　　二　雇主责任保险 …………………………………………（31）
　第四节　公众责任与保险人控制诉讼的出现 ………………（35）
　　一　对公众责任的承保 ……………………………………（36）
　　二　保险人的角色：索赔请求中的抗辩与和解 …………（39）
第二章　侵权法改革的发端：劳工补偿 ………………………（42）
　第一节　二十世纪初的缺憾困局 ……………………………（43）
　　一　侵权法的不完全赔偿 …………………………………（44）
　　二　第一方保险的赔偿 ……………………………………（46）
　　三　事故预防 ………………………………………………（50）
　　四　运行成本 ………………………………………………（52）
　第二节　对侵权法的替代 ……………………………………（54）
　　一　基本体系 ………………………………………………（58）

二　新制度的影响 …………………………………………………… (59)
　第三节　改革的遗产 ………………………………………………………… (63)
　　一　制度健康情况的晴雨表：保费 ………………………………… (65)
　　二　核心矛盾 ………………………………………………………… (67)
　第四节　非排他性救济 ……………………………………………………… (69)

第三章　驾驶人、律师、保险人：一个高成本的组合 ………………………… (72)
　第一节　机动车赔偿难题的出现 …………………………………………… (73)
　第二节　哥伦比亚计划 ……………………………………………………… (77)
　第三节　受害人赔偿和标准机动车侵权责任保险单的演化 ……………… (80)
　　一　对承保范围的扩大 ……………………………………………… (80)
　　二　对医疗费用的保障 ……………………………………………… (82)
　　三　无保险驾驶人险 ………………………………………………… (83)
　　四　第二次世界大战后的景象 ……………………………………… (84)
　第四节　诉讼律师与赔偿程序 ……………………………………………… (85)
　　一　诉讼律师的专业化 ……………………………………………… (86)
　　二　医疗费用的影响 ………………………………………………… (89)
　第五节　体系的缺陷 ………………………………………………………… (91)
　　一　拖延 ……………………………………………………………… (91)
　　二　不平等 …………………………………………………………… (93)
　　三　不完全赔偿 ……………………………………………………… (94)
　第六节　无过失运动 ………………………………………………………… (95)
　第七节　"无可争议的"想法的消亡 ……………………………………… (100)
　第八节　当代的情况 ………………………………………………………… (104)

第四章　医生的困境：医疗过失责任与健康保险体系 ……………………… (108)
　第一节　现代医疗过失责任的产生 ………………………………………… (110)
　　一　专家证言问题 …………………………………………………… (111)
　　二　法律规则的发展 ………………………………………………… (113)
　　三　二十世纪六十年代的复杂局面 ………………………………… (115)
　第二节　健康保险和美国的医疗服务架构 ………………………………… (116)
　第三节　不断改变的医疗过失环境 ………………………………………… (119)
　　一　更多的诉讼和更昂贵的保险 …………………………………… (120)
　　二　两大因素造成的困境 …………………………………………… (122)

第四节　保险周期与持续的波动性难题 …………………… (124)
　　　一　保险周期概述 ………………………………………… (125)
　　　二　第一轮改革：二十世纪七十年代中期的危机 ……… (127)
　　　三　第二轮改革：二十世纪八十年代中期的危机 ……… (132)
　　　四　第三轮改革：二十一世纪的第一次危机 …………… (137)
第五章　产品责任、环境污染责任和长尾性 ………………………… (142)
　　第一节　现代产品责任规则的演进之路 …………………… (143)
　　　一　MacPherson 案和生产者的过失责任 ……………… (144)
　　　二　以企业为基础的严格责任 …………………………… (146)
　　　三　设计缺陷和警示缺陷 ………………………………… (149)
　　第二节　CERCLA 与环境污染责任改革 …………………… (152)
　　第三节　责任保险与长尾难题 ……………………………… (155)
　　　一　产品责任保险的产生 ………………………………… (155)
　　　二　对长尾责任的承保 …………………………………… (158)
　　　三　二十世纪八十年代中期的危机和长尾性的减弱 …… (165)
　　第四节　不信任和"高额索赔"默示免责的新时代 ………… (168)
　　第五节　侵权诉讼和保险索赔之间的进退维谷 …………… (169)
第六章　责任与保险，何者在先？ …………………………………… (173)
　　第一节　普通个人责任保险的发展 ………………………… (175)
　　第二节　个人责任保险与无义务规则的瓦解 ……………… (180)
　　　一　土地致害的侵权责任 ………………………………… (181)
　　　二　儿童的注意义务标准 ………………………………… (185)
　　　三　豁免权的废除 ………………………………………… (187)
　　　四　过失导致精神损害的责任 …………………………… (190)
　　第三节　影响的一般性本质 ………………………………… (195)
第七章　平行来源规则、大规模侵权责任和"9·11"事件的重要
　　　　意义 …………………………………………………… (199)
　　第一节　大规模侵权责任和"9·11"事件 ………………… (200)
　　第二节　对赔偿体系的另一检视 …………………………… (202)
　　　一　运行成本 ……………………………………………… (202)
　　　二　赔偿来源之间的协调 ………………………………… (203)
　　　三　人寿保险的特殊情况 ………………………………… (208)

第三节 "9·11"基金 …………………………………………（211）
　一　VCF 的运行框架 ……………………………………（212）
　二　损失、需求和赔偿原则 ……………………………（214）
第四节 侵权法在保险体系中的未来 ……………………（216）

第八章 反复出现的主题，值得深思的局限 ……………（220）
第一节 对可获得的赔偿来源的探寻 ……………………（221）
第二节 担任媒介角色的保险 ……………………………（223）
　一　影响纠纷结果和法律规则变化 ……………………（223）
　二　不断改变的互动关系 ………………………………（225）
第三节 功能的相互重合 …………………………………（226）
　一　作为保险的侵权法：通过确立责任分散损失 ………（228）
　二　作为侵权法的保险：在承保损失的同时预防损失 ……（230）
　三　值得深思的局限 ……………………………………（236）

译后记 ………………………………………………………（238）

致　　谢

对于为本书包含之智力成果作出过贡献或提供过支持的人，笔者实在难以一一致谢，因为从某种程度上而言，本书是近四十年之研究的结晶。但是，有一些人的贡献十分突出。Guido Calabresi 首先激发了笔者对侵权法的兴趣，其学术作品也一直启迪鼓舞着笔者。笔者初始任教时，学院院长 Michael J. Kelly 鼓励笔者从事保险法的教学与研究。这些年来，他始终支持着笔者，是笔者忠诚的朋友。笔者的同事 Jeffrey O'Connell 多年来一直不吝提供支持与智慧，笔者从其处获得了珍贵无比的智识资源。此外，笔者与之展开过合作或对本书草稿提出过大量建议的 Vincent Blasi、Oscar Grey、John Jeffries、Leslie Kendrick、Lance Liebman、Kyle Logue、Robert Rabin、Glen Robinson、David Rosenberg、Alan Schwartz、Kip Viscusi、Paul Weiler、G. Edward White，在许多方面影响了笔者的思想和本书的成稿。

笔者系在担任哈佛法学院客座教授期间开始撰写本书，感谢哈佛法律图书馆工作人员提供的帮助。但本书的大部分内容系完成于笔者回到弗吉尼亚大学法学院之后，笔者的研究工作在极大程度上依赖于学院图书馆的研究助理。他们饱满的工作精神与专业的知识技能弥足珍贵，而且他们在向笔者提供协助时的热情，也使得与之共事格外令人愉悦。

最后，一些能力卓越的研究助理为笔者的研究提供了不计其数的便利。他们分别是：James Burke、Margaret Cantrell、Nuala Droney、Sarah Hughes、Andrew Genz、Lara Loyd、Robert Ludwig、Logan Sawyer、Julia Schwartz、Emily Tabak、Katherine Twomey。

导　言

天文学家发现了一个"双星"的恒星组合。该组合包含两颗恒星，两颗恒星都在环绕彼此的轨道上运行。两颗恒星的重心位于二者之间，且二者都绕该重心旋转。任何一颗恒星在没有对方的情况下都无法保持自己的位置或运行状态。它们是两个独立的个体，但每一颗恒星在宇宙中的位置都要依赖另一颗维持。

侵权责任和保险这两个体系非常类似于双星中的两颗恒星，它们在法律体系中的位置都要依赖对方维持。两个体系对彼此发展进程的影响，已经持续了一个多世纪。如果另一体系不存在且不随之同时发展，任何一个体系都不会是现在的模样。如今，两个体系继续相互作用。而且，在没有理解另一体系扮演的角色之前，几乎无法对任何一个体系进行理解或改革。

美国现代生活的方方面面几乎都与侵权法或保险有关。某个企业或某位专业人士在打算从事几乎任何一项活动之前，都要提前检视该活动可能涉及的侵权责任和保险问题。[1] 从经济和社会的视角观之，侵权法体系与

---

[1] 关于美国法律诉讼的综合性学术著作和通俗著作有很多，see, e.g., Thomas F. Burke, *Lawyers, Lawsuits, and Legal Rights: The Battle over Litigation in American Society* (Berkeley, Calif., 2002); Robert A. Kagan, *Adversarial Legalism: The American Way of Law* (Cambridge, Mass., 2001); Phillip K. Howard, *The Death of Common Sense: How Law Is Suffocating America* (New York, 1994)。关于诉讼和侵权法功能发挥的综合性著作也有很多，See, e.g., Peter A. Bell and Jeffrey O'Connell, *Accidental Justice: The Dilemmas of Tort Law* (New Haven, Conn., 1997)。关于保险在侵权法中以不同方式扮演之角色的综合性著作包括：Tom Baker and Jonathan Simon (eds.), *Embracing Risk: The Changing Culture of Insurance and Responsibility* (Chicago, 2002); Mark Rahdert, *Covering Accident Costs: Insurance, Liability, and Tort Reform* (Philadelphia, 1995); Kenneth S. Abraham, *Distributing Risk: Insurance, Legal Theory, and Public Policy* (New Haven, Conn., 1986); and Kent D. Syverud, "On the Demand for Liability Insurance," 72 *Texas Law Review* 1629 (1994)。

保险体系不仅均极为重要，而且相互依存。它们相互作用并影响着彼此的发展、形态和范围。如同保险体系是侵权法体系的产物一样，侵权法体系也是保险体系的产物，这一认知无论是在理论上还是实践中都是成立的。

一 两个体系及其相互作用

我们可以从简单地理解"保险是什么"这一问题出发。笔者对保险的理解为：它是一种发挥风险转移和风险分配（或分散）两项功能的交易。尽管许多交易都符合这一描述，但在保险交易中，作为风险受让人的保险人，是将风险转移作为其营业的一部分，而非其他某项交易的附带结果而接受的。在接受大量风险转移之时，保险人利用大数法则分散并降低了总风险。对保险人而言，整体的风险要低于各部分风险之和。因此，保险人是在保单持有人之间分配损失风险的一种载体。

在美国，保险在侵权责任和赔偿受害人损害、疾病和死亡的其他非侵权法手段中，都十分突出。美国有一个对企业、个人和家庭提供健康保险、失能保险、人寿保险、机动车侵权责任保险、劳工补偿保险、责任保险和财产保险的庞大的私人保险体系。美国每年在这些私人保险上的总支出约9000亿美元，大约是国内生产总值的7%。另外，美国每年在联邦医疗保险（Medicare）、联邦医疗补助（Medicaid）和社会保障失能保险（Social Security Disability Insurance）这类政府补助的"社会"保险上的支出也有6000亿美元。因此，保险每年对全国损害、疾病和死亡的总赔偿额约为1.5万亿美元。

在美国社会福利体系出现后一个多世纪的时间里，这些广泛的保险来源发展成为该体系中独特的组成部分。[①] 在社会福利体系发展的同时，侵权责任也在扩张，而引致这一局面的部分原因是因为该社会福利体系一直以来都未给受害人提供完全的保护。更重要的是，向更完善的社会福利体系的发展，反映了风险社会化和分散化程度的提高，而侵权责任的扩张也是该发展进程中的一部分。更多的侵权责任有助于将所遭受的

[①] See, e.g., John Fabian Witt, *The Accidental Republic* (Cambridge, Mass., 2004); Jacob S. Hacker, *The Divided Welfare State* (New York, 2002); David A. Moss, *When All Else Fails* (Cambridge, Mass., 1996). 关于体系的偏好和私人与公共做法的历史联系，see Jennifer Klein, *For All These Rights* (Princeton, N.J., 2003)。

意外人身损害的风险社会化。但是，侵权责任的扩张方式、新发展出的责任形式和当前侵权法体系的形态，都受到了和侵权法同时发展的保险来源的影响。保险是侵权法分散风险的主要机制。随侵权责任扩张而发展的新型保险，有时产生于新型侵权责任创设之前，有时产生于新型侵权责任创设之后。

但是，侵权法当然不只是美国社会福利体系的一部分，它还是与社会福利体系同时产生的美国健康与安全管理之广泛体系的一部分。我们在下文将看到，侵权法和责任保险如今被期待发挥的多重功能，几乎无可避免地会使二者实际上无法达到理想运行状态。

因此，侵权法体系和通常伴随侵权法一起的责任保险，共同作为更宏观的损害、疾病和死亡赔偿体系的一部分发挥着作用。侵权法或许很重要，但是同每年赔偿额约为1.5万亿美元的损害、疾病和死亡赔偿体系相比，仅仅作为体系之一部分的侵权法就显得微不足道了。笔者估计，在处理人身损害、疾病和死亡方面，侵权法体系耗费的直接成本约为2000亿美元，大约是宏观赔偿体系的13%。① 直接成本中相当大的一部分——

---

① 笔者在估测中自行作出了如下所述的一些调整，估测的依据是，Towers – Perrin Tillinghast, *U. S. Tort Costs and Cross Border Perspectives*: 2006 *Update* 15 (2006), www.towersperrin.com/tillinghast。该报告估测的总直接侵权成本超过了2.6亿美元，但是该成本包含的不仅仅是人身损害成本。另外，Towers-Perrin Tillinghast (TPT) 采用的计算总侵权成本的方法一直以来都存在争议。See, e. g., Americans for Insurance Reform, "Tillinghast's 'Tort Cost' Figures Vastly Overstate the Cost of the American Legal System," January 6, 2004, www.insurance-reform.org. 但TPT的数据是目前能够获得的最新和最全面的数据，而且它还包括追溯至1950年的估测数据，因此使得纵向的数量级比较成为可能。笔者将在全书使用TPT的数据，但在可获得其他数据来源之处也会使用其他数据。在笔者看来，对TPT数据的批评有些是不合理的，但有些是合理的。比如，笔者认为，包含在TPT估测数据中的特定侵权索赔的抗辩成本，应当被作为侵权法体系直接成本的一部分。因此，笔者将该成本包含在了自己调整后的估测数据中。同样地，尽管受到了TPT批评者的反对，但笔者认为，不通过诉讼解决轻微机动车交通事故或其他类似索赔的成本，也适合作为侵权法体系的直接成本，因为作为该支付之原因的法律义务来自侵权法。然而，TPT并没有解释其对风险自保和无保险保障的侵权责任之数额的估测是如何得出的。TPT对此的估测约为总数的1/3，由于没有其他可靠的估测数据，笔者在自己的估测中只好使用了该数据，尽管对该数据应当持保留态度。另外，TPT的估测数据还把与特定侵权索赔无关的22%的保险公司运行成本包含在内。比如，笔者不认为薪酬或广告费是"直接"成本，因此，在进行此处的估计时，笔者从TPT的数据中扣除了这些费用，而且在本书使用TPT数据的其他地方，笔者也进行了与此类似的扣除。

75%或更高，是由责任保险负担的。如今，侵权法体系每年耗费的成本同1950年相比扩大了100多倍，当时其尚且不足20亿美元。在此期间内，直接成本的增加比经济增长的3倍还多。除此之外的间接成本由于体现为生产效率、科研投入和发展机遇的损失，因而不可能被估测出来。另外，侵权法体系因我们对它的投入会增加益处，要对该益处进行估测或定值，同样极其困难。这些益处包括：责任的威慑力产生的额外的安全性，可以避免发生更多的健康和生命损害；侵权法为侵权行为导致的至少部分损害提供的金钱赔偿，可以降低损害、疾病和死亡的负面影响。

侵权法、责任保险和其他以保险为基础的赔偿来源之间的相互作用是持续和复杂的。笔者仅为该现象提供两个简单的例子，因为在某种程度上，整本书都是由侵权法和保险如何在结构与运行的层次上，以无形的方式相互作用的例子所构成。或许，如今最为显著的泛政治化侵权法议题是，是否应当对侵权诉讼中认可的精神损害赔偿设置最高赔偿限额。但是，这场讨论的参与者很少能意识到或承认，如果没有责任保险的话，这一问题根本不可能出现。只有当个人和小企业能够十分便捷地获得承保精神损害赔偿责任的责任保险时，向此类被告提起数十万美元甚至数百万美元精神损害赔偿的诉讼，才能够被想象。

侵权责任和责任保险对彼此的影响，引发了一场持续数十年之久的"军备竞赛"。二者经常以这样的顺序相互作用：首先发生的是侵权法扩张侵权责任的范围，或者允许更高的赔偿金额；之后，责任保险通过提供承保新型责任和保险金额更高的保险对之进行回应。随着侵权法为确保对现在被保险承保的行为形成足够的威慑力，而将被新型保险承保的被告作为目标，并追究其更高额的侵权责任，以及由于侵权损害赔偿金之前的增加已经达到了现在认为合适的赔偿水平，责任扩张便进入了另一个阶段。但在其他情况下，相互作用的顺序则与此相反。此时，责任保险首先形成，侵权法随后通过创设新型责任来寻求保险赔偿，这至少在部分程度上是侵权法对作为新赔偿来源的此种保险之可获得性的回应。然而，无论侵权责任与责任保险何者首先出现，二者都会对彼此产生一种相互促进的棘轮效应，这种效应导致了更高数额的侵权赔偿，以及承保这些责任的更多的责任保险。事实上，该效应在某些方面已经相当之强烈，以至于破产和其他责任限制的方式，有时会被用来作为逃避责任的手段。①

对侵权法改革之讨论的第二个主要议题是，是否应当修改"平行来源"规则。该规则规定的是，侵权诉讼原告是否可就其已经获得健康保险和失能保险赔付的损失，同时获得侵权赔偿，或者是否应当从侵权赔偿中扣除这些保险赔付金额。这可能是一个重要的议题，因为经过近50年的发展，绝大多数美国人都已能够获得健康保险和失能保险。如果每年没有支付数千亿美元的健康保险和失能保险金，这些不同赔偿来源之间的恰当关系问题在现实中的重要性将微乎其微。

另外，健康保险和失能保险对于侵权行为受害人的可获得性，实际上可能以两种方式促进了侵权赔偿金额的提高。第一，在几乎所有涉及较低额损害赔偿的常规案件中，以及在一些甚至涉及高额损害赔偿的案件中，原告的医疗费用都会被作为和解赔偿金额的计算基准。之所以采此做法，是因为在实践中，陪审团所裁决的精神损害赔偿金额通常与原告因损害而发生的医疗费用存在大致的比例关系。我们在接下来的章节中会看到，侵权诉讼原告可获得的健康保险越多，其医疗费用就越高，侵权诉讼的和解赔偿金额和裁决赔偿金额因而也有可能越高。扩张的健康保险因此可能会对侵权赔偿的金额产生乘数效应。第二，在损失发生后很快支付给侵权诉讼原告的健康和失能保险金，使侵权诉讼原告获得了一定的底气，因而使其更有能力抵抗被告或被告责任保险人提出的低和解赔偿金之要约。由于原告已经拥有了保险承保其所遭受的实际损失，故其在和解侵权诉讼时感到的压力就会小一些。因此，同健康和失能保险像现在这样广泛实行之前相比，这些案件中出现"拒绝接受和解，执意提起诉讼"的情形会更多。于是，令人感到矛盾的就是，健康和失能保险的实行，不但没有降低侵权责任的重要性，反而还可能促进了侵权责任的扩张。

精神损害赔偿和平行来源规则的例子显示，侵权法和保险两个体系的某些特征是如此根本，以至于其几乎是无形的。然而，通常而言，正

---

① See Lynn M. LoPucki, "The Essential Structure of Judgment Proofing," 51 *Stanford Law Review* 147 (1998); "The Death of Liability," 106 *Yale Law Journal* 1 (1996). 个人也有一些逃避责任的方式，尽管受到的限制更多。See Stephen G. Gilles, "The Judgment-Proof Society," 63 *Washington & Lee Law Review* 603 (2006).

是侵权法和保险之间无形的相互作用，塑造了侵权法体系现在的形态，并引起了先前的侵权法改革问题。侵权法和保险已经如此紧密且无可避免地交织在一起，以至于我们看不到一个体系对另一体系之特征的影响，尽管在没有其中一个体系的情况下，另一个体系的特征根本不会或不能形成，或不会以现在的形式继续存在。除非我们能够发现和理解二者之间的这些相互联系，否则为侵权法提出的改革提议可能无法真正解决问题。

二　选题缘由

多年来，许多法律学者都认为保险以重要的方式影响了侵权法，但却很少有人能够清楚说明这种影响具体是如何进行的。保险有些像草地派对上不受关注的配角，每个人都知道它的存在，但每个人又都会忽视它。法律学者以潜在的加害人被告可以比潜在的受害人原告更为容易地以其潜在责任投保为由，主张扩大侵权责任范围，最初是威廉·O.道格拉斯（William O. Douglas）提出的企业责任理论，接着是弗莱明·詹姆斯（Fleming James）于大约十年后发表的初期论文。[①] 而企业责任理论其实就是将保险的存在作为扩张侵权责任之基本理据的一种体现。

以吉多·卡拉布雷西（Guido Calabresi）为主要代表的新一代学者对侵权法的研究更为精细，他们在研究中采用了经济分析的方法。[②] 这些学者在侵权法理论研究中极为重视侵权责任的威慑效应。许多人还认为，在确定责任规则时，风险分配也是合适的考虑因素，其中就包括潜在加害人和潜在受害人拥有保险的情况。然而，他们发现，这些因素并不总能为责任的扩张提供支持。但是，无论是詹姆斯还是卡拉布雷西，抑或是那些在二者著作影响下从事研究几十年的人，都无法说明保险在规则确定中的实际作用方式。保险作为扩张侵权责任的基本理据，遭到了理查德·波斯纳（Richard Posner）和乔治·普里斯特（George Priest）这些学者的批驳，他们的理由是，该基本理据实际上不仅作用于侵权法理论，还作用于司法

[①] See, e.g., William O. Douglas, "Vicarious Liability and Administration of Risk," 38 *Yale Law Journal* 584 and 720 (pts. 1 and 2) (1929); Fleming James, Jr., "Contribution among Joint Tortfeasors: A Pragmatic Criticism," 54 *Harvard Law Review* 1156 (1941).

[②] See Guido Calabresi, *The Costs of Accidents* (New Haven, Conn., 1970).

判决，而且为侵权责任和保险均制造了难题。① 但与此同时，该基本理据也得到了乔恩·汉森（Jon Hanson）、凯尔·洛格（Kyle Logue）和乔治·基廷（Gregory Keating）这些学者的支持。② 另外，20 世纪重要的侵权法学者威廉·普罗瑟（William Prosser）认为，保险的可获得性在侵权法规则形成中的作用极小。③

经过这些理论上的发展后，对于厘清以上相互冲突之观点，以及探讨侵权法和保险之间关系的尝试变得必要和可能。我们需要弄清楚保险如何影响了侵权法，以及侵权法如何影响了保险。概括性地说明保险的可获得性影响了侵权法的发展进程，或者侵权责任的扩张引起了承保新责任之保险的产生，是一回事；而弄明白该现象在不同的侵权责任领域实际是否发生以及如何发生，便是另一回事了。

然而，从未有人涉足过该课题的研究。笔者认为，该研究从未被进行的主要原因之一在于，几乎不存在对两个领域都感兴趣的人来完成该研究。侵权法学者一直都很少关注和研究保险，因为保险在一定程度上属于合同法的范畴，而且保险具有高度的专业性，了解保险和保险法需要投入大量的智力资本。侵权法是所有法学院的必修课，讲授侵权法课程的教授也很多，而保险法则只是一门选修课。而且对某些人而言，保险有种乘人之危的味道，这种印象往往会破坏保险的名声。而相比之下，证券法的经济重要性或法律重要性虽然并不高于保险法，但在学界得到的重视却更多，或者至少是更加引人注目的研究对象。由于这些原因，保险法学者比侵权法学者要少得多。反过来，在法学院之外，商学院和经济学系里有保险专家，但他们对侵权法的了解，也并不是很多。这样的结果就是，侵权法著作的作者和保险及保险法著作的作者之间几乎不存在重合。

30 多年前，笔者还只是一名刚入职的侵权法教师，在偶然阅读到罗

---

① See George L. Priest, "The Current Insurance Crisis and Modern Tort Law," 96 *Yale Law Journal* 1521 (1987); Richard A. Posner, "Products Liability as an Insurance Market," 14 *Journal of Legal Studies* 645 (1985).

② See Jon Hanson and Kyle D. Logue, "The First-Party Insurance Externality: An Economic Justification for Enterprise Liability," 76 *Cornell Law Review* 129 (1990); Gregory Keating, "The Theory of Enterprise Liability and Common Law Strict Liability," 54 *Vanderbilt Law Review* 1285 (2001).

③ See W. Page Keeton et al., *Prosser and Keeton on Torts* 589 (St. Paul, Minn., 5th ed., 1984).

杰·特雷纳（Roger Traynor）法官对 Escola v. Coca Cola Bottling Co. of Fresno 案的赞同意见后，便开始了对保险和保险法的研究。[1] 特雷纳法官认为，消费品的生产者应当对产品缺陷造成的损害承担严格责任，其中的理由为，产品的生产者比购买者更有能力承担损害的风险，笔者在本书第五章对此将有详细阐述。但是，当笔者想要验证这种观点是否正确时，已有著作所能提供的帮助却极为有限。所以，笔者开始自学保险和保险法，逐一地对每一类保险和每一项保险法规则予以研究。笔者发现，一般原则并不能完全解释保险的运作方式，以及保险如何影响侵权责任和如何被侵权责任所影响。要想理解这其中的特定内容，别无他途，不能通过自上而下的方法去揣度，而只能通过自下而上的方法来探求。

因此，笔者提议，通过研究特定时期和特定责任领域中，保险在侵权法中扮演的角色，以及侵权法（在更低程度上）在保险中扮演的角色，自下而上地探析本书所涉主题。保险可能是一个技术性极强的领域，但是魔鬼往往隐藏于细节之中，要理解这些问题可能并没有别的方法，只能深入地钻研具体的保险法律问题。因此，在任何必要的时候，笔者都会向读者介绍保险的运作方式，以及在笔者分析中所涉及的保单标准承保条款和免责条款。

本书第一章介绍了侵权法与保险之相互作用的产生背景，是时正值美国于19世纪晚期实行责任保险之前。之后，笔者的研究调查主要通过集中于一系列典型的责任领域来展开，同时追踪了保险的影响随时间推移被逐渐感知的过程，第二章至第七章分别以"劳工补偿""机动车侵权责任""医疗过失责任""产品责任""侵权法无义务规则和限制义务规则的消减""'9·11'受害人赔偿基金的特殊案例"为主题。对于各个责任领域所发生的情况，笔者得出的许多认识仅在特定领域才成立；虽然这些认识有时像笔者期待的那样是有意义的，但它们通常并不适用于其他领域。然而，某些一般性的主题也的确反复地出现在了不同的领域之中。对此，笔者在第八章有详细阐释。

三 对于此建设性课题的规范性假设

本书关于侵权法与保险相互作用之具体认识的许多地方，可能与对侵

---

[1] 150 P. 2d 436（Cal. 1944）.

权责任或侵权法体系运行方式的通常批评，或对批评的反驳有关，也可能是对二者作出的回应。① 但事实上，笔者主要想表达的是，侵权法发挥功能的方式，在很大程度上是其与保险相互作用的结构特点所致。由于这一原因，某些标准的法律规则改革，可能并不会对批评者所不满之侵权法体系的特点，产生太多长期影响，无论这些改革是尚在提议中的还是已经通过的。虽然这一观点可能具有规范性意义，但笔者除了考虑到侵权法和保险之间的相互作用，而在本书中鼓励人们对二者都存在的局限之处进行更多的现实发现外，并没有试图提出改革或反对改革的总议程。

因此，笔者贯穿本书的主要目标在很大程度上是实证性而非规范性的。即笔者主要的目的是描述和分析侵权法与保险的相互作用，而非指出特定的相互作用是好是坏。笔者也并非意在为侵权法改革奠定基础，或者表明不应当以任何近年来所提议的方式改革侵权法。但是，笔者的确认为，现代侵权法体系在某种程度上造成了一种公共政策的困境，这可以从笔者的分析语气和某些内容中看出。因此，事先叙明笔者的写作意图，或许是有意义的。

几乎所有人都会同意，对于侵权法的实然和应然目标，现在并未形成

---

① 关于侵权法改革的综合性著作和专题著作都很多。近期关于赞成和反对改革的综合性著作如下：Paul Ruschmann, *Tort Reform* (Philadelphia, 2006); Eric Helland and Alexander Tabarrok, *Judge and Jury: American Tort Law on Trial* (Oakland, Calif., 2006); William Haltom and Michael McCann, *Distorting the Law: Politics, Media, and the Litigation Crisis* (Chicago, 2004); Robert A. Levy, *Shakedown: How Corporations, Government, and Trial Lawyers Abuse the Judicial Process* (Washington, D.C., 2004); Michael McKasy and Debra Stephens, *Tort Law Update: Rising above Tort Reform* (Seattle, 2004); Phillip K. Howard, *The Collapse of the Common Good: How America's Lawsuits Culture Undermines Our Freedom* (New York, 2002); Thomas H. Koenig and Michael L. Rustad, *In Defenses of Tort Law* (New York, 2001); Stephen Daniels and Joanne Martin, "The Strange Success of Tort Reform," 53 *Emory Law Journal* 1225 (2004); Phillip K. Howard, "Is Civil Litigation a Threat to Freedom?", 28 *Harvard Journal of Law & Public Policy* 97 (2004); Linda S. Mullenix, "The Future of Tort Reform: Possible Lessons from the World Trade Center Victim Compensation Fund," 53 *Emory Law Journal* 1315 (2004); Deborah L. Rhode, "Frivolous Litigation and Civil Justice Reform: Miscasting the Problem, Recasting the Solution," 54 *Duke Journal* 447 (2004); Gary R. Smith, "The Future of Tort Reform: Reforming the Remedy, Re-balancing the Scales," 53 *Emory Law Journal* 1219 (2004); Michael B. Dann, "Jurors and the Future of 'Tort Reform,'" 78 *Chicago-Kent Law Review* 1127 (2003); Deborah J. La Fetra, "Freedom, Responsibility, and Risk: Fundamental Principles Supporting Tort Reform," 36 *Indiana Law Review* 645 (2003)。

共识。在人身损害领域,侵权法的目标主要被认为是促进威慑效应更好地实现,确保对受害人之损害的赔偿,提供矫正正义或道义补偿,抑或这几个目标的结合。① 在笔者看来,对侵权法体系最准确的描述是,它是一个融合了多个目标的体系,这也与其实际运行状态和体系参与者或观察者对其的理解相符。而且,最为中庸的实用主义法律学者以及实务工作者或许都会主张,侵权法体系应当追求多个目标,尽管他们对于每个目标应占的比重并不存在统一见解。在多目标的体系之中,很多要根据背景来考察。

相比之下,距离实用主义较远的,是那些认为侵权法体系现在只追求或只应当追求一个排他性目标的人,对于被排除的其他目标,他们主要将之视为追求某一目标的一系列附带效果。因此,如果威慑效应被作为侵权法体系之目标的话,对事故受害人的赔偿就可被视为追求威慑效应的一种附带效果,或实现威慑效应的手段;如果矫正正义被作为侵权法体系之目标的话,那么威慑效应就可被视为追求矫正正义的附带效果。

然而,就有些难题而言,上述说法却均未予以解决。首先,侵权法体系可能无法很好地实现任何一个可能的目标,尽管与此有关的资料非常零星。作为一种威慑不安全行为的机制,侵权责任的功效是不明确的,但其无疑距离理想状态还很遥远。② 责任的威胁给潜在被告传递了信号,但其中的信号经常是模糊的;法律的执行不仅不一致,有时还不准确;潜在被告之责任保险的保费,通常并未准确地反映其损失风险;许多潜在被告只能接收到最模糊的信息(即"采取合理注意");而且,并不是所有的潜在被告都能够完全控制事故的发生原因。比如,对于最后一项,由驾驶人无可避免的、偶然的疏忽(即侵权法体系所称的"过失")造成的大量交通事故即为适例。③

其次,作为为受害人提供赔偿的一种手段,侵权责任也是无体系和无

---

① 对这些立场的广泛调查和分析,see John C. P. Goldberg, "Twentieth-Century Tort Theory," 91 *Georgetown Law Journal* 513 (2003)。

② 关于对该问题之资料的分析,see Don DeWees, David Duff, and Michael J. Trebilcock, *Exploring the Domain of Accident Law: Taking the Facts Seriously* (New York, 1996); Gary Schwartz, "Reality in the Economic Analysis of Tort Law: Does Tort Law Really Deter?", 42 *UCLA Law Review* 377 (1994)。

③ 对疏忽在过失侵权行为中扮演角色的分析,see Mark F. Grady, "Res Ipsa Loquitur and Compliance Error," 142 *University of Pennsylvania Law Review* 887 (1994)。

效率的。受害人得到赔偿之损失的比例差异巨大,且该比例与损害的严重程度成反比。遭受严重损害的受害人获得的赔偿往往低于其实际损失,而遭受轻微损害的受害人则更有可能获得高于其实际损失的赔偿。或许更重要的是,侵权法体系在运行成本和律师费上的支出,要高于其向受害者提供的赔偿。最近一项估测显示,侵权法支付给受害人的支出,只占其所有支出的46%。① 机动车侵权责任的总支出中,支付给受害人的比例略高于1/2。② 但产品责任和医疗过失责任的总支出中,支付给受害人的比例则低得多——大概只有1/3。③ 而相比之下,健康保险、失能保险、人寿保险和劳工补偿这类非侵权法赔偿来源,其总支出中支付给受害人的比例则高得多——有些甚至达到了90%。④

最后,作为一种提供矫正正义、修复式正义或民事补偿的手段,侵权法体系也只取得了部分成效。矫正正义所构筑的理想图景是,不法行为人承认自己的不法行为,并提供赔偿以矫正加害人与受害人之间的道德失衡。但事实上,大部分案件都是以和解结案,且加害人提供的和解赔偿是一种不承认不法行为的部分赔偿。另外,被告常常是一些大型的公司,而这些公司支付赔偿时的股东和被指控不法行为时的股东,往往不是相同的个人或机构。而且,由于被告多数时间里都有保险承保,那么承担纠正或矫正的直接成本的,当然就不再是被告自身,而是保单持有人组成的危险共同体。由于这些原因,侵权法矫正正义的发挥受到了极大的削弱。

单独从侵权法的角度观之,以上所有问题都关乎侵权法的效率问题。而另一个难题在于,侵权法并不是我们所拥有的唯一能够威慑不安全行为和赔偿受害人疾病与损害的体系。安全性的提高,还取决于对风险活动的

---

① Tillinghast Towers-Perrin, *U.S. Tort Costs:* 2003 *Update* 17(2004), www.towersperrin.com. 对不同赔偿来源的调查,see Deborah R. Hensler et al., *Compensation for Accidental Injuries in the United States* (Santa Monica, Calif., 1991)。

② James S. Kakalik and Nicholas M. Pace, *Costs and Compensation Paid in Tort Litigation* 72 (Santa Monica, Calif., 1986).

③ Committee for Economic Development, *Who Should Be Liable*? 53 (New York, 1989) (estimates of 35-45 percent); Stephen D. Sugarman, *Doing Away with Personal Injury Law: New Compensation Mechanisms for Victims, Consumers, and Business* 23-24 (New York, 1989) (citing estimates of 37-40 percent).

④ Kenneth S. Abraham, "Twenty-First-Century Insurance and Loss Distribution in Tort Law," in M. Stuart Madden (ed.), *Exploring Tort Law* 86-91 (New York, 2005).

联邦与州级行政监管，以及市场上消费者对不同安全程度、价格、功能和其他特性之产品与服务的选择。在提高安全性方面，监管和市场所扮演之角色的重要性并不亚于侵权法，而且在许多情况下二者加在一起可能会比侵权法更加重要。同时，笔者前文也提到过，侵权法仅仅是损害、疾病和死亡之赔偿体系中很小的一部分。该赔偿体系所提供的所有赔偿中，来自侵权法的不足10%。

然而，和侵权法在实现我们期待其实现的任何目标上，远未达到理想状态下的有效程度一样，这些别的安全预防体系和保险体系同样非常不完美，主要表现为：缺陷产品并未被纳入安全监管体系的监管范围；发生了大量的医疗过失事件；有毒物质被过失或故意地排放到了环境中；全国超过4000万人口没有健康保险；大部分劳工没有足够或长期的失能保险；当家庭的一个或两个经济支柱死亡时，普通家庭明显没有足够的人寿保险为之提供保障。

总之，侵权法在许多方面都未能很好地完成自己的任务，或其被希望完成的任务。但侵权法的替代机制显然也并没有做得更好，至少不从整体看的话是这样。所以，我们要做的是保持不同体系的共存。侵权法自身是一个混合的体系，它同时追求威慑、赔偿和正义的目标。同时，侵权法也是两个各自尝试实现安全提升和损害赔偿目标的、本身即为混合的更大体系的一部分。我们保持着这些相互重合的做法，是希望它们合体可以比分开发挥更好的作用。

然而，这并不是对侵权法体系的强有力支撑依据，反而是侵权法制造的公共政策困境。侵权法固然不是极为有效的威慑或赔偿体系，但我们也远远无法单独依赖侵权法的替代机制完成侵权法的全部或大部分任务。比如，完全废除缺陷产品导致损害的产品生产者责任的主张，就非常缺乏说服力。完全依赖政府监管和市场作用来生产安全产品，也是一项不审慎的政策。相似地，将保险作为受害人唯一的赔偿来源，可能会导致一些受害人得到比现在还少的完全赔偿。仅在某一拥有威慑不安全行为和提供赔偿之能力的体系能够替代侵权法时，完全废除缺陷产品导致的损害责任才有意义。一个世纪以前，劳工补偿制度在一个体系中实现了两个目标；40年前，机动车无过失制度被构想为与劳工补偿制度相似的机动车事故问题的解决办法，但由于笔者在第三章提到的某些原因，该构想并未实现；而在产品责任和医疗过失责任领域，至今还不存在技术上可行的、类似于无过失制度的做法可以替代侵权法。

故此，我们就只能依靠侵权法体系，然而许多人对它的运行是失望的，甚至还有一些人是完全不满意的。对侵权法规则之阶段性改革的一系列提议，近几十年来一直都出现于公共讨论之中。令人困惑的是，许多提议尽管已经得到实施，但它们在很大程度上却并未减少人们对侵权法体系的失望，也未消除人们对该体系普遍的不满。本书的目的之一即在于说明侵权法和保险相互作用的方式在一定程度上解开了该困惑。侵权法体系经过很长一段时间才发展到今天的局面，部分是侵权法与保险的相互作用所致。只要这种相互作用的许多结构特点存在，侵权法体系的该项特征就会使从体系内部对其进行改革的难度比预想的更大。

笔者的分析将表明，这些结构特点是侵权法体系和保险相互作用的基础，但是却几乎没有理由认为，我们会发现改变结构特点是理想的或可行的做法。比如，对于可被购买用于保护任何特定保单持有人免遭侵权责任风险的责任保险的数额，我们不会禁止或设置任何严格的限制；我们不会为了控制健康和失能保险对侵权赔偿金的膨胀效应，而削减这些保险；当法官创设新的责任规则时，我们不能阻止其考虑潜在被告的保险的可获得性；我们也不会阻止责任保险人通过拟定保单条款，为自己创设对其保单持有人被提起之索赔进行抗辩和和解的权利；我们不会也几乎当然不能禁止风险代理制度，它给提起存疑之索赔的原告造成的负担极小，而且还会给原告律师制造一种非常强的起诉激励，尤其是针对那些有保险的被告；尽管责任保险人提出的侵权和解赔偿的金额，取决于了解被告投保频率的陪审员的预期行为，但我们也不会且不能通过修改美国联邦宪法或所有50个州的宪法，来废除陪审团在民事案件审判中的权利。

在考察评估侵权法与保险相互作用的根本特点引起的情况时，去年甚至近五年发生之情况的重要性，要远远低于过去已经长期发生以及我们能够预期的未来将会长期发生的情况。侵权法体系的短期发展，往往是局部因素所致，有时还仅仅只是特殊因素。而长期发展则更多的是体系结构和更大且可能更持久的因素所致。此外，与侵权法体系运行有关的资料很难获得，而且这种资料的可信度有时也并不确定。同近两三年发生之事项的资料相比，我们在查阅几十年里发生之事项的资料时，会觉得可信得多。因此，笔者会将研究聚焦于侵权法体系的长期发展，对侵权法体系最新和可能短期之发展的关注则相对较少。

最后，值得注意的是，本书的许多内容都是在分析保险和侵权法相互作用的历史和经济意义，但笔者却既非历史学家也非经济学家。或许，笔者可以为自己作出的最好辩解是，这个基本未被涉足的课题需要有人研究，而笔者至少算是在对该课题的研究上迈出了第一步。如果笔者的认识和结论看起来有争议，那么它们可被作为值得进一步探讨的学理假设，而非笔者对这些问题的盖棺定论。笔者的观点若能开启对该课题之进一步研究的话，本书的一个目标至少就已经达成了。

第一章 新时代的开启

如今，我们通常认为侵权责任与责任保险具有密不可分的联系。事实上，考虑到个人和机构现在及数十年来所面对的责任承担范围，侵权责任可以在无责任保险的情况下存在，是一件很难想象的事情。如果没有责任保险的话，潜在的被告将面临巨大的财务风险，许多应获赔偿的受害者也将得不到救济。

然而，侵权责任在责任保险出现之前，其实已经存在很久了。众所周知，在中世纪的英国，就有针对特定形式的人身损害和财产损失的民事责任。例如，在15世纪的时候，一种有限的侵权责任［当时被称为"侵害"（trespass）］从萌芽逐渐发展到了常规化。[1] 但责任保险却直到400多年以后的19世纪80年代才开始出现于英国和美国。

在此之前，像笔者下文所解释的那样，对侵权责任投保是违反公共政策的。即便是对过失导致的损害责任投保，都会被认为是不当地鼓励了不负责任的行为。但在此之后的19世纪晚期的工业化经济中，意外损害开始爆炸式地发生，侵权索赔变得更加普遍，赔偿受害人也逐渐被认为是侵权法的一项独立且重要的功能。因此，责任保险的需求与日俱增。直到增加的需求强烈到足以对禁止为侵权责任投保的公共政策产生压力时，法院才开始对责任保险产生更加积极的看法。

这一时点到来之后，改变很快就发生了。在通过法律规则表达公共政策的法庭上，责任保险从不被认同变得受到肯定。之前受到批评，是因为它被视作为人们规避道德责任提供了一种手段，而现在被认为是社会所必需之产品，则是由于觉得它有助于确保事故受害人就其损害获得赔偿。

故此，责任保险市场这样一个新的市场蓬勃地发展了起来。在责任保险出现后的25年里，对责任保险的需求一直在增长。而且，几乎不可避

---

[1] See, e.g., The Thorns Case, Y. B. Mich. 6 Ed. 4, f. 7, pl. 18 (1466).

免地，由于处于风险中的是责任保险人的金钱，故保险人除了为保单持有人的责任风险提供保险保障外，还为保单持有人提供诉讼抗辩的服务，并且决定其是否以及何时和解。是故，整个索赔过程都在保险人的控制之下。这种安排会被证明对侵权责任和保险的现代关系具有深远影响。由于对索赔过程的控制，责任保险人将会成为侵权法体系中一个为众人熟悉的面孔，以及几乎所有与侵权索赔相关事项的转接媒介。

本章讲述的是责任保险发展早期的故事。笔者将以检视18—19世纪禁止对过失导致之损失投保的公共政策为开端，探究了该政策随19世纪的推进而逐渐消亡的过程。接着，笔者将展示这一公共政策的消亡和责任保险在法庭上的最终合法化，如何反映了为现代侵权法体系奠定基础的思想上的转变。这一现代侵权法体系极大地依赖责任保险作为保护被告和赔偿原告的来源。故事结束于1910年劳工补偿制度通过前夕，此时的责任保险体系已经初具雏形。而最终被归为反对责任保险人的批评的声音，也已处于早期发展之中。

第一节 道德风险和十九世纪的保险

19世纪的保险主要是海上保险和火灾保险。它们最初出现于18世纪的美国，并在此后持续发展，在美国南北战争前夕，火灾保险的重要性超越了海上保险。火灾保险、海上保险以及同样在19世纪中叶变得重要得多的人寿保险，都是我们现在所称的"第一方保险"，即承保保单持有人自己之损失风险的保险。而责任保险则通常被称为"第三方保险"，即承保保单持有人因给他人造成损失而产生之责任风险的保险。在这样的制度安排中，被保险承保的保单持有人是"第一方"，保险人是"第二方"，（在责任保险的场合）遭受损失和起诉保单持有人的受害人是"第三方"。

无论是第一方保险还是第三方保险，道德风险都是保险人面临的典型难题之一，即保单持有人在投保后往往会比没有投保时更加不注意避免损失。由于道德风险的存在，保险的销售反而增加了保单持有人和保险人遭受损失的风险。保险人在早期就发展出了防范第一方保险之道德风险的方法。比如，当被保险人故意造成损失时，绝对排除保险赔付。又如，许多保险人要求保单持有人对保险标的具有"保险利益"。保险人既不会承保与保单持有人完全陌生的人的生命，也不会承保保单持有人对之没有任何利益的财产。在18世纪的某几十年里,英国的保险人的确销售过无保险利益的保险,但结果却并不理想。无保险利益的保险是把陌生人的生命作为赌注,并且可能引发更多不道德的行为。最终,英国议会通过确立保单持有人必须对保险标的具有保险利益的法律规则,禁止了此类保险的销售。而美国则长期奉行着该规则。如果保单持有人对保险标的没有保险利益,则保险合同无效。

在第一方保险中,保险利益的存在可以降低道德风险。保单持有人在为自己的人身或财产,或其所依靠的他人的人身或财产投保之时,就已经有了保护保险标的的激励。即使在投保后,保单持有人避免损失的激励会略有减弱,保险人也依然可以通过拒绝承保保险标的的全部价值予以应对,此时被保险人对避免损失享有一定的经济利益。

而相比之下,在责任保险中防范道德风险对保险人而言更加困难。在该领域中,被保险人注意避免给他人的人身或财产造成损失,并不能使其本人获益。由于对他人承担的损害责任原则上没有限额,保险人通过在其愿意销售给任何特定保单持有人的责任保险中,设置一个合适的承保限额来防范道德风险因此也就更加困难。保险人或许可以谨慎地确定一个赔付限额,但除此之外便别无他法了。通过令保单持有人成为较小损失的完全的自我保险人,和较小损失以外之损失的部分的自我保险人,免赔额或许可以间接地发挥一些防止道德风险的作用。然而,当潜在的损失是免赔额的很多倍时,由于被保险人自我承保的风险极其之少,免赔额此时对道德风险所起的作用是相当有限的。

于是在普通法上,责任保险被认为是违反了公共政策,因为其被认为制造了过度的道德风险。人在投保了责任保险之后,对避免损害他人的注意就会降低。19世纪的侵权法就是在这种背景下运行的。同现在相比,当时并没有责任保险,但个人和企业的责任范围也受到了极大的限制。基于近因、无义务、当事人地位和原告自身行为的一系列法律规则,在人们寻求侵权损害赔偿的道路上设置了诸多障碍。侵权法在20世纪的历史大都与对这些障碍的逐步清除,以及一切被告未尽合理注意情形下之人身损害或财产损失责任的扩张有关。

如今的学者和评论者普遍都注意到了19世纪侵权责任范围的有限,但却都忽视了承保当时之侵权责任的保险的缺位。笔者认为,该现象的原因在于,研究侵权法的学者和老师并没有意识到责任保险的起源。比如,一代代法学院学生学习侵权法所用的案例教材，经常会收录 Ryan v. New York R. R. 案的判决意见以说明侵权责任范围在 19 世纪所受限制的强度。① 而该案例实际上是对于保险存在学术盲点的典型体现，因为在不了解责任保险之历史的情况下，根本无法弄明白该案的真正意涵。

Ryan 案的判决系由纽约上诉法院于 1866 年作出，该案涉及的是一系列在当时司空见惯的事实。案情大致如下：行驶中的火车头溅出的火花引燃了铁路公司自有的木料间，大火又从被引燃的木料间蔓延到了 130 英尺以外的原告财产之处。原告以过失侵权为由起诉了铁路公司，要求铁路公司赔偿其因火灾遭受的房屋毁损损失。法庭上争议的焦点在于，当引起原告房屋毁损的火灾不是由火车发动机产生的火花直接导致，而是由燃烧的木料间间接导致时，是否可追究铁路公司的侵权责任。在当时，火灾可能从某一财产蔓延至另一财产是一种普遍的风险。因此，Ryan 案提出的问题具有重要意义。

审理该案的法院认为，原告的财产，即由于铁路公司的行为而着火的第二处建筑，其毁损并非第一处建筑之毁损的"自然和可预料的结果"。在这种情况下，原告财产损失的风险对铁路公司而言太过"遥远"。所以，铁路公司的过失行为并非原告损失的近因，铁路公司因此无须承担责任。然而，任何熟悉侵权法的人都知道，这些只是标签多过理由的法律上的结论罢了，并非对经验事实的陈述。在 19 世纪，至少按照一般说法，"自然和可预料的"事实之一是当一栋建筑着火后，其附近的建筑物经常也会着火。实际上，在当时，有关部门可以基于"公共需要"（public necessity）的规则拆除火灾危险可能波及范围内的建筑物，而这正是为了防止火灾以这种方式蔓延。②

那么，Ryan 案的真正意涵是什么呢？该案如今已成为一项长期持续之争议的典型代表，争论的内容是，19 世纪的侵权法以牺牲遭受意外损害的个人利益为代价补贴工商业发展，而主要服务于经济上处于优势地位之利益集团的做法，究竟到达了何种程度。③ 比如，劳伦斯·弗里德曼

---

① 35 N. Y. 210 (1866).

② See, e. g., Mayor of New York v. Lord, 18 Wend. 126 (N. Y. 1837).

③ 关于补贴理论最详尽的论述，see Morton J. Horwitz, *The Transformation of American Law, 1780-1860* (Cambridge, Mass., 1977).

(Lawrence Friedman)就引用了 Ryan 案作为法院因"资本须用于必要之处"这一理由,而"致力于限制损害赔偿"的首要例证。① 但彼得·卡斯滕(Peter Karsten)则对此持否定意见,他认为,Ryan 案的法院判决及其理由在当时是非常少见的,总体而言,19 世纪的法官对侵权诉讼原告的态度远比补贴观点的拥护者们所认为的要友好得多。②

然而,这场争议的许多参与者经常没有充分认识到,且有时还完全忽略的,是 Ryan 案法院对其判决所作之进一步解释的意义。法院指出,"一个人可以为其本人的房屋或家具投保,但却不能为其邻居的房屋或家具投保,因为他对后者不享有利益。如果认为此人不仅要承担火灾导致的本人损失,还要无限度地保证周边邻居的安全,那么将会创造出一种对文明社会形成破坏的责任"。

很明显,法院认为铁路公司未给邻近财产投保,实际即未给损坏该财产产生的责任投保是有意义的。令一方为引起蔓延到其所毁坏的第一栋建筑以外之建筑物的火灾负责,可能会因此创造出一种法院所认为的"破坏整个文明社会的责任"。即便没有责任保险,铁路公司或许也可以将责任的成本转嫁给其庞大的顾客群。但是,Ryan 案中的规则保护的不仅仅是铁路公司这样的大型企业,还有资产较少且无法将责任风险转移给庞大顾客群的小型企业和个人。

责任保险的可获得性能否改变 Ryan 案的判决结果,是不确定的。然而,无论是弗里德曼还是卡斯滕,抑或是其他曾就 Ryan 案发表过意见的人,都没有意识到在 1866 年,拥有责任保险是不可能的事情。直到 20 年以后,美国才出现了责任保险。一旦责任保险可以获得,开始面临大量侵权责任的小企业和个人就能够为这些责任投保,铁路公司和其他面临巨大责任风险的大企业也能够借由其分散风险,并将保险费用转移给顾客。而且,自此之后,Ryan 案判决确立的"唯一建筑物规则"(one-building rule)也会消失。

那么,问题在于,责任保险为何经过了那么长时间才问世? 为何在侵权责任已于普通法中稳定存续了数百年的 19 世纪后 50 年,仍然没有类似

---

① Lawrence M. Friedman, *A History of American Law* 351 (New York, 3rd ed., 2005).

② Peter Karsten, *Heart versus Head: Judge-Made Law in the Nineteenth Century* 101-106 (Chapel Hill, N.C., 1997).

于侵权责任保险的事物？如今同现代侵权责任联系甚密的责任保险，为何耗费了如此长的发展时间？这些问题的答案隐藏在经济发展历史和禁止为侵权责任投保的一系列法律规则中。

第二节　保险之法律地位的历史演进

在某种意义上，责任保险直到19世纪晚期才出现是一点也不奇怪的。因为在那之前，人们对责任保险的需求并不高。农业社会里，人身损害经常发生在家庭农场中，大多数潜在被告是受害人在法律上不能起诉或没有意愿起诉的近亲属。在铁路公司出现以前，交通事故的发生是零星的，其严重程度通常也很低。马以及马车碰撞造成的损害事故，其数量和严重程度均低于笨重的火车头碰撞造成的损害事故。因此，当时由于没有足够多的面临大量责任风险且经济实力强大的潜在被告，因而未能给责任保险创造需求。

此外，19世纪中期以前，尚不存在广泛覆盖各个领域的一般性过失侵权责任。仅在几种被认可的有限的责任类型下，造成他人意外人身损害的行为才成立侵权责任。比如，布莱克斯通（Blackstone）在其《英国法评论》（*Commentaries on the Laws of England*）（1765）中几乎没有对任何一种侵权责任作过讨论。即使在19世纪中期，过失侵权已经作为责任成立的一种单独和独立基础而出现之时，过失侵权责任的范围也依然受到许多限制。比如，与工作相关的意外伤害，容易遭到当时已有的有过失和自甘风险的抗辩。而且，为了进一步限制雇主责任的范围，19世纪40年代还发展出了一种新的抗辩事由——"共同雇员规则"（fellow-servant rule）（下文将有讨论）。直到事故发生率在南北战争后有所提高，雇主责任的规则限制开始瓦解时，人们对责任保险的需求才开始出现。

在事故发生率增加和侵权责任范围扩张到足以有望为责任保险创造大量需求之前，18—19世纪的普通法规则结构深处，仍然存在对于保险的矛盾态度。一方面，保险是一种能够给社会带来益处的合法交易行为。另一方面，保险也创造了道德风险，它可能会鼓励粗心甚至是故意的不法行为。保险看起来也很像赌博，而赌博则不被法律所容许。由于这种矛盾的想法最终随着保险法的发展而消失，解决保险法内部紧张关系的法律规则,也就在很大程度上被人所遗忘。但在责任保险出现之后合法性被确认之前的这段时间里,还是必须要直面并解析这些规则。

其中的核心问题在于,承保保单持有人本人过失行为所致之损失的保险是否有效。[1] 整整一个世纪,法院都在尝试着从不同的视角去求解该问题,首先与第一方保险有关,其后与第三方保险有关。例如,在船舶所有人未能为其船舶配备适当索具,或者某人粗心使用其烧木柴的火炉的情形下,如果他们都投保了海上保险或火灾保险,那么问题便是他们能否在未尽足够注意义务保护其财产从而遭受损失时获得保险赔付。在这些情形下,保险给社会带来益处和鼓励道德风险这两种看法之间的矛盾显现了出来。

一 第一方保险和过失导致损失

海上保险中的一个例子最充分地展现了该矛盾。保护保单持有人免遭"海上风险"(perils of the sea)所致损失的保险协议中,约定了海上保险提供的主要承保范围。17—18世纪,船舶所有人和商人经常聚集在伦敦的劳埃德(Lloyd)咖啡馆,"海上风险"则是他们之间所使用的一个专业术语。当时,海上保险系由这些人来购买和销售,他们有时是保险人,有时又是保单持有人。但是和其他的专业术语相比,该术语的边界是模糊的。"海上风险"一词的含义,部分是海上保险合同当事人之目的和期待的问题,部分是支配海上保险合同之合法范围的法律政策的问题。

应对该问题的规则工具,是保险人针对保险索赔提出的"船长或船员不法行为"(barratry)抗辩。该抗辩排除了对保单持有人不法行为所致损失的保险赔付。这些损失被认为非由"海上风险"造成,因而不在典型的海上保险单的保险协议承保范围之内。该抗辩无疑适用于保单持有人故意不法行为所致的损失,但其在此类不法行为外还能适用到何种程度(比如可否适用于单纯的过失行为导致的损失),是19世纪美国保险法中一个不断发展的问题。在产生该问题的情形中,表面看来问题在于,对于字面上通常被解释为承保过失所致损失的保单用语(即"海上风险"),实际应当如何解释。但隐含的问题则是,是否应当鼓励或至少容忍,保险

---

[1] Horwitz, *The Transformation of American Law*, 202.

承保保单持有人或经其允许的代理人的过失行为所致的损失。[①] 19世纪以前，该问题的答案似乎一直都是这种保险不合法。[②]

然而，随着19世纪中期的到来，对"船长或船员不法行为"抗辩的支持态度以及该抗辩本身均在不断地发展。不仅是海上保险的保险人，火灾保险的保险人也逐渐发现，当其想要以保单持有人过失导致了本会得到赔付之损失为由，来逃避保险赔付义务时，"船长或船员不法行为"抗辩会遭到法院的否定。[③] 该抗辩在适用上的减少通常并不是因为法院明确认识到，保险单中的内容发生了改变。相反，海上保险和火灾保险的保险单并没有明确排除承保保单持有人的过失所致的损失，对其承保范围的理解，其实就是根据其保单条款所述的范围。两种保险单的条款所述的承保范围分别是：船舶与货物的损失；火灾导致的财产损坏。由于这种略显形式主义的处理办法，几乎无人讨论，为何"船长或船员不法行为"抗辩中出现的相互冲突的价值理念和因果关系观点，系以一种支持而非反对承保过失导致损失之第一方保险具有合法性的形式，得到了协调。

二　责任免除和补偿协议

只要"船长或船员不法行为"的抗辩适用于第一方保险，对于作为

[①] 说到19世纪早期的"船长或船员不法行为"抗辩，马萨诸塞州最高法院曾指出，将船舶托付给一位"有能力、谨慎和有判断力"的船长是船舶所有人的义务，保险人不对船长"过失、疏忽或有意的不法行为"所致之损失负责，因为"被保险人应当采取一切措施防止损失的默示保证原则遍及整个海上保险领域"。Cleveland v. Union Insurance Company, 8 Mass. 308, 321-322 (1808); see also Grim v. Phoenix Insurance Company, 13 Johns 451 (N.Y. 1816) (海上保险不承保过失导致的火灾损失)。

[②] 例如，菲利普斯 (Phillips) 在其1823年出版的《保险法论集》一书中指出，"一个人不能通过为自己欺诈和不当行为引起的损失投保来保护自己"。补偿此类损失的协议将会"明显违背一个共同体的一般利益"。而且，"在更低的程度上，对于维持补偿某人过失所致后果的合同，也存在相同的反对意见"。对保单持有人过失所致损失承保，将会使保险人"完全处于他人的控制之下，而且只为保单持有人以及保单持有人所组成的风险共同体所操纵"。See Willard Phillips, *Treatise on the Law of Insurance* 158 (New York, 1823); Horwitz, *The Transformation of American Law*, 202 (quoting Phillips).

[③] 当肯特 (Kent) 在1826年出版其第一版《评论》时，这种改变似乎就已经发生了。关于"船长或船员不法行为"抗辩，当时的官方意见存在分歧："'过失引发火灾而造成的损失，是否在火灾保险的承保范围之内'，是一个有争议的问题，其引发了更多令人费解但又能自圆其说的判决，而且它们彼此之间是直接抵触的。"See James Kent, *Commentaries on American Law* 253-254 (New York, 1826).

该抗辩之基础的道德风险的担忧就会使第三方保险更受排斥。因为此种责任保险牵涉的道德风险更大，其不适当性因此看起来是不言而喻的，尽管该问题很少直接出现过。①

"船长或船员不法行为"抗辩的排除适用，为责任保险的最终出现创造了概念和公共政策上的空间。然而，在责任保险真正出现之前，还必须有一项支持其存在的重要理由。笔者在前文提到，即便在责任保险已经合法化之后，其在 19 世纪之前和之初的需求也依然很小。19 世纪前 50 年里，美国典型的侵权诉讼依然停留在农业社会的状态，尽管此时的美国已开始向城市化和工业化国家转变。当时典型的意外伤害侵权诉讼均是与磨坊水坝、马匹及其牵引的四轮马车、农场和住宅火灾以及传统形式的斗殴有关。②

然而，到了 19 世纪中期，却出现了一项与铁路有关的重要例外。铁路引发了越来越多的意外伤害事故。同几乎所有其他意外伤害事故的潜在受害者相比，铁路运输的乘客以及通过铁路托运货物的人的侵权救济权利要相对广泛得多。这种例外对待是规定"公共承运人"责任的一系列规则的历史产物。公共承运人是公共马车、驿站的经营者，以及与此类似的对顾客负有高于合理注意程度之义务的主体。他们长期以来都对顾客负有高度的注意义务，这种义务接近于严格责任，但准确来说又不是后者。铁路公司出现后，该规则对其同样适用。

该项规则背后的思想是，公共承运人的顾客由于背井离乡，处在一个

---

① 南北战争以前，在类似责任保险之事物的合法性成为问题的极少场合，有人提出了对"这种保险如果被允许，将会为道德风险制造激励"的担忧。比如，某些类似于责任保险的事物有时会隐藏在第一方保险的保单之中。承保海上船舶和货物损失的第一方海上保险，有时会承保船舶"碰撞"的责任。但除了特殊情况外，对责任的承保会受到保单持有人过失的"船长或船员不法行为"抗辩。19 世纪早期的一个英国法院曾经指出，"对可能是被保险人不法行为导致之后果承保的保险是违法的"，但其在保单持有人通常也作为保险人的场合创了一项例外，在该场合，"扩大损失原则（the principle of loss）的范围要比限制其范围对保单持有人更加有利"。Delanoy v. Robson, 5 Taunt. 605（1814）。这种做法的道理在于，法院认为（正确与否并不一定），当保险人在其他情形下是潜在的受害人时，责任保险引发的道德风险并不比普通海上保险中的更高。因此，有时被包含在海上保险单中的碰撞责任保险在这些场合下是合法的，但在其他场合则不一定合法。See Mary Coate McNeely, "Illegality as a Factor in Liability Insurance", 41 *Columbia Law Review* 26, 27（1941）。

② Brown v. Kendall, 60 Mass. 292（1850）。

非自愿的依附地位之中,因而通常不具备就向其提供服务的合同条款进行磋商谈判的能力。出于一些现实的目的,公共承运人往往处于垄断经营的地位。由于公共承运人的地位给其提供了天然优势,故法律规定,作为交换,公共承运人要对其顾客负有较高的注意义务。即使在铁路公司的经济实力更加强大,并获得了某些种类的法律优待时,规定其对乘客负有高度注意义务的规则也仍然得到了保留。因此,法院接下来将要面对关于因承保保单持有人过失导致损失之保险的普通法上的矛盾。

19世纪70年代,铁路公司成为重要的经济实体。许多情况下,它们都拥有决定乘客运输与货物运输之价格和条款的经济实力。普通法规定的公共承运人的高度注意义务由于已经根深蒂固,法院并不倾向于对之作出改变。但是,由于当时是一个契约自由的时代,即便不能修改侵权法,也可通过合同约定来规避该项义务。而这正是铁路公司常常试图实现的目的。

铁路公司使用的方法是,通过要求乘客或货物的托运人放弃其就运输过程中遭受的损害请求铁路公司赔偿的权利,或者提前同意"补偿"铁路公司可能承担的损害责任,以在合同中将其高度注意义务排除。由于铁路公司的责任将会转移给提供补偿的一方,后一种方式其实就是换了名字的责任免除而已。凭借这些责任免除和补偿协议,铁路公司试图以约定其不负任何注意义务的合同来代替侵权法规定的高度注意义务。

铁路公司这样的公共承运人通过以上方式在合同中排除其普通法上高度注意义务的行为,可以被允许到何种程度,长期以来一直存在争议。[①] 此类合同效力的不确定性,同样反映了对作为"船长或船员不法行为"抗辩之基础的道德风险的担忧。[②] 该抗辩的排除适用,使第一方保险的保

[①] Horwitz, *The Transformation of American Law*, 202.

[②] 例如,1873年,美国最高法院承认了减轻公共承运人义务之协议的效力。最高法院称,问题在于此类协议是否可能构成对法律之直接政策的违反,以及"对'普通法上高度注意义务'的修改,其容许和豁免了公共承运人及其雇员的过失与疏忽,是否并未明显与该政策相抵触以至于完全无效,也未与该政策相抵触以至于在特定情形下无效"。New York Central R. Co. V. Lockwood, 84 U.S.357, 360(1873).后来,最高法院转而认为这样的协议是无效的。在强调这一点时,最高法院引用了纽约州的一项判决(纽约州的规则是允许公共承运人排除其对乘客的高度注意义务,该判决表达了对这一规则所产生之后果的担忧):"戴维斯(Davis)法官称,'该项规则的后果,已经体现在了通过降低公共承运人这类公司的注意和警觉而增加的事故当中;而且,该情形将会一直累积,直到对公共政策的合理理解引发对订立此种合同之权力的立法限制'。" Id. at 36, quoting Stinson v. New York Central Railroad Co., 32 N.Y. 337 (1865).

单持有人可以对其过失导致的损失，从其保险人处获得赔偿。而相比之下，责任免除和补偿协议，则使铁路公司和其他公共承运人可以免于承担其过失导致的责任。前者促进了对损失的赔偿，而后者则限制了对损失的赔偿。

这一区别之间存在很大差异。即使在 19 世纪晚期，主导性的规则也都是责任免除和补偿协议，至少在其减轻了公共承运人过失责任的范围内，均属无效。所以，虽然在第一方保险中，保单持有人过失不赔这一"船长或船员不法行为"抗辩已然消亡，尽管其具有道德风险方面的作用，但公共承运人的责任免除依然是无效的，理由恰恰就是它们制造了道德风险。

三 Phoenix 案的裁判规则

尽管这些不同的想法在侵权法和保险法中以不和谐的形式共存着，但另一种制造了道德风险的保险工具还是得到了美国最高法院的审视。当时，最高法院仍对案件作出普通法上的判决，直至 1938 年对 Erie R. R. v. Tompkins 案作出判决。[①] 最高法院作出的一项裁决暗示了一种新保险的合法性，也因此引起了大量的关注。和经常发生的情况一样，该裁决也是间接产生的。但其却被证明意义非凡，因为其标志着对于由保险和类似保险的工具引发的道德风险之法律态度的转折点。

1886 年，刚好在美国第一家责任保险公司成立的几个月前，Phoenix Ins. Co. of Brooklyn v. Erie Western Transportation Co. 案进入最高法院审理。[②] 该案事实为：海上保险的保险人在向托运人赔付了其货物在运输途中的损失后，起诉了该批货物的公共承运人——五大湖区的一家汽船公司，要求该公司补偿其已经支付给托运人的保险金。针对保险人的请求，公共承运人主张的抗辩理由是，由于运输合同给予了承运人享有"托运人运输保险所含之利益"的权利，故保险人不得对承运人主张任何权利。

就像其合法性数年来一直受到争议的公共承运人的责任豁免和补偿协议一样，这可能是承运人支配交易条款的另一种情形，只是这是通过要求托运人对其处于公共承运人照管下的货物投保损失保险来实现。通过这种

---

① 304 U. S. 64（1938）.

② 117 U. S. 312（1886）.

方式，公共承运人便无须再对托运人的损失提供赔偿，如果作出了赔偿，还可以从托运人的保险人处获得补偿。① Phoenix 案的承运人辩称，由于承运人实际上属于托运人保险单中的被保险人一方，保险人因而无权对其损失提起诉讼。

保险人答辩称，运输合同中给予承运人运输保险的给付利益的规定，违反了公共政策，因而是无效的，因为它等同于承运人为自己的过失责任投保。由于承运人在法律上无权享有运输保险所含的给付利益，故保险人的主张成立，承运人不在保险承保范围之内，保险人可以起诉承运人。

因此，在这一情形下，最高法院必须要在 Phoenix 案中决定哪一项规则更加重要：是禁止公共承运人与其乘客之间的责任豁免和补偿协议的规则，还是允许财产所有人即便就其本人过失所致的损失也可获得保险赔付的规则（即废除"船长或船员不法行为"抗辩）。最高法院总结称，Phoenix 案中发生的情况，与如今属于合法行为的购买承保财产所有人过失所致损失的保险之间，有一种更加密切的类比。其论证道："正如承运人可以就一般风险导致的货物损失合法地获取保险一样（尽管损失有时系由其个人过失引起），承运人也可以合法地与货物所有人约定，允许其获得由所有人自愿投保之保险的给付利益。"②

这种安排从形式上看，只涉及保险而不涉及责任豁免和补偿协议，但这一事实并未使其所牵涉的道德风险消失。同未被给予运输保险之给付利益的公共承运人相比，被给予给付利益的公共承运人保护其所运输之货物的激励更低。因此，问题就是为何这种会制造道德风险的保险依然得到了允许，而责任豁免和补偿协议却不被允许。最高法院以经典的话语解释了这一区别对待的基础，该解释对此后处理责任保险效力问题的法院也产生了深远影响，其称："通过获得保险，被保险人（本案中的承运人）并未

---

① 保险人在案由中的描述也与此相同，其以如下内容开头："公共承运人和雇佣公共承运人之公众双方之间的冲突已经持续了许多年，承运人通过在提单中设计各种条款术语来寻求普通法上严格规则赋予其义务的豁免，以及其向自己受托之财产的所有人所负之全部责任的豁免。当保险的实践逐渐增加且变得更加一般化时，保险公司也无可避免地卷入这场冲突当中，而且，承运人寻求规避责任的最新方法之一，就是通过试图获得财产所有人对其财产所投保险之给付利益。" Brief for Appellant at 1, Phoenix (October 16, 1882).

② 117 U. S. at 325.

减轻其对货物所有人的责任,而只是增加了其承担责任的方式。"①

关键之处就在于,如果最终的结果有助于确保受害方获得赔偿,那么就可以容忍道德风险的增加。就责任豁免和补偿协议而言,其在增加道德风险的同时也限制了对受害方的赔偿。而相比之下,允许承运人对其照管的货物投保,以保障由于其过失导致的货物损失,或者允许向承运人提供托运人购买之保险的给付利益,则并没有剥夺对任何人的赔偿;这些设计仅仅是为了将损失的风险转移给保险公司。

从表面看,Phoenix 案所主张的无疑是在海上保险中,保单持有人过失不赔的"船长或船员不法行为"抗辩,不仅不适用于名义被保险人提出保险索赔的情形,在保险人起诉基于运输合同而获得保险之给付利益的一方(承运人)时,其也同样不适用。Phoenix 案本身与责任保险无关,并且案中争议涉及的是承保损坏他人财产责任的"间接保险",而非承保人身伤害责任的直接甚或间接保险。

然而,如今我们知道,由于责任保险及这一新险种所受到的挑战系出现于 Phoenix 案判决作出后的几个月内,因此该案的隐含内容就具有历史性意义。在之前排除适用"船长或船员不法行为"抗辩的判决中的最隐晦的内容,在 Phoenix 案中却变得直白而明确。通过令对过失导致损失负责的一方能够获得保险来确保对受害人的赔偿,是一种能够消弭法律对道德风险之担忧的积极的价值理念。Phoenix 案从赔偿的角度来说,为允许保险承保过失导致之损失提供了正当性,即便在责任保险会制造道德风险的情况下,也同样可以适用。

第三节 责任保险的产生与合法化

在南北战争后的几十年中,工业化的加速推进,铁路和有轨电车线路的增加,以及不断增长的人口在广袤大地上的迁移扩散,都增加了损害事故在人们工作和日常生活中的发生概率。增加的事故也给侵权法体系在损害补偿方面施加了更大的压力。与此同时,对于事故之根本原因和社会责任的态度本身也开始发生转变。事故损害是命运或厄运所致这种较为陈旧

---

① 117 U. S. at 324.

的观念，逐渐被将因果责任归于个人行为的观念所取代，其中也包括为损害的发生制造条件的商业性企业的行为。①

一　雇主责任的威胁

随着工业化和机械化运输的高速发展，许多事故都涉及新型工业和运输企业所雇佣的雇员。作为对工伤数量之增加与事故原因之态度转变的回应，关于雇主责任的普通法规则开始了断断续续的修改。主要的改变与"共同雇员"规则有关。一般而言，雇主要为其雇员在工作中实施的侵权行为承担"替代"责任，即使雇主本身并无过失。因此，如果雇员过失地伤害了一位顾客或旁观者，雇主（以及雇员）就要对后者承担责任。然而，根据19世纪40年代开始实行并在之后迅速扩散的共同雇员规则，雇主并不对其一位雇员对另一位雇员实施的侵权行为承担替代责任，即使侵权行为发生于工作之中。② 仅在雇主自身存在过失的情况下，受害雇员才能从雇主处得到赔偿。隐含在这项规则背后的思想是，雇员在接受雇佣时已经自愿承担了将会被其同事伤害的风险。

随着时间的推移，法院创设出了共同雇员规则的一系列普通法例外，它们为诉讼提供了更多的空间。例如，一些法院开始主张，雇主在某些情况下负有不能转嫁的提供安全工作场所的义务，其中就包括提供无过失的雇员；一些法院发展出了"副负责人"（vice-principal）规则，该规则使共同雇员规则无法适用于雇员监管者具有过失的情形；还有一些法院认为，当雇员是被同一公司或企业的"不同部门"的雇员所侵害时，不适用该规则。③

劳工运动随着其自身的发展壮大，开始致力于推动更多雇主责任法立法改革的实现。例如，1855—1874年，多个州通过了只适用于铁路公司

---

① John Fabian Witt, *The Accidental Republic: Crippled Workingmen, Destitute Widows, and the Remaking of American Law* 12–17 (Cambridge, Mass., 2004).

② 该规则源于 Farewell v. Boston & Worcester R. R. Corp., 45 Mass. 49 (1842)。

③ See Gilman v. Eastern R. Co, 95 Mass. 433 (1866)（提供合格同事雇员的义务）; Northern Pacific R. Co. v. Herbert, 116 U. S. 642 (1886)（不同部门规则）; Dayharsh v. Hannibal & St. J. R. Co., 15 S. W. 554 (Mo. 1891)（副负责人规则）。相关讨论，see G. Edward White, *Tort Law in America* 51–55 (New York, expanded ed. 2003)。

的共同雇员规则的成文法例外。① 到了 19 世纪 80 年代，劳工们不再仅仅针对铁路公司，他们开始寻求从总体上减少或推翻对雇主侵权责任之限制的立法。最终，超过 24 个州通过了修改共同雇员规则和有过失抗辩的雇主责任法。② 1880 年，英国的共同雇员规则也以一种相似的方式被成文法所修改。

二 雇主责任保险

大西洋两岸扩张雇主责任之立法的通过标志着一个转折点。在英国通过新的规则后，一家为雇主的新责任提供保险的公司——雇主责任保险有限公司（the Employers' Liability Assurance Corporation, Ltd.）成立了。③ 鉴于大西洋彼岸的雇主责任立法也已经或有望通过，雇主责任保险公司很明显将美国也作为了其潜在市场。1886 年春天，在马萨诸塞州立法机关还在考虑是否通过雇主责任立法时，雇主责任保险公司在波士顿设立了办事处，并售出了其第一份保险单。

几个月以后，波士顿的 26 家纺织品制造商和社区领导聚集起来，决定设立自己的相互保险公司以为其提供责任保险。④ 为了将该公司与其英国的竞争者区分开来，它们将该公司命名为美国相互责任保险公司（American Mutual Liability Insurance Company）。这种被设计用于应对扩张之雇主侵权责任的新保险被恰如其分地称为"雇主责任"保险，并且雇主责任是其承保的唯一一种责任。⑤ 1887 年，马萨诸塞州通过了一项扩大雇主责任范围的雇主责任法，与此同时也促进了对新保险的需求。⑥

在此之后的几年里，陆续有其他公司也加入波士顿最初的这两家责任

---

① 对于这些发展的讨论，see Friedman, *A History of American Law*, 422-424。

② James Harrington Boyd, *A Treatise on the Law of Compensation for Injuries to Workmen* 8-9 (Indianapolis, 1913).

③ Harry Perry Robinson, *The Employers' Liability Assurance Corporation Ltd.* 1880-1930 (London, 1930).

④ Charles E. Hodges, *The First American Liability Insurance Company* 10 (New York, 1957).

⑤ See Raymond N. Caverly, "The Background of the Casualty and Bonding Business in the United States," 6 *Insurance Counsel Journal* 62, 63 (1939).

⑥ Act of May 14, 1887, ch. 270, 1887 Mass. Acts 899 [current version at Mass. Gen. Laws Ann. Ch. 153 (West 2005)].

保险公司的事业之中，开始销售责任保险，马萨诸塞州和其他地方皆是如此。但是，即便新型保险的市场在不断发展，新保险产品的合法性也依然面临着质疑。Phoenix 案虽然暗示了责任保险的合法性，但并没有直接表明公共政策应当允许为潜在侵权责任投保。

和 Phoenix 案一样，引发该问题的最初的案件也与公共承运人有关。此时，诸如电车公司、铁路公司和汽船公司这样的公共承运人，有可能会不成比例地卷入侵权诉讼当中，因而有可能成为想要利用其新购买的责任保险的众多第一被告中的一员。此外，由于公共承运人对其乘客以及其所运输之货物的所有人负有高度的注意义务，此类企业对责任保险的购买，恰好使对责任保险合法性的挑战拥有了最大的成功可能。如果公共承运人和其他行为受公共利益影响的企业可以合法购买可能减轻其遵守普通法义务之激励的保险，那么行为受公共利益影响较小的其他企业当然可以被允许购买责任保险。因此，责任保险的反对者在涉及公共承运人的案件中，或许可以提出其最有力的理由。

在责任保险首次出现于波士顿的十年后，马里兰州上诉法院根据火灾保险和海上保险可以合法适用于保单持有人过失导致之损失的先前判决，否定了对于责任保险的第一项质疑。该法院广泛地引用了 Phoenix 案的规则作为其判决的权威依据。在支持这种新保险的合法性之时，法院完全摒除了责任保险"无可避免的倾向或影响"会诱发保单持有人"更小的警惕或更大的疏忽"这一观点。

法院认为，责任保险并没有在任何方面减轻承运人对公众的注意义务和警惕性。因为保险保障实际上"保障程度有限制、保障范围有约束"，而且保单持有人会"尽力将其保险总额降到最低，以减少其每年须交纳的保险费"，而这些"就算不是全部也在很大程度上依赖于保单持有人在管理和执行事务时的谨慎、注意和技巧。是故，这样的承运人会有和其作为自己的保险人时完全一样的保护公众和个人免遭损害的动机与激励"[①]。一年后，新泽西州最高法院也作出了类似的判决，采用了相似的论证理由，并且也引用了 Phoenix 案的判决。[②]

---

① Boston & A. R. Co. v. Mercantile Trust & Deposit Co. of Baltimore, 34 A. 778, 786 – 787 (Md. 1896).

② Trenton Pass. R. Co. v. Guarantors Liability Indemnity Co., 37 A. 609, 611 (N. J. 1897).

但是，这些作为责任保险不会促进道德风险这一主张的支持理由，几乎是没有说服力的。这些法院未采取其原本立场的原因，仅仅是它们反对以道德风险质疑责任保险的合法性。而在此前的 Phoenix 案中，美国最高法院所强调的判决理由之一是，责任保险有助于确保遭受保单持有人的行为损害的人获得其应有的赔偿。马里兰州上诉法院也曾指出，"保险的结果是为他（保单持有人）提供了赔偿的手段"，而且保险"使他更有能力对因他的疏忽或懈怠而造成的人身损害提供赔偿"。① 美国最高法院在 Phoenix 案中的部分判决意见，得到了赞同责任保险合法性的判例的反复引用。该意见的含义为，责任保险增加了保单持有人承担责任的"手段"，即为过失导致之损害支付赔偿的"手段"。

19 世纪 90 年代及其之后的时间里，使责任保险合法化的新规则在几乎没有受到任何反对的情况下得到了接受。笔者所发现的唯一强烈的司法反对意见出自十年后的 Breeden v. Frankfort Marine 案，此案中，密苏里州最高法院在责任保险的问题上适用了 Phoenix 案的规则，但其遭遇了明确反对该规则的一项异议。② 反对意见无法接受"责任保险并未破坏事故预防"这一 Phoenix 案规则的前提，其认为，"当承运人知道第三人（责任保险人）要从它自己的口袋里拿钱来支付由承运人的过失给乘客带来的损害后，这种想法会对鼓励承运人的过失产生直接有力的影响"③。

然而，Breeden 案中的反对意见不过是一种陈旧观点的苟延残喘罢了。

---

① Boston & A. R. Co. v. Mercantile Trust & Deposit Co. of Baltimore, 34 A. 778, 786-787 (Md. 1896).

② Breeden v. Frankfort Marine, Accident & Plate Glass Ins. Co., 119 S. W. 576 (Mo. 1909). 据笔者所了解，盖里·施瓦茨（Gary Schwartz）是第一位留意到 Breeden 案中反对意见的现代学者。See Gary Schwartz, "The Ethics and the Economics of Tort Liability Insurance," 75 *Cornell Law Review* 313 (1990).

③ 119 S. W. at 581. 为了支持其观点，反对意见列出了一系列该多数意见形成的判决将会引发的可怕后果："如果这种所谓的保险是合法的，那么借由同样的论证过程，内科医生或外科医生也可以为其在病房里的医疗过失行为或其他过失行为投保，进而完全免于惩罚。而且，根据与本案被告律师所引用之意见相同的权威意见，宾夕法尼亚州最高法院在最近的一起案件中认为，对于因其驾驶过失而可能支付给任何第三人的损害赔偿金，机动车的所有人可以投保⋯⋯但我们已经看到，仅仅是孩子，就几乎在巨大危险的伴随下，每天驾驶着机动车以 20—30 英里的时速沿街道高速行驶。如果父母由于该行为而可能支付的所有损害赔偿金得不到补偿的话，试问理性的人会认为父母可以容忍这样轻率放任的行为片刻吗？当然不会。" Id. at 584-585.

这种观点认为，公共承运人的"责任"在于尽到注意义务以避免造成人身损害。而相比之下，新观点对责任的解读则大为不同。当最高法院在Phoenix案中指出，通过购买责任保险，保单持有人并没有减轻其责任，"而是增加了其承担该责任的手段"时，最高法院并没有将"责任"理解为善尽合理注意以避免造成损害的义务。如果保险增加了保单持有人"责任"的"承担手段"，那么所讨论的责任就不可能是不得具有过失的义务。无论人们对于投保是否会对安全产生消极影响的看法如何，最高法院并没有认为保险对安全具有积极影响。除了向保单持有人提供的意外损失管理服务外，责任保险并没有"增加"保单持有人预防过失导致之事故发生的"手段"，现在也同样如此。

然而，责任保险确实增加了保单持有人为其过失支付代价的手段。由于这是Phoenix案提到的责任承担手段的增加，责任的含义也因此发生了转变，从避免过失损害他人的"责任"转变为在损害发生时赔偿过失导致之损害的"责任"。在这场对责任之认识的转变中，责任保险是一种确保对受害人之赔偿的工具。而且，无论正确与否，由于法院还认为责任保险可以与事故预防相容，责任保险之现代功能的种子就这样被播下了。

故此，由于雇主对于保护其责任的需求与日俱增，以及责任观念的转变使为过失责任投保不再违反公共政策，法院接受了责任保险并确认了其合法性。此外，关于风险本质的观念转变可能也间接促成了新司法态度的形成。莫顿·霍维茨（Morton Horwitz）把19世纪对于所有新类型保险的逐步接受归因于保险精算意识在此期间的萌芽。[①] 另外，对保险的接受还有可能是在此期间内，人们对保险及其承保对象的理解发生了转变。在旧的观点下，保险只是许多种补偿形式当中的一种，经由保险，风险只是从一方转移到了另一方。在转移风险的同时，风险转出者摆脱了其不欲承担的责任。再者，一旦保险开始被认为不仅是风险转移机制还是风险分散机制，保险人是大数法则用于保护保险人和被保险人的工具时，把保险交易看作规划与稳定经济的手段，而非逃避普通法责任的工具也就容易得多了。

然而，支持责任保险合法性的司法意见本身，并没有包含任何能够证明保险的精算理念影响了法院之论证或结论的证据。20世纪初，法院的确普遍

---

① Horwitz, *The Transformation of American Law*, 226-237.

反对责任保险会破坏对安全的激励因而违反了公共政策这一观点。而且,法院也看到了责任保险作为确保保单持有人能够赔偿受害人之手段的好处,它是一种"承担责任"而非减轻责任的手段。赞同责任保险合法性的法院一致强调,购买保险者并未减轻自己对受其损害者所负的任何义务。例如,马里兰州上诉法院指出:"虽然承运人可以购买责任保险,但其仍然要对货物的所有人或托运人承担责任,和其他保险中的情形一样,通过对责任的投保,承运人仅仅是同某第三人签订了对损失进行补偿的合同。"①

然而,这些意见中并无任何内容表明,法院除了考虑双方的条款外还考虑了别的东西。公共承运人对因其过失而受害的人负有赔偿责任,责任保险则有助于确保赔偿的实现。但法院并未指出,其他处于相似情况下的公共承运人也会购买保险,并实质上参与到风险共同体中,或者托运费可能提高,因而导致顾客群体为承运人的责任保险间接埋单。

总之,法院并没有讨论责任保险的损失分散效果。在它们的推理论证中,未提到过其他的保单持有人,也未将保险的风险分散效果纳入考虑范围。对于这些法院而言,无论责任保险系出于何种目的,其看起来都与将经济责任从独立的一方转移到另一方的普通补偿手段无异。在法院不仅将保险理解为风险的转移者还理解为风险的分散者之前,对于责任保险之认识的发展,还需要再迈出一步。直到20世纪前十年里开始考虑确立劳工补偿制度时,风险分散的因素才充分地发挥了作用。

第四节 公众责任与保险人控制诉讼的出现

在法院确认责任保险的合法性之前,责任保险就已经开始扩散了。纽约忠诚与意外伤害保险公司(the Fidelity and Casualty Company of New York)于1888年设立了责任部,并开始承保雇主责任保险。② 旅行者(Travelers)保险公司则于1889年承保了第一份雇主责任保险。③ 逐渐地,

---

① Boston & A. R. Co. v. Mercantile Trust & Deposit Co. of Baltimore, 37 A. 778, 786 (Md. 1896); see Trenton Pass. R. Co. v. Guarantors Liability Indemnity Co., 37 A. 609, 611 (N. J. 1897)(促使被保险人履行其注意义务的,一方面是尽管有补偿但依然要承担的责任,另一方面是谨慎的承运人在订立保险合同时可以得到更优惠的条款)。

② Ann M. Kelchburg, *A History of the Continental Insurance Company* 103 (New York, 1979).

③ Travelers Insurance Company, *Travelers*: 100 *Years* 54-55 (Hartford, 1964).

其他公司也紧随其后，比如，安泰（Aetna）保险公司于1902年开始承保责任保险，更大的责任保险市场也开始发展起来。到了1909年，共有27家责任保险公司，在数量上足够保证了协助确立费率类别和厘定保费的指南手册的出版。该年，这些保险公司责任保险的总保费收入为2100多万美元。保险公司的平均损失率（通过将保费与支付的保险金相比较而得出）为43.2%，其每年针对索赔支付的保险金约为900万美元。[①] 典型的保单限额（即保单所能提供的最高赔偿金额）为：对一人造成损害的情形，5000美元；对两人或以上造成损害的情形，10000美元。对每项索赔的平均支付金额同样很低：大约为每项索赔25美元，引起诉讼的则为每项索赔500美元。[②]

一 对公众责任的承保

一段时间后，保险单变得更加丰富多样，开始承保保单持有人经营中出现的特定风险，并伴随着不同的保费厘定基础。[③] 更重要的是，当责任保险得以确立时，保险人开始在最初的以雇主责任为核心的保险单中扩大承保范围。由于保险人认识到企业面临的不仅有对雇员之责任的威胁，还有对不特定公众之责任的威胁，故而对其保单内容进行了第一次重要的增加。因此，在20世纪即将到来之前，"公众责任"被加入了保单的承保范围之中。

责任保险的覆盖范围，以及有保险承保的索赔请求占总索赔请求的比例究竟有多大？答案并不完全清楚，但根据可获得的数据进行一些推断还是可能的。由1908年从事保险业务的27家责任保险公司中的9家所统计的数据显示，在之前的十年里，它们已经为190万项索赔请求支付或预留

---

① Edwin W. De Leon, *Manual of Liability Insurance* 3, 17 (New York, 1909).

② Id. at 18, 35.

③ 比如，制造商的雇主责任保险的保费厘定基础是对雇员支付的总赔偿额，而建筑物出租人的公众责任保险的保费厘定基础则是建筑物的总面积和临街空地面积，以及电梯的数目和种类（如果有的话）。一套更加细密的保费类别和子类别也被发展了出来。1908年，根据所承保的业务类型的不同，共有20个费率主类别（如面包商、化学品和颜料制造商、煤矿、肉类加工商），而每个主类别之下经常又有数十个子类别。比如，皮革与鞋这一类别就在柜台、鞋跟和鞋子切具方面区别于皮革浮雕的类别。Id. at 43-52.

了保险金。因此,约 1/3 的责任保险公司每年支付了大约 20 万项索赔。[①]根据这一数字我们可以推断和估计,有责任保险承保的索赔请求每年约有 60 万项。对该期间的案例研究表明,与工作相关的索赔在所有被提起的索赔中所占比例大致为 20%。[②] 这样算来,该期间内,在每年发生的与工作相关之伤害或死亡事件的总数约为 200 万起的背景下,得到责任保险人赔付的与工作相关的侵权索赔每年约有 12 万项。而就剩下的得到保险人赔付的 48 万项索赔而言,获得保险金的是社会一般公众而非保单持有人的雇员。

在 19 世纪即将结束之时,将公众责任纳入标准责任保险单的承保范围,既是公众提出之侵权诉讼数量增加的结果,又反过来进一步促进了公众侵权诉讼的增加。关于该期间内侵权责任的总体发生情况,并不存在全国范围或各州范围的数据。但是,在某些特定的地区有一些有关侵权诉讼发生率的研究。这些研究表明,侵权诉讼的数量在 1870—1910 年大量增长,城市地区尤为如此。例如,1880 年,波士顿及其周边县发生的主张过失导致人身损害的诉讼总共只有 120 起。然而,仅仅是在 20 年后的 1900 年,此类诉讼就增加到了 3300 起。[③] 对曼哈顿在大致同一期间内的诉讼研究也显示了稍显戏剧性的相似情况。1870 年,纽约市最高法院总共审理了 13 起人身损害诉讼,1900 年增加到了 112 起,而 1910 年则增加到了 595 起。[④]

在郊区和乡村地区,侵权诉讼的增加并非像城市那样明显,但依然能够为人所注意。1880—1900 年,加利福尼亚州的阿拉米达县发生的人身损害诉讼只有 340 起。[⑤] 而在期间长度短了一半的 1901—1910 年,该地的

[①] Id. at 18.

[②] See, e.g., Randolph E. Bergstrom, *Courting Danger: Injury and Law in New York City, 1870-1910* 21 (Ithaca, N.Y., 1992) (27 percent in 1910); Lawrence M. Friedman and Thomas D. Russell, "More Civil Wrongs: Personal Injury Litigation, 1901-1910," 34 *American Journal of Legal History* 295, 303 (1990) (19 percent in Alameda County, California, state court from 1901 to 1910).

[③] Robert A. Silverman, *Law and Urban Growth: Civil Litigation in the Boston Trial Courts, 1880-1900* 105-113 (Princeton, N.J., 1981).

[④] Bergstrom, *Courting Danger*, 20.

[⑤] Lawrence M. Friedman, "Civil Wrongs: Personal Injury Law in the Late 19th Century," 1987 *American Bar Foundation Law Journal* 351, 359.

此类诉讼就有335起。① 此外，西弗吉尼亚州三个农村县的侵权诉讼（包括但不限于人身损害诉讼）总数量，也从1872—1880年的66起增加到了1901—1910年的292起。②

这些增长的一部分（某些情况下是主要部分）不可避免地反映了上述地区在所讨论之期间内的人口增长情况。波士顿的人口数量在1880—1900年增加了35%。③ 曼哈顿的人口数量也从1870年的95万增加到了1910年的275万人。④ 1880—1910年，阿拉米达县的人口几乎增长了四倍。⑤ 1870—1910年的40年里，作为前述研究对象的西弗吉尼亚州三个县的人口数量也增加了480%。

但是，人口增长在诉讼和责任保险增加中扮演的角色并非如此简单。例如，波士顿和曼哈顿在19世纪晚期与20世纪早期的人口增长，并不能充分解释这些地区诉讼的增加。引起诉讼之活动的增加，而非单独的人口增长，或许才是诉讼增加最重要的因素。人口增长成比例地增加了潜在原被告的数量；但发展水平和工业化程度的提高，往往不成比例地增加了某些易于辨认之被告的潜在责任，如铁路公司、电车公司和煤矿。

故此，某些种类的被告重复出现于案例研究中就一点也不令人讶异了。人们普遍认为，铁路事故主导了19世纪晚期的侵权法，铁路公司因而在当时是重复出现的被告。1901—1910年，阿拉米达县超过40%的人身损害诉讼系以公共承运人为被告，而这些公共承运人中很多都是铁路公司。⑥ 在20世纪初的波士顿，所有人身损害诉讼中有5%系以铁路公司为被告。⑦ 在纽约市，这一数字在1890年为9%，但其在1910年减少到了3%。⑧

---

① Friedman and Russell, "More Civil Wrongs," 295.

② Frank W. Munger, "Social Change and Tort Litigation: Industrialization, Accidents, and Trial Courts in Southern West Virginia, 1872 to 1940," 36 *Buffalo Law Review* 75, 82 (1987).

③ U. S. Department of Commerce, *Statistical Abstract of the United States*, 1910, table 23, p. 51 (Washington, D. C., 1911).

④ Bergstrom, *Courting Danger*, 33.

⑤ Friedman and Russell, "More Civil Wrongs," 295.

⑥ Id. at 303.

⑦ Silverman, *Law and Urban Growth*, 106.

⑧ Bergstrom, *Courting Danger*, 21.

然而，在城市中，主导侵权诉讼的则是另一种不同的公共承运人。例如，1880 年，波士顿只有 12 起起诉过失驾驶轨道马车的诉讼。而在引入有轨电车系统后的 1900 年，起诉过失驾驶此种新型城市交通工具的诉讼则达到了 1400 起。[1] 纽约市的有轨电车事故诉讼在 1890 年占所有人身损害诉讼的 25%，而在 1910 年该比例也依然有 15%。[2] 阿拉米达县 1880—1900 年的数据显示，共发生了 94 起铁路诉讼和 110 起有轨电车诉讼，在所有人身损害诉讼中占 60%。[3] 应用于拥挤的城市街道上的这一新型城市交通运输技术，明显制造了大量的损害事故。

二 保险人的角色：索赔请求中的抗辩与和解

据笔者之前的估计，在以上这些案件中，责任保险人不仅要为每年 50 多万项的索赔请求支付判决与和解赔偿金额，而且责任保险单还规定，保险人对被保险人被提起的诉讼负有抗辩义务，因为一旦原告胜诉，其所主张的被告应承担的责任就会由保险人来承担。责任保险引入市场后不久，责任保险单中就加入了抗辩义务的规定。而且，就笔者细致调研的情况来看，在不少地方，从责任保险引入的一开始，保险单中就规定了抗辩义务。例如，一家有名的保险公司在 1895 年签发的保单中就规定了此项抗辩义务。[4] 这一保障是在保单限额"之外"所提供的，意思是，保险人支付的抗辩费用并不会减少保险单提供的赔偿限额。[5] 20 世纪初，安泰（Aetna）保险公司的保单条款是具有代表性的。其保险单中规定："当被保险人被提起诉讼，要求执行保单承保之损害赔偿请求时，其应当在收到传票或经历其他传唤程序后立即通知保险公司，保险公司将会以被保险人的名义代表被保险人抗辩诉讼，并承担有关抗辩费用。"[6] 因此，只要保单有效，保险人对抗辩费用的赔付保障就是无限制的。

尽管保险单为保单持有人提供"免费的"抗辩，这是购买责任保险的一项附加的好处，但负责抗辩以保单持有人为被告的诉讼，同样也是责

---

[1] Silverman, *Law and Urban Growth*, 105.
[2] Bergstrom, *Courting Danger*, 21.
[3] Friedman, "Civil Wrongs," 361.
[4] See Fenton v. Fidelity & Cas. Co. of New York, 56 P. 1096 (Or. 1899).
[5] See William R. Vance, *Handbook on the Law of Insurance* 607-608 (St. Paul, Minn., 1904).
[6] Id. at 55.

任保险人控制诉讼的手段。保险人几乎负担不起允许保单持有人自行决定如何抗辩或是否和解，否则，将会由保单持有人决定如何使用保险人的金钱。责任保险单可能会像坏了的自动售货机一样，无限度地为保单持有人的抗辩与和解支付费用。所以，责任保险单不仅规定了保险人的抗辩义务，而且因为控制抗辩对保险人而言具有很大的意义，必须交由保险人来决定应诉还是和解，所以保险单还赋予了保险人和解或拒绝和解的权利。事实上，保险单往往会明确排除赔付保单持有人在未经保险人同意下达成的和解协议。

故此，抗辩义务和赋予保险人决定是否和解之权利的配套规定一起，使责任保险人成为以保单持有人为被告之诉讼的实际抗辩控制人，由保险人决定如何抗辩、采取何种立场、在和解中是否以及提供多少和解赔偿金额。根据保险单规定，保单持有人也明确负有协助保险人抗辩的义务。保单持有人未尽协助义务将构成对保险单条件的违反，保险人可据此撤销保险单。而且，如果保险人决定不和解并在之后败诉，保单持有人下一年的保费就有可能会因为保险人额外支出的抗辩费用，以及（或者）对胜诉原告的保险金赔付而增加。

因此，责任保险人才是真正的利益相关方，并很大程度上控制了其所参与的诉讼。由于这样的角色，保险人的利益并不总是与其所承保的保单持有人的利益完全一致。责任保险人是典型的职业玩家（repeat players），他们可能因原告律师指摘其过于苛刻而致公众形象受损，另外还有一系列的诉讼需要处理。为了避免负面的社会评价，有的保单持有人可能会想要和解；然而，由于保险人对诉讼享有控制权，其反而可能会决定将案件推入审判程序。而对其认为的没有根据的索赔，有的保单持有人原则上可能会反对和解；然而，保险人冷冰冰的财务计算却有可能促使其选择和解。

总之，在保单持有人被追究侵权责任的场合，保险人并不会只是站在一旁，等待保单持有人发号施令。当保单持有人被责任保险承保时，侵权法体系看起来和运行起来就像责任保险体系，责任保险人在其中处于争议的中心位置。仅在案件实际进入审判时，保险人的角色才会正式被忽视，因为相关规则规定，任何对被告有保险承保这一事实的提及，都是审判无效的理由。人们认为，陪审团一旦得知被告无须自付判决赔偿金，就会倾向于支持原告。但是，该规则逐渐变得形同虚设、没有意义，因为随着时间的推移，陪审团开始假定许多被告（如果不是大多数的话）都拥有保险。

现在回想起来,责任保险保单被设计为将保险人置于诉讼控制地位,看起来几乎是不可避免的。要实行任何其他的安排,即便不是不可能,也十分困难。如果安排由保单持有人控制诉讼,保险人就需要设计出一种方案来限制保单持有人冲动地在特定索赔抗辩中花费太多不必要的抗辩费用,以及在本应积极抗辩索赔请求的情况下却轻易接受和解。但是,过去和现在都没有简单的方法可以防范这种冲动。所以,大多数现代的责任保险保单仍然赋予保险人抗辩义务,同时又赋予其和解权利。例如,对于早期的保险人而言,如果是令保单持有人控制诉讼,那么保险人为了激励保单持有人最优化当前年度的抗辩和和解费用,还需要谨慎地根据经验费率法厘定随后年度的保险费率,这将是一件非常烦琐而低效的事情。尽管保险人有时也只是粗略地根据经验费率法厘定保费,但在早期,保险人几乎没有可用于计算保费的统计数据。而且,即使有数据为经验费率法提供支持,对于小型保单持有人而言,严格的经验费率法也可能很容易就会击溃其购买保险的全部意义,因为其购买保险的意义就是保护其免于承担稀少但又昂贵之诉讼的风险。

最终,可能发展出了某种类似于现在可能被称为"可控的法律注意"的方法,其中的保险人特定补偿规则,限制了保单持有人诉讼与和解的自由,但是该方法距离真正实现还需要很长一段时间。这种更简单和更高效的方法,是令保险人只对其最终要根据保单承担财务责任的索赔承担对抗辩与和解的控制。

后来,到了20世纪的前几十年,原告、被告和被告的责任保险人之间现代关系的形成要素得以具备。当责任保险人进入侵权诉讼当中时,其参与既影响了诉讼的抗辩,也影响了诉讼的和解。尽管保单持有人是名义上被告,但却是责任保险人的财产实际处于风险之中。责任保险保单因此赋予了保险人作出重要诉讼决定的权利。

随着时间的推移,责任保险人对侵权诉讼的参与,几乎成了侵权法体系的特征之一。不仅保险人的参与会影响侵权法体系的程序和运作;保险的可获得性作为一种赔偿来源,也会影响侵权法的实体发展。至少在某些方面,现代侵权责任范围的许多扩张,最终都会因被告在责任保险上的可获得性而得以正当化。从真正意义上而言,侵权赔偿会最终变成保险赔付。

第二章　侵权法改革的发端：劳工补偿

到了 20 世纪初，责任保险已经成为美国侵权法体系中确定的一部分。尽管责任保险的承保范围在当时已经扩张到了承保保单持有人对不特定公众的责任，但其主要功能依然是承保雇主对雇员的责任。然而，雇员的侵权赔偿请求权及其因此所能得到的工伤赔偿却仍然受有限制。一些州通过的雇主责任法减轻了对于雇主责任的某些普通法限制，但并没有将之彻底消除。故此，打算对雇主提起侵权诉讼的雇员依然面临着艰难的法律处境。

如果雇员遭受了损害，其不仅从雇主处可期待获得的赔偿极少，大多数雇员本人也几乎没有保险可用于补偿其损害所致的经济损失。工人们一般只有最低额的人寿保险，且没有失能保险或医疗保险。因此，遭受工伤的工人就其预期收入损失或医疗费用，从一种或多种赔偿来源获得完全赔偿的可能性非常之低。

但 20 年之后，涉及工伤的法律发生了转变，这一转变使受害雇员的前景变得明朗起来。绝大多数州都通过了"劳工补偿法"（workers' compensation acts），这在当时被称作"工人们的"（workmen's）补偿法。这些法律废除了雇主的侵权责任和雇员的侵权赔偿请求权，以一套对工伤实行几乎自动赔偿的行政体系替代了侵权法体系。事实上，劳工补偿通过为工人工伤引发的预期收入损失或医疗费用提供至少部分及时的赔偿，为工人的工伤风险提供了保障。此前，侵权法体系仅为极少数有权获得侵权赔偿的受害雇员提供了高额赔偿，而对绝大多数没有希望获得侵权赔偿的雇员则未提供任何补偿。经过这一转变后，雇员们便无须再受这样的侵权法体系的支配。

劳工补偿是最初的侵权法改革，同时也是迄今为止最根本的侵权改革。此外，劳工补偿制度在其通过时曾经面临的问题及其如今在许多方面仍然存在的问题，为几乎所有重要的现代侵权法改革提议提供了一个普适的分析模板。正是在对劳工补偿制度的讨论中，关于风险分散和企业责任的持续性主张被首次提出，尽管该主张在当时较为初级和原始。而且，也正是在建立此项侵权法替代机制的过程中，所有重要侵权法改革的三项主要考虑因素——赔偿、威慑和运行成本，首次得到了严肃对待。

第一节　二十世纪初的缺憾困局

尽管雇主越来越担忧其对雇员所承担之责任带来的威胁，但20世纪初的侵权责任对受害雇员而言仍然是一种完全不充分的赔偿手段。笔者在第一章中讨论的Phoenix案的裁判规则，可能已经宣告了责任保险作为被告对受害人承担侵权责任之手段的价值。但只要雇主对工伤承担之法律责任的范围是极其有限的，责任保险相应地也就只是受害雇员的一种有限的赔偿来源。

为了解决工伤这一难题，德国和英国于19世纪晚期设立了劳工补偿项目。这些项目要求雇主为雇员所遭受的损害支付费用，而无论双方是否存在过失。20世纪初，类似项目的设立在美国也被提上了政治议程。但是，促使美国各州逐步设立劳工补偿项目的政治支持，经历了相当长的发展时间。

美国劳工联合会（American Federation of Labor）主席，或许也是当时最著名的劳工领袖——塞缪尔·冈珀斯（Samuel Gompers），在20世纪首个十年的大多数时间里是反对劳工补偿的。他认为，这种使雇员依赖于福利管理部门的项目最终将会削弱劳工运动的力量。十多年后，冈珀斯还以相似的理由反对政府支持建立的国民健康保险。他支持慷慨的社会福利项目，但希望它们由劳工而非管理部门或政府来控制和管理。所以，冈珀斯和国家劳工运动主张的侵权法改革是使侵权责任更加易于追究，侵权赔偿更加慷慨，而非替代侵权法，尽管此时许多州的劳工运动及其"进步时代"的盟友们已经开始支持劳工补偿，但最终，冈珀斯的反对态度有所缓和，并且转而支持劳工补偿。

然而，仅仅是有组织的劳工的支持，并不足以保障新项目的通过。劳工补偿的通过，远远不单纯是劳工努力实现针对其企业对立者之进步立法的胜利，而是劳工与诸多美国企业之间各自利益相互协调、妥协的共同产物,后者其实希望既有的侵权法和保险体系在20世纪头20年里的运行方式能够被他者取代。

既有的体系中存在三项缺陷。其一,规定雇主责任的侵权法规则严重妨碍了对受害雇员的赔偿。损失因此得不到赔偿,从而造成了贫穷和经济动乱。其二,部分由于该项原因,侵权法体系在预防工作场所的事故损害方面做得不够。由于雇主的责任是有限的,责任给其创造的令工作场所更加安全的激励同样也是有限的。其三,侵权法体系的运行成本,以及经常伴随侵权法的责任保险的运行成本过高。而且,雇员自己可以购买的保险的运行成本也很高。因此,雇员实际上无法购买足额的保障其人身损害风险的保险。而劳工补偿则正是对这三项缺陷的回应。

一 侵权法的不完全赔偿

雇员有两项潜在的损害赔偿来源:侵权损害赔偿以及其为自己购买的第一方保险。但是,二者都不能为雇员提供完全的赔偿。

19世纪晚期和20世纪早期的侵权法对受害雇员是不利的。除非受害雇员能够证明雇主具有过失,或者对于另一雇员给受害雇员造成损害的过失行为(作为或不作为),雇主应当承担责任,否则受害雇员将无法从雇主处获得赔偿。雇主可能须就其某一雇员的过失行为对第三人承担"替代责任",即使其本人并无过失。但是,根据"共同雇员规则",除了极少数例外情形,替代责任并不适用于某一雇员因同一雇主的另一雇员的过失行为而遭受损害的场合。在该场合,雇主的替代责任得到了免除。此外,即使受害雇员可以证明雇主具有过失,例如证明雇主提供的是不安全的工作设备,但如果雇员本人也存在与有过失,或者被查知其明知工作条件存在风险却依然接受工作,相当于自我负担了未来可能遭受损害的风险时,其也会得不到赔偿。共同雇员规则、与有过失和自甘风险三者有时会被称作"邪恶组合"抗辩,它们使受害雇员对其损害极难获得侵权赔偿。而且,由于雇员在侵权诉讼中很难胜诉,此类诉讼的数量相对而言是较少的。

例如,一项对纽约市19世纪晚期至20世纪早期之侵权诉讼的研究发现:1870年,未曾发生过以工伤为理由的人身损害诉讼;1890年,此类诉讼有24起(占所有人身损害诉讼的21%);1910年,此类诉讼有160

起（占所有人身损害诉讼的 27%）。① 其他一些对此期间之诉讼情况的研究也有类似的发现。② 随着时间推进而增加的诉讼率或许反映出，对雇员侵权赔偿请求权的限制在美国南北战争之后的几十年里，已经开始缓慢和略微地放宽。但提升的诉讼率并未反映出同时期发生的工伤事故的完整数量；所发生的工伤事故的数量可能是诉讼数量的几百倍。

事故率的数据出自纽约温赖特委员会报告（New York's Wainwright Commission Report），该报告是该领域极其重要的文件之一，其调查结果为纽约 1910 年制定的最早的具有里程碑意义的劳工补偿法案提供了支持。委员会在 1909 年末至 1910 年初在全州举行了 11 天的听证会，听取了 106 名证人的证言，并制作了一份 470 页的证言记录。委员会开展的一项研究发现，前三年中的每一年都有超过 15000 起工伤事件被报送到纽约州的劳工委员会（the Commissioner of Labor of the State of New York）。例如，1909 年，共报送了 252 起与工作相关的死亡事件，3739 起严重或永久性的损害事件，以及 12839 起其他损害事件。③ 然而，即使是这些数字无疑也低估了损害的实际发生数量，因为产生数据的报送要求并不容易被执行。纽约州的总人口数量当时约是纽约市的两倍，即便给这一事实打个折扣，1909 年全州发生的近 17000 起与工作相关的损害及死亡事件，与 1910 年纽约市发生的 160 起诉讼之间，明显也是极其不成比例的。

当时也并不存在诉前赔偿程序可用于解释这一不成比例的现象。在某种程度上，受害人大都未获得赔偿，或者获得的全都是不完全赔偿。20

---

① Randolph E. Bergstrom, *Courting Danger: Injury and Law in New York City*, 1870–1910 21 (Ithaca, N. Y., 1992).

② 例如，1880—1890 年，加利福尼亚州阿拉米达县的州法院发生了 41 起工伤诉讼（占所有人身损害诉讼的 12%）。1901—1910 年，发生了 63 起此类诉讼（占所有人身损害诉讼的 19%）。Lawrence M. Friedman and Thomas D. Russel, "More Civil Wrongs: Personal Injury Litigation, 1901-1910," 34 *American Journal of Legal History* 295, 303 (1990). 在前述后一时期内，在联邦法院提起的此类诉讼的比例更高（55%），这可能是联合太平洋铁路公司和南太平洋铁路公司（the Union Pacific and Southern Pacific railroads）的卷入造成的；联合太平洋公司和南太平洋铁路公司经常成为诉讼的被告，它们造成伤害的对象往往来自许多不同的州，因而这也成为联邦法院能够享有管辖权的佐证。

③ See *Report to the Legislature of the State of New York by the Commission Appointed under Chapter 518 of the Laws of 1909 to Inquire into the Question of Employers' Liability and Other Matters* 5 (Albany, N. Y., First Report 1910).

世纪早期有一些针对支付给因工受伤或死亡受害人之赔偿范围的重要研究，它们与温赖特委员会开展的研究相似，且包括后者。在这些研究中，死亡事故受害人的家人得不到雇主任何赔偿的案件的加权平均比例为44.5%。而且在这些死亡案件中，赔偿金与家庭年收入的平均比率为0.56，很明显，其中的赔偿金并不能给失去经济支柱的家庭提供足够的长期经济支持。即使只关注获得了部分赔偿的家庭，补偿和年收入的比率一般也在0.6和1.5之间上下浮动。① 对非死亡事故受害人的赔偿数据与此相似。在这些研究中，约有40%的受害人没有获得赔偿。而在这些不同研究中，对于那些获得了赔偿的60%的受害人而言，其获得赔偿的经济损失之平均比例的分布则十分广泛，从24%到140%不等。②

处理该难题的最著名的成果之一，是克丽丝特尔·伊思门（Crystal Eastman）对匹兹堡劳工事故赔偿的经典研究。伊思门是支持改革的积极分子，同时也是纽约市的一位律师。她指出，如果说匹兹堡的雇员能够得到任何赔偿的话，其遭受的损失与获得的赔偿之间也是差距悬殊的。她同时提议建立劳工补偿制度以替代侵权法。伊思门发现，1906—1907年，匹兹堡涉及已婚男性于工作场所死亡信息的271个实例当中，有164个被扶养家庭得到了500美元或以下的赔偿，其中的59个家庭则没有得到赔偿。只有8个家庭得到了超过2000美元的赔偿。故此，只有48个家庭，或超过20%的家庭因家庭经济支柱死亡获得了超过500美元的赔偿。③ 而当时全国的年平均工资约为750美元。④ 可见，绝大多数的家庭因家庭经济支柱死亡而获得的赔偿低于经济支柱一年赚取的工资。因此，侵权法为家庭经济支柱死亡提供的是令人失望的不完全赔偿。

二 第一方保险的赔偿

如果雇员本人能拥有更多保险，侵权法体系未能对之提供更充分保护所受到的关注或许会更少一些。不过，为从事较危险工作的雇员支付更高

---

① See Price V. Fishback and Shawn Everett Kantor, *A Prelude to the Welfare State: The Origins of Workers' Compensation* 35-37 (Chicago, 2000).

② Id. at 41. 两项研究报告了较高的赔偿比例，但这一偏高的结果是人为假设了这些研究中的部分受害人没有发生医疗费用造成的。See id. at note d.

③ Crystal Eastman, *Work-Accidents and the Law* 120-121 (New York, 1910).

④ Fishback and Kantor, *A Prelude to the Welfare State*, 209-211.

工资的补偿性工资差额,可能会被认为是一种可接受的替代方案。① 但对于不愿冒险的雇员而言,同保障几乎不可避免的工伤导致之损失的保险相比,这种工资差额似乎是极其没有意义的。现在通常认为,补偿性工资差额和第一方保险是同一枚硬币的正反面。要么是从事危险工作的雇员利用得到的更高工资,自行选择购买个人保险,要么是雇主为此类雇员支付比原本应支付水平更低的工资,但同时为其提供更多的保险以作为一揽子赔偿的一部分。

然而,这却不是20世纪初的市场运行状态,因为雇员在购买真正有用的保险上面临着障碍。人寿保险是雇员购买的最普遍的险种,但即使是这种保险,其购买量也非常有限。1904年,处于有效期内的"劳工人寿保险"的保单超过了1500万份,但每份保单提供的保险金平均却只有142美元。② 这种保险被俗称为"丧葬保险"(burial insurance),因为其所能提供的全部的平均赔偿金额,仅仅相当于丧葬费而已。这些保单的保费通常是每周对雇员挨家挨户进行收取;而且正如下文所述,这种保险的运行成本非常之高。

保障保单持有人因"外来的、猛烈的、意外的事件"所遭受之损害的意外伤害保险在当时也是存在的,但其购买量更小。1911年,意外伤害保险收取的保费只有1900万美元(相比之下,劳工人寿保险的保费在几年前就已收取了约30亿美元)。③ 此外,雇员们几乎没有医疗保险——一种直到几十年以后才变成可被普遍获得的保险。

最后一种雇员可获得的重要保险是赔付预期收入损失的失能保险。该保险由互助团体提供,这些团体是19世纪后半叶发展起来的雇员相互扶持的组织。④ 它们在发展鼎盛期究竟提供了多少保险赔付是不清楚的,但其在20世纪初开始大量减少。

雇员之足额人寿保险、意外伤害保险和失能保险的缺乏,部分是其可

---

① Fishback and Kantor, *A Prelude to the Welfare State*, 49, 其发现了在此期间内, 某些危险工作会被支付较高工资的有限证据。

② United States Department of Commerce, *Statistical Abstract of the United States* table 58 123 (Washington, D.C., 1905)

③ Fishback and Kantor, *A Prelude to the Welfare State*, 72.

④ John Fabian Witt, *The Accidental Republic: Insured Workingmen, Destitute Widows, and the Remarking of American Law* 71-102 (Cambridge, Mass., 2004).

支配的资金有限所致。足额保险是大部分雇员都负担不起的奢侈品。但保险市场的结构特点也是雇员获取足额保险的障碍之一。劳工人寿保险的购买量远远超过保障受害雇员预期收入损失的各类保险的事实（超过了足有100倍），表明其他因素也阻碍了足额预期收入损失保险的购买。

笔者认为，最令人满意的解释在于任何保险都面临的两项潜在威胁的结合：逆向选择与道德风险。二者均对受害雇员可获得的预期收入损失保险的有限数量产生了影响。逆向选择是指那些知道自己面临的损失风险高于平均水平的人，试图寻求保险以保障损失的不均衡的倾向。由于逆向选择，对所有保单持有人只收取平均保费的保险人可能会发现，其实际遭受的损失高于之前的预期。接着，保险人就会把保费提高到一个新的平均水平，但保费的增加可能会导致损失风险较低的人购买更少的保险，损失风险较高的人购买更多的保险，因此保险人遭受的平均损失就会继续增加，而这一整个过程由此便又会重新开始。最终，要么是保险在面临此等逆向选择时完全无法正常发挥作用，要么是其达到一种平衡状态，此时较低风险的保单持有人因为实际被收取了过高保费而购买了更少的保险。

为了有效地防范逆向选择，意外伤害保险或失能保险的保险人必须要能够确定不同投保人遭受损失的相对可能性，此处的损失指的是事故导致的预期收入损失。20世纪初及其之后的较短时间里，保险人对损失风险的确定在很大程度上依赖于投保人工作场所的危险程度。如果保险人无法以此来区分投保人，其就会遭受到那些知道自己从事的是较危险工作的人的逆向选择。当时的商业保险公司的确采用了一些粗略的区分方式以防范逆向选择，但其却无法以精确的方式来区分投保人，因为其拥有的只是一些粗略的数据。它们对不同行业工伤率的差别固然了解一些，但对同一行业不同雇主之工伤率的差别却知之甚少。保险人能够支配的信息的有限性，限制了其愿意销售给许多投保人的保险的数量，且增加了其愿意销售的保险的成本。笔者认为，这是对当时所销售的商业失能保险和意外伤害保险非常有限之数量的部分解释。

而相比之下，19世纪晚期和20世纪早期的互助团体则可以依赖成员的齐心协力来应对逆向选择。基于相互支持的伦理可以使其保持成员资格这一理论，所有成员为了能够有资格获得保险给付都支付了相同的保费。平准保费的做法，意味着年轻的和从事相对安全工作的雇员要补贴那些年老的和从事相对危险工作的雇员。人们随年龄的增长会转而得到补贴，就像其转换到更危险的工作时一样。一段时间里,互助团体成员资格的吸引力强大到了在这两种交叉补贴面前也能够帮助保险维持功能的地步。但最终,低风险成员不再愿意支付过多保费以确保高风险成员获得赔付,由此导致这些团体丧失了运转的能力。[①] 由于潜在的低风险成员拒绝加入,这些团体便连带着其所提供的保险一同消亡了。

除了逆向选择的问题外,失能保险和其他预期收入损失保险还面临着一种特别的道德风险。典型的道德风险是购买了保险的人会比未购买保险时更不注意避免损失的一种倾向。失能保险或许会涉及一些这样的事前道德风险,但可能不多。即使伤残引起的预期收入损失部分可以得到保险的赔付,遭受伤残的损害于人而言也并不具有吸引力。但是,失能保险比其他任何一种保险都更容易面临严重的事后道德风险,在这种情况下,同没有投保时相比,雇员们一旦受伤往往就会选择停工更长时间。即使是现在,那些遭受损害且预期收入损失能得到保险部分赔付的雇员重新开始工作的激励,也要比没有失能保险的雇员低得多。一个世纪或更长时间以前,雇员们工作时间长、工作环境艰苦,事后道德风险因而常常是考虑销售失能保险的保险人所面临的更严重的挑战。

保险人有两种应对此种事后道德风险的方法。第一种是对其提供的预期收入损失的补偿数额进行限制。保险人补偿的预期收入损失占雇员总预期收入损失的比例越小,保单持有人重新开始工作的激励就越强。但这种方法在某种程度上是适得其反的,因为它引起的只是保险的不完全保障。第二种是对受害雇员重新开始工作的能力进行评估。然而,对于商业保险公司来说,这是一个成本高昂的提议。因此,无论是保险人要承担评估受害雇员重返工作能力的昂贵费用,还是保险人虽不必承担该费用但要赔付一些实际上不应赔付的索赔请求,失能保险的价格都会比没有道德风险时更高,其销量故而也就随之下降。

同商业保险公司相比,互助团体的成员居住得较为邻近,因而几乎可以全天候地轻易监控受害成员的行为。这种基本零成本的监控降低了这些团体查出成员装病行为的成本,从而降低了保险的总成本。很可能就是这种应对事后道德风险的优势,使互助团体在即使面临潜在的逆向选择的情况下也有效运转了几十年。

---

① Id. at 92-101.

笔者对关于赔偿问题之分析的总结是，在20世纪的首个十年即将结束时，侵权赔偿和第一方保险都不是赔偿工作事故受害人的有效手段。考虑到工作事故的发生数量，雇员们因这些事故遭受损害后，向雇主提起的诉讼非常之少，其经和解或裁判得到的损害赔偿金平均而言也并不足以补偿自己遭受的损失。雇员自己的人寿保险、意外伤害保险和失能保险也不足以保护雇员及其家人免受工作事故之后果的影响，而这部分是由危害这些保险市场的逆向选择和道德风险所造成的。因此，雇员们并没有从侵权赔偿或保险给付中得到对其损失的完全赔偿，相反，大多数雇员自己承担了工作事故造成的大部分损失。这样的结果就是，工作中的损害和死亡造成了过多的贫困，其不仅引发了法律问题，也引发了社会难题。

三 事故预防

侵权法体系在20世纪初的事故预防效果是不确定的，这主要是因为可获得的数据过少。几乎没有疑问的是，侵权法在实际运行中为雇主制造的减少工作事故的激励，要远远低于一种更强大的责任机制。对于这些事故的成本，雇主只承担了其中的一部分，而且可能只是一小部分。那么相应地，他们在减少事故中可以获得的利益就会变得极为有限。另外，雇员采取措施降低事故风险的个人激励相应就会更高，因为对于因事故遭受的大部分费用损失，他们几乎没有希望从侵权救济或自己的保险中获得赔偿。问题在于，对雇主课以更多侵权责任所增加的雇主对于事故的预防，其程度是否会高于雇员因此而采取更低注意所造成的事故预防的减少。人们倾向于一种先验性的看法，即如果对雇主课以更多的侵权责任，净事故预防会有所增加，因为雇主处在一个比雇员更能影响事故原因的位置，而且即便侵权法和保险对雇员的保护力度变得更强，雇员自我保护的本能也会维持其避免卷入事故的激励。

但不幸的是，只有很少的数据可以证实这项结论。一些研究表明，19世纪后几十年里扩张雇主责任的雇主责任法的通过增加了事故预防。然而，提高威慑效应并非侵权责任扩张的主要理由，相反，为不法行为所侵害的受害人提供赔偿才是这些改革的真正目的。我们现在所理解的威慑理论在很大程度上是20世纪的一个概念，而且从许多方面而言是20世纪中晚期的一个概念。① 因此，也正如我们很快将看到的，提高对事故的预防并不是那些反对侵权法体系并提议以劳工补偿体系代之的大部分人的主要目标，就一点也不奇怪了。在当时至少稍有名气的人当中，似乎只有新成立的美国劳工立法协会（American Association for Labor Legislation）的约翰·康芒斯（John R. Commons）将劳工补偿作为促进事故预防的重要手段。而且，他的这一观点也主要是在劳工补偿运动初具成果之后才提出的。②

例如，克丽丝特尔·伊思门1910年所写的一本书主要研究的都是劳工事故的成因，以及雇员对赔偿的需求。尽管研究也包括对事故预防的讨论，但这些讨论大都仅体现为，对于那些其消除有助于降低事故率的雇主过失进行一般性的分类。书中只有几处间接表明，要求雇主对所有事故承担责任，而无论其是否具有过失，可以促进对事故的预防。③

对事故预防看上去强调不足，其原因不仅仅在于改革者对于确保对事故后果之赔偿的极其高度的关切。与此同时，侵权法体系的实践经验也使改革者对于责任的威胁可以直接转化为更有效的损失预防没有信心，即便是对于劳工补偿中几乎自动的责任也同样如此。雇主可以为其劳工补偿责任投保，而保险则会降低其预防事故的激励。其实在劳工补偿制度通过之前，承保雇主责任保险的保险人就已经认识到，根据保单持有人可以控制的因素而收取不同的保费，在理论上或许会影响事故的预防。例如，早在20世纪初，旅行者（Travelers）保险公司就会检查其责任保险保单持有人的场地，对于符合安全标准的则给予降低保费的优待。但旅行者公司自己的发展史也记述了其在促使保单持有人作出安全改变时所面临的困难。发展史引用了早期一位检查人员的话："我们几乎没有享受到合作，所面临的许多都是完全的对立。雇主没有兴趣去消除危险，雇员也逐渐习惯于这种工作条件从而抗拒改变。"④

---

① Kenneth S. Abraham, "Liability Insurance and Accident Prevention: The Evolution of an Idea," 64 *Maryland Law Review* 573 (2005).

② See David A. Moss, *Socializing Security: Progressive-Era Economics and the Origins of American Social Policy* 9 (Cambridge, Mass., 1996).

③ Eastman, *Work-Accidents and the Law*, 105-114.

④ Travelers Insurance Company, *The Travelers: 100 Years* 55-56 (Hartford, 1964).

正是在这样的背景下,纽约温赖特委员会的报告强调了雇员获得的侵权赔偿的不足、雇员本人所能获得的重要保险来源的不足、侵权法与保险体系中的浪费与迟延,以及体系所造成的雇主与雇员之间的对立关系这几项问题。尽管报告中曾经提到过劳工补偿制度具有减少事故的潜在作用,但其在开头就注明了委员会尚无能力处理事故的原因和预防问题,并承诺会在之后的报告中处理这些问题。在委员会有机会处理事故原因与预防的问题之前,该份提议通过劳工补偿制度的报告只能被理解为主要与其他问题相关。

总之,虽然侵权法体系未能有效促进事故预防,可能是劳工补偿制度支持者心中的一个假定事实,但对此作出补救并非提议通过劳工补偿制度的主要目的。如果对工作事故侵权责任的废除实现了这一结果,那么一切自然更好。但是,实现对雇员损失更多的赔偿才是改革者全身心关注的事情。

四 运行成本

无论是从当时看来,还是从一个世纪以后的今天看来,20世纪早期的侵权法和保险体系在预防事故和赔偿受害人方面明显都是成本不节约的手段。审判迟延是普遍的现象。即便当时很少有现在这种耗费时间的审前披露程序(pretrial discovery),一项简单的过失侵权索赔请求经过很多年才得到法院审理也仍然是很常见的事情。

更重要的是,受害获保的保险赔付只占保险总支出的极小比例。例如,1909年,灾害保险人(大多数是责任保险人)以及其他各类保险人就其所收取的每一美元的保费收入,仅仅向其保单持有人支付了36美分的保险赔偿。[1] 而且,对于从1906年到1908年这一段时间内在纽约开展业务的责任保险人,温赖特委员会在它们所收保险费和所付保险金的比率(现在一般称为"损失率")当中也发现了几乎相同的数据——该比率为36.24%。而相比之下,现代商业责任保险的损失率则高出许多。如今,保险人的保费收入中用于损失赔付部分的比例要比以前高得多,运行成本和利润方面的花费则比以前更低。例如,在1995年至2004年,美国商业

---

[1] U. S. Department of Commerce, *Statistical Abstract of the United States* table 298, p. 582 (Washington, D. C., 1910).

责任保险的损失率超过了73%。① 现在的商业保险公司可以赚取投资收入，并可以之抵消保费收入中更多的保险金赔付支出，即便将投资收入打个折扣，这一差异也是十分突出的。温赖特委员会进一步发现，雇员获得的总保险赔偿金中，平均约有26%系用于支付律师费。那么这样一来，雇员能够得到的保险赔偿，实际上连其为责任保险支付的总保费的30%都不到。②

雇主也并不完全乐见于这一局面。许多雇主觉得，在诉讼抗辩和拒绝和解以使其利润最大化的过程中，责任保险人经常会否定受害雇员应得的赔偿，这引发了雇员们不必要的憎恶情绪。因此，一些大公司设立了自己的志愿赔偿项目作为对责任保险的替代，其中最有名的公司是国际收割机公司（International Harvester）和美国钢铁公司（U. S. Steel）。③

当我们将目光转向雇员自己可以购买的保险的效益上时，局面也几乎未有好转。劳工人寿保险或"丧葬"保险，到目前为止是蓝领工人购买的主要的人寿保险险种，其运行成本非常之高，故保费收入中支付的实际死亡保险金所占比例较低。路易斯·布兰代斯（Louis D. Brandeis）在成为美国最高法院大法官之前的很长一段时间内，是进步时代的一位改革者，其在1906年发表的一篇文章里，计算了劳工人寿保险的成本，并提议以"银行储蓄"人寿保险替代劳工人寿保险。他发现，在劳工人寿保险领域，大都会人寿保险公司（Metropolitan Life Insurance）的销售量占市场总销量49%，但是其相应的管理费用要占其劳工人寿保险保费收入的42%。显然，如此高的管理费用会导致只有很小一部分保费（以及通过该部分保费赚取的收入）可被用于支付死亡保险金。他指出，与此形成鲜明对比的是，维持一个为丧葬费用提供资金，且每周都可以向其中存款的银行储蓄账户的运行成本仅为1.47%，该运行成本连商业人寿保险运行成本的1/10都不到。④

---

① A. M. Best Company, *Best's Aggregates and Averages Property/Casualty United States & Canada* 413 (Oldwick, N. J., 2005).

② *Wainwright Commission Report*, 31.

③ Witt, *The Accidental Republic*, 116.

④ "Wage-Earners' Life Insurance," in Osmond K. Frankel (ed.), *The Curse of Bigness* 5 (New York, 1934).

劳工人寿保险运行成本如此之高的原因有两项。第一，保费每周收取一次，且通常由保险公司人员上门挨家挨户收取。因此，每周核算和收取保费的成本就会相对较高。第二，保险单的失效率过高。1/3 以上的保单因为投保人在保单售出后三个月内未支付保费而失效，一半以上的保单因为投保人在保单售出后一年内未支付保费而失效。① 由于无论保单是在售出后不久就失效还是在许多年里都一直有效，都会发生销售和制定保单的初始费用，故保单的失效率越高，剩下的有效保单持有人之间分摊的初始费用就越高。这样一来，意外伤害保险和失能（当时经常被称为"疾病"）保险的效益就不是很高了。1908 年，这些保险的损失赔付金额与所收保费的比率是 39%。② 这一结果有多少是低效的管理造成的，又有多少是实际的牟取暴利行为造成的，并不清楚。1905 年，著名的阿姆斯特朗委员会（Armstrong Committee）对纽约人寿保险业进行的一项长期调查揭露了大量的管理腐败现象。③

然而，清楚的是，人寿保险、意外伤害保险和失能保险并不值得雇员购买，因为在保单持有人支付的保费当中，以保险金的形式实际返还到保单持有人手上的连一半都还不到。故此，不仅侵权法体系作为赔偿工作事故受害人的手段，在很大程度上是失败的；雇员可以购买的用于自我保护的第一方保险体系，几乎也没有发挥更好的赔偿效果。

第二节　对侵权法的替代

20 世纪初，某种侵权法改革的力量开始形成。雇主们意识到了某种威胁的存在：雇员将会要求立法放宽或彻底废除对雇主侵权责任的限制，且该立法可能会被州立法机关通过。例如，1910 年，23 个州和联邦政府通过了雇主责任法案，并在某种程度上对雇主责任的普通

---

① Id. at. 10.

② U. S. Department of Commerce, *Statistical Abstract of the United States* table 316 554（Washington, D. C., 1914）.

③ See Morton Keller, *The Life Insurance Enterprise*, 1885–1910 245–264（Cambridge, Mass., 1963）; Shepard B. Clough, *A Century of American Life Insurance* 215–232（New York, 1946）; Mark J. Roe, "Foundations of Corporate Finance: The 1906 Pacification of the Insurance Industry," 93 *Columbia Law Review* 639, 656–674（1993）.

法限制作出了修改。其中许多法律的修改力度并不是很强,只是轻微限制了雇主对侵权索赔请求的抗辩。但是,当时正处于工会组织不断发展壮大的时期。1900—1910年,工会成员人数的扩大超过了两倍。随着劳工们获取的政治权利越来越多,可以预期会有更多的侵权法改革发生。

与此同时,文化和社会方面的改变也在发生,它们同样可能会对雇主潜在责任运行的法律环境产生影响。例如,人们对事故原因的看法就一直处于不断的发展之中。与有过失、自甘风险和共同雇员规则,这一雇主侵权责任的邪恶组合抗辩,并不仅仅是任意的学理概念,其也是对19世纪个人责任之法律思想的反映。从侵权法的角度而言,遭受工伤的雇员经常被视为无知、自私或轻率的人。因为通常认为,雇员可以完全掌控自己的命运,而且无须去从事那些对其而言过于危险的工作。此时,可获得的工作数量的有限性、不够完善的职业流动性,以及有时要在危险工作和无法养家糊口之间作出选择的必要性全部受到了忽视。按照这种观点,已为受害人所了解的工作环境引发的事故是受害人自己的责任,也可以说是受害人自己的过错。那么,侵权法自然不应当保护这样的受害人。

然而,正如劳伦斯·弗里德曼(Lawrence Friedman)所指出的那样,侵权法从来都不是"完美的压迫工具",而且随着20世纪的到来,其压迫性也变得越来越弱。[1] 人们开始明白,劳工市场并非完美无缺。如果雇员不喜欢自己的工作环境,其并不能轻易地改换工作。而且,在20世纪的工厂里,控制工作环境的是管理者而非技能熟练的工人。关于事故原因的看法因此发生了转变。[2] 进步时代涌现出的思想观念使得更多人能够把工伤看作一种需要解决的社会问题,而非需要由法院通过适用侵权法规则厘清的法律权利网络中的雇员责任问题。

因此,大量雇主侵权责任增加带来的威胁和关于工伤原因的观念转变相互强化了彼此。这两项改变当然可能都是侵权法改革的前提条件,但具体的政治改变则是另一回事。大量的学术著作试图诠释劳工补偿的政治意

---

[1] Lawrence M. Friedman, *A History of American Law* 357 (New York, 3d ed., 2005)

[2] Witt, *The Accidental Public*, 119-122.

蕴，剖析使劳工补偿制度得以通过的各方势力和利益关涉方。① 显然，劳工补偿制度并非劳工在其壮大时期对企业的一次简单的胜利。正如笔者下文将指出的那样，劳工补偿制度从来都没有完成过重大和直接的财富再分配。虽然每个州的详细情况各不相同，但整体而言，劳工补偿法案的通过是劳工和至少大多数企业协调一致的产物。商人们发现，如果劳工补偿制度没有被通过，其侵权责任可能就会被扩张，并且会引发一种令其更加难以接受的责任风险。与此同时，缺乏可令人接受的赔偿工伤受害雇员的方法，也会制造劳工和管理者之间的敌对情绪，这对企业而言是不利的。

劳工补偿制度就是为解决该问题而设计，具体解决手段是确保雇员可以获得对于工伤的自动赔偿。新制度的支持者引用了劳埃德·乔治（Lloyd George）的一句警言，"产品的价格应当包含工人的心血"，并意识到这可以通过某种等同于保险的制度来实现。例如，在列举其认为劳工补偿法应当满足的要求时，克丽丝特尔·伊思门称："该法必须将每起事故之负担的相当大一部分从受到事故直接影响的家庭转移给企业，从而转移给消费者群体。"② 与此相似，温赖特委员会的报告在其开头处也指出，"和雇主根据替换和维修机器的成本来确定价格一样，对于把受害雇员从危险工作环境中解救出来的成本，我们要让雇主也将之作为产品价格的构成元素"③。此外，对于所提议制度之成本的处理，报告主张："如果纽约州的桥梁建造者必须要向其雇员支付更多的损害赔偿金或其他形式的损失赔偿，那么额外的成本就会反映在桥梁的总建造成本当中，比如工资的提高或原材料费用的提高；但是，当法律有明确规定时，桥梁建造者和房屋

---

① See FIshback and Kantor, *A Prelude to the Welfare State*, 12-147; Harry Weiss, "Employers' Liability and Workmen's Compensation," in John R. Commons (ed.), *History of Labor in the United States*, 1896-1932, 575-577 (New York 1966); Eliza K. Pavalki, "State Timing of Policy Adoption: Workmen's Compensation in the United States, 1909-1929," 95 *American Journal of Sociology* 592 (1989); Price V. Fishback and Shawn Everett Kantor, "The Adoption of Workers' Compensation in the United States, 1900-1930," *Journal of Law and Economics* 305 (1988); Richard A. Epstein, "The Historical Origins and Economic Structure of Workers' Compensations Law," 16 *George Law Review* 775 (1982).

② Eastman, *Work-Accidents and the Law*, 220.

③ *Wainwright Commission Report*, 7.

建造者就可以据此来拟定合同和确定价格,此时其就不会被剥夺财产或受到不当处罚。这样一来,整个商界就会支持直接通过雇主,而非慈善税的增加来赔偿受害雇员。"①

这些叙述是对责任问题之新分析方法的初期标志。伊思门和温赖特委员会(伊思门是该委员会成员)开始认识到,对雇主追究责任可以产生在索赔之直接当事人以外的损失分散效果。责任可以发挥保险的功能,即便这种责任是劳工补偿责任而非侵权责任。而且,如果承担责任的一方是企业,那么就会由"企业责任"来履行保险的功能。对于"企业责任"这一术语,约翰·威特(John Witt)将其产生原因归结为当时新经理人群体的出现。②

故此,劳工补偿的支持者将通过企业责任实现的损失分散作为新制度将会产生的好处之一。但是,这些好处却从未被劳工补偿的支持者作为过其首要的改革支持理由。事故成本可以分散给消费者的假设从未得到过普遍的分析,由此带来的成本广泛分散的好处也没有被作为支持通过所提议之新制度的重要理由之一。但无论如何,这一理由是确实存在的。

此外,尽管这些因素在关于劳工补偿的争论中并没有那么突出,但它们在争论中的出现,是对雇员本人几乎无法自行获得损失分散工具的间接承认。雇员自己拥有的保险极少,其获得保险的能力也极弱。缺乏保险不仅意味着雇员没有独立于侵权法的赔偿来源;由此导致的令人绝望的环境也使雇员在侵权法体系中处于不利地位。由于没有为其损失提供部分保障的保险,雇员在提起诉讼时会缺乏持久的支持力量。为了在尚未回到工作时获得仅仅令自己及家人能够过活的足够金钱,那些为损害提起了侵权诉讼的极少数雇员因此会感受到就索赔向雇主作出妥协的巨大压力。

很快,经过了一州又一州,一年又一年,支持劳工补偿制度的政治主

---

① Id. at 67.

② John Fabian Witt, "Speedy Fred Taylor and the Ironies of Enterprise Liability," 103 *Columbia Law Review* 1, 39-40 (2003).

张获得了普遍胜利。1910—1920 年，有 43 个州通过了劳工补偿制度。[①]而如果没有责任保险的话，这一切都不可能发生。正如我们接下来将看到的，尽管一些大的雇主对其劳工补偿义务采取了自我承保的方式，但绝大多数的雇主还是购买了承保其新责任的保险。被 25 年前的 Phoenix 案的裁判规则合法化的新型保险，如今是侵权法改革不仅常见而且必要的组成部分。责任保险将会成为大多数雇主有能力承担劳工补偿责任之手段，这一简单假设是完全正确的。

各州通过的第一部成文法往往都有局限性和试验性。但随着时间的推移，赔偿范围得到了扩大。这一做法的基础逐渐得到了稳固。如今，美国每一个州都有劳工补偿制度。

一 基本体系

劳工补偿制度的体系在过去和现在都由三部分组成。第一部分是为雇主创造了侵权责任的豁免。在其成熟形式当中，是完全的责任豁免。早期一些版本的劳工补偿制度给予了雇员对于侵权诉讼和劳工补偿的选择。一些州现在依然保留着雇员在接受工作之初的选择权，但几乎无人不选择劳工补偿。实际上，除了雇主故意或应受责备的行为导致的损害外，劳工补偿制度为雇主提供了自动的侵权责任豁免。其他早期版本的劳工补偿制度限制了雇员对某些"危险"工作的申请，但大多数州都在几年内解除了这一限制。

劳工补偿制度的第二部分是对一种新责任的规定。在劳工补偿制度之下，雇主要对"工作导致的或者工作过程中发生的"损害或死亡负责。根据这一标准，雇主责任的承担与其过失无关，劳工补偿制度规定的是严格责任。极度妨碍雇员实现侵权赔偿救济权利的邪恶组合抗辩得到了彻底的废除。对于一项索赔请求，雇主可以提出的唯一抗辩是雇员实施了"蓄意而放任的不当行为"，实际即雇员故意造成了自己损害。除此之外的其他情形，雇员的索赔请求都会得到满足。

制度的第三部分涉及对受害雇员可获得的赔偿金额的大幅降低。就侵权损害赔偿而言，其包括对过去和将来所有预期收入损失和医疗费用的赔

[①] 多年的制度通过情况，see Fishback and Kantor, "The Adoption of Workers' Compensation in the United States, 1990-1930," 319-320。

偿，以及对与损害相关的精神痛苦的赔偿。对于死亡的侵权损害赔偿，许多州的成文法都将之限于雇员扶养的家人所遭受的经济损失，一些州还规定了数额不等的最高赔偿限额（经常只适用于针对铁路公司提起的诉讼），但在当时约为5000美元。[1]

而相比之下，劳工补偿制度则只对受害人的医疗费用和预期收入损失进行赔偿，不赔偿受害人的精神损害。最后，截肢、失明等指定的永久性损害也得到了较为适度的赔偿。但对于雇员每周的预期收入损失而言，劳工补偿制度最多只赔偿其中的2/3。早期的成文法还排除了对前两周或前三周预期收入损失的赔偿，并且最多只赔偿多少周以内的损失，通常持续的时间是几年，之后就会终止。而且，早期的医疗费用赔偿限额通常也很低，一般是100美元或200美元。死亡赔偿金作为预期收入损失支付，要受到可赔偿的周预期收入损失之百分比的限制，以及可获赔偿的最大周数的限制，通常也是几年。而且，所有的赔偿都是分期支付，而非像侵权赔偿那样一次性支付。

是故，劳工补偿制度是某些雇员权利和其他东西的交换，也是某些雇主义务和其他东西的交换。雇员得到了一种广泛和宽松得多的赔偿事由，其为雇员提供了只要发生工伤就能获得赔偿的权利。但雇员获得的赔偿金额，在理论上要比其向雇主提起过失侵权诉讼并胜诉时获得的赔偿低得多。反过来，作为对更多事故受害人（包括许多损害并非由任何人之过失造成的受害人）承担数额更低的自动赔偿责任的交换，雇主也从之前"承担侵权责任的情形虽然较少，但须承担完全赔偿责任"的境地中解脱了出来。

二 新制度的影响

以上就是劳工补偿制度对有关责任和赔偿的法律规则所做的三项正式改变。然而，在新规则之下的新制度在实践中究竟如何运作，雇主与雇员之间关系的其他特性又如何随着规则的改变而调适，这一切都在逐步展现之中。

在劳工补偿制度下，对于死亡事故和非死亡事故受害人家庭的平均赔

---

[1] Francis B. Tiffany, *Death by wrongful Act* 178 (St. Paul, Minn., 1893); Rex Malone, "American Fatal Accident Statutes: The Legislative Birth Pains," 1965 *Duke Law Journal* 673, 695-706.

偿额增长了 75%—200%。就死亡事故而言，超过 90% 的家庭获得了一定赔偿，而对于劳工补偿制度通过不久之前的侵权赔偿的研究显示，这一数字仅有 55%。对于那些获得了一定死亡赔偿的人而言，其获得的平均赔偿金额从侵权赔偿制度下年收入的 1 倍增长到了劳工补偿制度下年收入的 1.9—8.2 倍。对于死亡损害和非死亡损害，劳工补偿制度提供的平均赔偿金额高达侵权法提供之赔偿的 1.7—4 倍。1920 年，劳工补偿制度提供的总赔偿金额，至少是侵权赔偿制度在如果未通过劳工补偿制度情形下将会提供之赔偿的 3 倍。[①]

然而，这些有关新制度对赔偿情况之影响的衡量，遗漏了一些重要的东西。申言之，它们描述的是总数字而非净数字。在劳工补偿制度明显增加了对受害雇员之赔偿的同时，还有一项因素部分抵消了雇员总财富的增加。对于某些行业中的雇员而言，随着时间的推移，劳工补偿制度会对其实际工资产生消极影响。这种影响主要会在没有工会组织的行业中显现出来，而且相当于在没有劳工补偿制度时雇员本会赚取之工资的 1%—2%。由于劳工补偿制度早期的总成本是其提供之总赔偿额的 2%—2.5%，这就意味着许多雇员以工资减少和工资增加之减少的形式，自己负担了劳工补偿的大部分成本。[②]

相当数量的成本转嫁给雇员的证据表明，劳工补偿制度同时解决了两个问题。第一个问题涉及侵权法体系的特性，它使雇员极难从雇主处获得针对工伤事故的赔偿。通过扩大可赔偿事项的范围，放宽对可赔偿事项的限制，从而使受害雇员能够获得更广泛和更经常性的赔偿，劳工补偿制度解决了这一问题。

劳工补偿制度所解决的第二个问题则更加细微。第一方保险市场中存在一些妨碍雇员购买承保其工作损害或死亡风险之保险的缺陷，劳工补偿这一新制度则有助于对这些缺陷进行纠正。劳工补偿制度强制且确实稍微有些家父主义的特征，但却解决了困扰个人购买者能够获得的各种预期收入损失保险和人寿保险（其所受困扰程度较低）的逆向选择问题。由于所有雇员都可以得到劳工补偿制度的自动赔偿，那些更有可能购买保险且难以识别的高风险人群所带来的威胁，因此也就消除了。是故，劳工补偿

---

① 此段中的数据引自 Fishback and Kantor, *A Prelude to the Welfare State*, 23, 59-61, 90。
② Id. at 1, 65-66.

制度的赔偿成本相应就会较低,因而能够提供比私人保险市场更多的赔偿。劳工补偿制度虽然并非为雇员提供雇员自购保险的免费替代品,但其确实提供了一项替代性的方案。通过将劳工补偿成本的一部分转移给雇员,新制度实际是在强制要求雇员以更低的费用购买比以前自愿购买保险时更多的保险。

可是,和雇员之前发现很难购买的失能保险一样,劳工补偿制度也会遭受事后的道德风险。而且,劳工补偿制度的赔偿金也和失能保险一样,是分期支付的。同侵权损害赔偿中曾经普遍(现在依然普遍)的一次性支付方式相比,分期支付的方式存在许多优点。但是,由于劳工补偿制度本质上是一个保险项目,因此其必须要持续防范一种所有分期支付保险金的项目都会面临的现象。诸如劳工补偿、健康保险和失能保险这些项目的受益人,只要因可赔偿事项接受了医疗服务或无法工作,就可以得到保险金赔付。这种由分期支付的项目引发的事后道德风险,制造了保险金水平和赔付成本之间的紧张关系。随着时间的推移,劳工补偿制度的这一特征会进一步加剧该问题。

新制度不仅扩大了赔偿范围,也对事故预防产生了影响。有趣的是,劳工补偿制度的通过对事故预防的影响是多样的,而这可能至少部分是由于成本转嫁的原因。从表面上看,人们会认为,劳工补偿制度会以一种直接的方式激励雇主更多地投入事故预防,且投入其中的成本要低于劳工补偿产生的额外赔偿成本。一些研究也的确表明,劳工补偿制度在其早期产生了事故损害降低和意外死亡减少的效果。[①] 对于劳工补偿制度当代影响的研究同样显示了相似的结果。[②]

但是,劳工补偿制度通过后,并非所有行业的事故都有所减少。不同行业间存在差异,这主要取决于行业是否有工会。在没有工会的行业,劳工补偿制度的出现对事故的减少几乎没有影响,其原因可能是这些行业中的雇主能够通过降低雇员实际工资的方式,将这一新项目的成本转移给其雇员。由于这些雇主并未将额外的责任成本内部化,故其事故预防的激励

[①] See, e.g., James R. Chelius, "Liability for Industrial Accidents: A Comparison of Negligence and Strict Liability System," 5 *Journal of Legal Studies* 293, 305 (1976).

[②] See, e.g., Michael J. Moore and W. Kip Viscusi, *Compensation Mechanisms for Job Risks: Wages, Workers' Compensation, and Product Liability* 121-135 (Princeton, N.J., 1990).

看起来就没有受到影响。

例如，一项针对当时煤矿行业的近期研究发现，劳工补偿制度的存在与死亡事故 20% 的增长存在关联。① 对此现象的部分解释似乎是，由于煤矿主转嫁给矿工的赔偿成本的比例，比其他大多数行业雇主转嫁给雇员的高，故煤矿主没有额外的预防事故的激励，而且，由于煤矿主不必再承担侵权责任，其预防事故的激励还有可能比以前更少。

以上理由可以解释事故数量未减少的情形，但却无法解释事故数量的增加。对于事故数量增加的解释或许是，更易获得的赔偿加剧了煤矿工人的事前道德风险，这种道德风险与只有矿工才能控制，且其使用会影响煤矿开采量的某些安全措施尤其相关。由于开采量是矿工工资的基础，故劳工补偿制度的存在可能会使矿工为了增加工资收入而更不注意避免事故。②

最终，关于运行成本的数据表明，劳工补偿制度比侵权法有效率得多。我们之前看到，在劳工补偿制度通过之前，雇主责任保险的赔付额约占其保费收入的 36%。而劳工补偿制度最初的赔偿额就达到了其收取之费用的 55%，1925 年则增加到了 68%。③ 可见，新制度在此方面的确比旧制度成本节约得多。

然而，在一开始，关于是否允许商业保险公司销售劳工补偿保险是存在争议的。毕竟商业保险公司已经销售了责任保险，责任保险允许其控制雇主被提起之诉讼的抗辩与和解。由于这些保险公司对于雇员和工会认为足额的损害赔偿请求，曾经拒绝过和解，工会因而倾向于支持由州政府代替营利性的商业保险公司提供劳工补偿保险，一些雇主也表示赞成。而商业保险公司则反对政府的垄断，其理由无非是，私人保险市场中的竞争可以使保费低于政府垄断时的水平，而且州支持的保险公司本身在理赔管理方面也是低效的。

由此导致的政治妥协情况在不同州各不相同。7 个州成立了垄断销售

---

① Price V. Fishback, "Liability Rules and Accident Prevention in the Workplace: Empirical Evidence from the Early Twentieth Century," 16 *Journal of Legal Studies* 305, 322 (1987).

② Fishback and Kantor, *A Prelude to the Welfare State*, 80.

③ Id. at 152; U.S. Department of Commerce, *Statistical Abstract of the United States* 314 (Washington, D.C., 1929).

劳工补偿保险的州支持的保险公司；10个州成立了同商业保险公司开展竞争的州支持的保险公司；剩下的24个州则允许私人保险市场排他性地提供保险。直到今天，仍然有6个州保有排他性提供劳工补偿保险的州运营的基金，14个州保有同商业保险公司存在竞争关系的州运营的保险项目。[①] 此种公私混合的提供保险的做法，同如今将工伤赔偿纳入社会福利体系的许多其他国家形成了鲜明对比。美国劳工补偿制度对于雇主购买的保险的大量使用，尤其是私人保险的大量使用，反映出我们的制度已经选择只对部分工伤成本予以社会化，而且继续将部分成本内部化给单个的雇主。

第三节　改革的遗产

劳工补偿制度已经存续了近一个世纪。如此长的时间使其能够充分地发展成熟，也使其经验和问题能够得以相当明晰地显现。通过对其近一个世纪之实践的观察，劳工补偿制度有三项特征对笔者之后章节里进行的研究尤为重要。首先，劳工补偿是首个明确以为受害人提供切实赔偿来源为目的发展出来的责任机制。侵权法未能提供这样的赔偿来源，因为受害人提起的诉讼极少可以胜诉。雇员个人的保险也是不足的，而这至少部分是由于第一方保险市场本身的缺陷。通过扩大可赔偿事项的范围，劳工补偿制度消除了侵权法对于赔偿权利的限制。然而，保留雇主的责任，可以确保存在一个责任主体为扩大的赔偿权利承担赔偿义务。虽然雇主的侵权责任遭到了废除，但其须承担责任得到了保留。这种对切实赔偿来源的探寻，在20世纪的大部分时间里以种种方式影响了侵权责任的发展。而且，责任保险也成为为承担大多数扩张之责任提供资金的手段。

其次，劳工补偿制度标志着关于损失分散和企业责任概念的政策辩论的清晰出现。笔者在第一章中讨论的Phoenix案的裁判规则，为保险可以帮助保单持有人对人身或财产遭其损害的人承担赔偿责任这一观点，提供了前提基础。但是，此规则的逻辑并不取决于保险的损失分散功能。不涉及对多个风险之汇集的双方补偿协议，可以发挥与责任保险相同的确保赔

[①] Arthur Larson and Lex K. Larson, *Larson's Workmen's Compensation Law* §150.01 (New York, 3d ed., 2000).

偿的功能，并可因为相同的理由而具备合法性。

尽管劳工补偿制度的改革者主要关注的也不是损失分散，但是通过课以雇主对所有工伤的责任来确保赔偿，改革者意识到了其所提议的劳工补偿制度的损失分散效果。"产品的价格应当包含工人的心血"这句口号，并不只是在呼吁把雇员遭受损害的成本计入其制造之产品的价格当中。由于产品的价格是由大量的购买者承担的，这句话因而也间接揭示了保险的原理，即众多人共同承担一项小的损失，要比一个人承担一项大的损失更好。而企业雇主则正是损失分散的媒介。因此，劳工补偿首次将损失分散这项责任机制的良好功能，以及作为实现该功能之手段的企业责任，引入了对侵权法及其改革的思考当中。在接下来的半个世纪里，损失分散的思想在许多关于侵权责任的思考中都占据了主导地位。

最后，劳工补偿制度的实践显示了保险在责任机制中扮演的媒介角色。在劳工补偿制度通过之前的时代，责任保险人由于在雇主被雇员提起的侵权诉讼中行使了太多的抗辩，因而遭到了来自雇主的相当多的批评。雇员的索赔请求遭到了严格的抗辩，即使是雇主认为合法的索赔也没有得到赔偿。尽管对于同时从中获益的雇主而言，有些批评可能是虚伪的，但如此多的雇主支持劳工补偿的事实表明，雇主的许多批评都是真实的。责任保险在实践中的运行方式影响了雇主，让雇主转而去支持废除侵权责任，并代之以一种对雇主而言可能更加昂贵的赔偿项目。

劳工补偿制度通过后，情况得到了改善，但并未被完全解决。大部分州都要求雇主提供一份保证书（bond），或其他对于其有能力支付劳工补偿的证明，或者要求其购买劳工补偿保险。大多数雇主以及几乎所有的小雇主，都选择了购买保险。例如，20世纪30年代早期，须承担劳工补偿责任的宾夕法尼亚州的雇主中，有99%购买了保险而没有自我承保，尽管自我承保支付的赔偿金占到了宾夕法尼亚州支付的总赔偿金的42%。[1]而在纽约州，自我承保的雇主则仅支付了总赔偿金的19%。[2]很明显，事实情况是每一个州都只有极少数的大型雇主决定自我承保，而大部分雇主，无疑是大部分中小雇主，都选择了购买保险。

故此，除了最大的那些雇主之外，保险人同其他几乎所有雇主都有联

---

[1] Walter F. Dodd, *Administration of Workmen's Compensation* 521 (New York, 1936).

[2] Id. at 519.

系。在一州内拥有大量业务的保险人有时会实施安全检查行为,并将安全等级的高低作为保费估算的基础之一。哈特福德蒸汽锅炉检查与保险公司(The Hartford Steam Boiler Inspection and Insurance Company)检查蒸汽锅炉的历史实践,为此种做法提供了一个模板。[①] 但仅在检查行为的成本不高时,保险人才会愿意实施此等行为;故小型雇主的检查经常会被豁免,因为其支付的保费无法保障保险人检查成本的支出。与此相似,当检查行为可行时,保费也还是可能随雇主的实际事故发生频度而发生改变。所谓的"风险等级评定"(merit rating)往往会为雇主提供事故预防的激励,尽管行业间的评定可能会比行业内的评定更加准确。[②] 危险行业中的所有雇主,都要支付比较安全行业中的雇主更高的劳工补偿保险费,而危险行业内部不同雇主支付保费的差别则低于理想状态。但是,和检查一样,仅在某一雇主的规模大到其事故发生频度足以具有统计学上的意义时,才能够对单个雇主采用经验费率的保险费率厘定方法。而即使到了20世纪30年代中期,所有风险中也只有不到10%采用了经验费率法。[③]

一 制度健康情况的晴雨表:保费

久而久之,劳工补偿制度日渐官僚化。大部分州所发生的争议都是由行政委员会而非法院处理。劳工补偿金的水平虽然定期增长,但极少能赶上通货膨胀的速度,而且其为受害雇员的预期收入损失提供的经常只是部分赔偿。劳工补偿制度也没有很好地处理职业病(经常被全部排除在赔偿范围之外)和主观损害(如背痛或精神压力)的问题。在这些案件中证明因果关系,要比在涉及更有形且可见之损害的案件中困难得多。由于这些原因,受害人几乎无法获得侵权赔偿的难题,在很大程度上已经被劳工补偿制度对受害人赔偿不足的难题所取代。

此外,由于保险人已经如此深入地卷入了劳工补偿制度之中,劳工补偿保险的成本和运作就像一面镜子,透过其可以观察和争辩劳工补偿制度之价值。但遗憾的是,镜面并不清晰。几十年来,保险人的运营实践和利

[①] Witt, *The Accidental Republic*, 120.

[②] See G. F. Michelbacher and Thomas M. Nial, *Workmen's Compensation Insurance* 299 – 314 (New York, 1925).

[③] Dodd, *Administration of Workmen's Compensation*, 710.

润要为劳工补偿的成本负责到何种程度，一直是一个长期性的话题。由保险人成立的私人机构——全国补偿保险委员会（the National Council on Compensation Insurance，NCCI），几乎从一开始（1919年）就参与了为私人保险人收集数据和厘定劳工补偿保险费率的工作。之后，这些费率会被报送到州保险监理官处提请批准，而州保险监理官是根据州法负责保险费率监管的行政官员。和一般的保险费率监管一样，劳工补偿保险费率监管的严格程度也差异巨大。

另外，劳工补偿保险的保险人对理赔流程的处理也是其遭受批评的主要方面。例如，早在20世纪20年代，就有针对商业保险人、州支持的保险人和自我保险人支付的赔偿金数额大小及其理赔速度快慢之区别的调查，只是并未得出明确的调查结果。[①] 而且，20世纪30年代早期，在纽约还有一项长期性的争议，争议的内容是，保险人所雇佣的医生提供的证言，被指控为偏向于反对赔偿。[②] 同样的情形在几十年里反复出现。保险人及其承保的雇主，被指控建立了一项对制度受益人不利的制度。

20世纪50年代中期，对该制度的普遍性批评表明，其所提供的赔偿金是如此不足，以至于应当大幅提高赔偿金，或者赋予严重损害和死亡事故的索赔人对雇主提起过失侵权诉讼的选择权。[③] 但是，直到1972年，美国关于各州劳工补偿法案的联邦调查委员会才认识到问题的严重性，并建议各州应通过立法大幅提高实质赔偿金数额。[④] 许多州都通过了该规定，而且从当时到20世纪90年代早期，支付的赔偿金总额按名义美元计算增长了几百个百分点。自然而然的是，劳工补偿保险的保费也会大幅增长。而为了应对保费的增加，钟摆又开始摇摆回到另一端，许多州又开始进行对赔偿金水平的限制。

[①] See, e.g., "Workmen's Compensation—Discussion," 12 *American Economic Review* 153, 160 (supp. March 1922).

[②] See, e.g. "Compensation Insurance Law Found Faulty in Practice," *New York Times*, December 7, 1930, 147; "Investigators Urge Sweeping Reforms in Compensation Act," *New York Times*, December 23, 1932, 1.

[③] See e.g., Herman Somers & Anne Somers, "Workmen's Compensation: Unfulfilled Promise," 7 *Industrial and Labor Relations Review* 32, 41 (October 1953).

[④] *Report of the National Commission on State Workmen's Compensation Laws* (Washington, D.C., 1972).

二 核心矛盾

劳工补偿制度通过后的简短历史显示,劳工补偿制度的核心矛盾,一直以来都是如何以可容忍的成本提供令人满意的赔偿水平。由于对大部分雇主而言,劳工补偿的成本是通过其劳工补偿保险的费用衡量的,因此保险的费用经常处于争议的焦点。对于劳工补偿成本的长期控制,只能从限制赔偿金的水平,采取更高程度的事故预防,实施更高效的管理手段或三者的结合入手。

赔偿金水平的提高给制度之政治平衡造成的压力最大。与劳工补偿制度通过之前的失能保险一样,现代劳工补偿制度也面临着事后道德风险的难题,但从某种程度上说,其受到的影响更加严重。当雇员无法工作时,不仅其预期收入损失可以得到部分赔付,医疗费用也是如此,而且对医疗费用的赔付会加剧道德风险。雇员继续发生医疗费用的事实,为其继续无法工作,因而也继续有权获得对预期收入损失的赔付提供了一些证据。是故,雇员就产生了继续接受医疗服务以支持对其预期收入损失之赔付的激励。

因此,除非劳工补偿保险能够有效地管理医疗服务的费用,否则其会发现作为项目两大构成要素的预期收入损失和医疗费用的赔偿额都会扩大。然而对劳工补偿保险的保险人来说,有效管理医疗费用是一件很难的事情。许多州都允许雇员选择自己的治疗医生;而且和几乎所有其他种类的健康保险都不同的是,劳工补偿保险中不存在可以适用于雇员发生之医疗费用的免赔额或共同保险。劳工补偿保险提供的是百分之百的赔偿(有时要经过一或两周的等待期)。所有的这些都给医疗费用造成了极大的上涨压力。

这些难题在 21 世纪早期主要集中于加利福尼亚州和其他一些州。例如,加利福尼亚州的劳工补偿成本从 1995 年的 90 亿美元增长到了 2003 年的 290 亿美元。这在很大程度上并非是促使工资水平提升的蓬勃发展的经济所造成的。其原因在于,劳工补偿保险的成本在此期间内,从每 100 美元工资 2.61 美元增长到了每 100 美元工资 5.81 美元。与此同时,损害率下降了约 33%,且加利福尼亚州医疗费用的单位价格始终维持在全国最低水平之内。然而,每一项劳工补偿索赔中的医疗费用在此期间内却增长了250%。①

很明显，加利福尼亚州劳工补偿成本增加的一个主要驱动因素是受害雇员接受的医疗服务的增加。这在全国范围内也是成立的，1993年，为医疗费用支付的赔偿金占劳工补偿保险支付之总赔偿金的49%，但该比例在2003年则上升到了55%。② 而在加利福尼亚州，问题则更加严重。③ 基于劳工补偿的医疗服务在加利福尼亚州的利用状况，看起来要远高于平均水平。对此的部分解释是，20世纪90年代通过的成文法放松了雇主对雇员利用医疗服务的控制。另一部分的解释则是对永久性局部伤残损害赔偿金之处理的长期性难题，该笔赔偿金的赔偿对象是遭受了永久性伤害但仍能从事一些工作的雇员。2004年通过的立法解决了这两项难题。现在，雇主可以指示雇员去经其认可的医生那里寻求治疗。而且，对于永久性局部伤残的问题，如今也有了一系列的解决手段。比如，如果雇主为雇员继续提供内容经过调整的可胜任工作，赔偿金就会被自动降低15%。④

但是，引发改革的政治因素是不可能稳定的。劳工补偿制度极少能处于政治平衡状态一点也不奇怪。要么是雇员抱怨赔偿金水平不足，以及赔偿金受到了不当的限制；要么是雇主不满劳工补偿保险费造成的高成本，试图通过以某种方式限制赔偿金的改革寻求救济。劳工补偿的本质使关于其赔偿范围和赔偿数额的矛盾无可避免。当分期支付成为该制度的结构特点时，赔偿金的增加与限制成本的努力两者总是会给彼此施加压力。提供的赔偿金越接近于对受害人的完全赔偿，事后的道德风险就会越严重；对成本的控制越有效，使赔偿金低于最优水平的赔偿金限

---

① 该数据被报道于 "California Comp. Reforms Would Trim Billions in Costs," *Business Insurance*, September 15, 2003, 3; "The Workers' Compensation Crisis in California," 1 *California Economic Policy* 6 (2005); "For the Record," *Business Insurance*, June 3, 2002, 23; and California State Auditor, Report No. 2003-108.1, *California's Workers' Compensation Program* 28 (Sacramento, 2003)。

② "Workers' Compensation: The Industry's Quiet Crisis?", Insurance Information Institute website, www.iii.org.

③ David Neumark, "The Workers' Compensation Crisis in California," 1 *California Economic Policy* 10 (2005).

④ Cal. Lab. Code § 4658 (d) (West Supp. 2006).

制就会越严重。钟摆一直都在成本增加和赔偿金控制之间摆动，并且会始终如此。

第四节　非排他性救济

劳工补偿最初被构想为一种排除了侵权诉讼的排他性救济。但控制成本和提供充足赔偿金之间几十年的紧张关系所造成的一项重要后果是，雇员一直在寻求一种能够补充其劳工补偿金的方式。讽刺的是，这又引领他们回到了侵权法体系。虽然劳工补偿法案免除了雇主对于工伤的侵权责任，但其并未免除第三人的责任。因此，遭受工伤的雇员可以自由地起诉导致其损害之产品的制造商，以及包括机动车驾驶人在内的、其活动可能导致了工伤的其他所有个人或组织。但对于其自第三人处获得的侵权赔偿或和解赔偿，雇员必须从中将自己得到的劳工补偿金返还给雇主或雇主的保险人。

仅在雇员获得的侵权赔偿有可能大幅超过劳工补偿金时，这种安排才会为雇员提供提起侵权诉讼的激励。由于劳工补偿并不赔偿精神损害，故雇员对第三人提起侵权诉讼实际是为了寻求对精神损害的赔偿。这样的结果就是，遭受工伤的雇员提起侵权诉讼常常是一件高风险的事情。尽管所有侵权诉讼中只有10%是因工伤所引起，但在超过10万美元的所有侵权赔偿中，超过60%与工伤有关。[1]

这种安排有着双重的讽刺性。首先，它使得劳工补偿这样一种被设计用于将工伤诉讼从侵权法体系中排除的项目，反而成为可资进入侵权责任的通道。劳工补偿金给予了雇员资金，从而为其提供了原本没有的在侵权诉讼中对抗第三人的持久力量。实践中，劳工补偿相当于为雇员提供了有限追索的贷款，雇员在得到第三人的侵权赔偿之前无须偿还贷款。最初被

---

[1] Thomas A. Eaton, "Revisiting the Intersection of Workers' Compensation and Product Liability: An Assessment of a Proposed Federal Solution to an Old Problem," 64 *Tennessee Law Review* 881, 883 (1997), citing Lawrence W. Soular, Alliance of American Insurers, and American Insurance Association, *A Study of Large Product Liability Claims* 1 (Chicago, 1986). 关于与这些安排有关之问题的讨论，see Andrew Klein, "Apportionment of Liability in Workplace Injury Claims," 26 *Berkeley Journal of Empirical & Labor Law* 65 (2005); Paul Weiler, "Workers' Compensation and Liability: The Interaction of a Tort and a Non-Tort Regime," 50 *Ohio State Law Journal* 825 (1989).

构想为替代侵权法的排他性救济手段的一种制度，如今却为雇员在侵权法体系内创造了动力。当雇员的损害不是由第三人的过失造成时，其实已经排除了对雇员的精神损害赔偿，但精神损害赔偿却还是得到了保留，因为雇员可以从这些第三人处得到赔偿。

其次，劳工补偿和侵权法之间的这种联系，为雇主提供了对劳工补偿保险之成本的补偿，因而可能以将成本外化给第三人的方式破坏雇主事故预防的激励。只要雇员在其对第三人提起的侵权诉讼中胜诉，雇主产品的价格中就不会包括工人的心血。相反，该心血会被包含在第三人的产品或活动的价格之中。

因此，"通常而言，雇主处于保障和防范工伤风险的最佳地位"，这一劳工补偿制度的初始理论受到了削弱。使劳工补偿回归其本源的解决方法或许是提高赔偿金水平，且只要赔偿金提供了完全赔偿，就禁止雇员对第三人提起侵权诉讼。但这会导致雇主承担更高的成本，也因此对立法机关而言会是一个在政治上不受欢迎的举动。另外，这种做法会产生降低第三人事故预防之激励的风险，导致仅在雇主与第三人之间存在合同时，才会创造这种激励。

一些评论者提议，为了抵消这一影响，可以允许雇主就其向雇员支付的劳工补偿金，向第三人提起具有代位求偿诉讼性质的过失侵权或产品责任诉讼。此外，如果雇主本人具有过失的话，其在此类诉讼中的求偿权将会受到相应扣减。实际上，这些诉讼会成为雇主的劳工补偿保险人与第三人的责任保险人之间的诉讼，因此处于风险中的将是雇主支付的作为赔偿金的清算金，而非雇员的精神损害赔偿金。故此，同当前的雇员对第三人提起的诉讼相比，解决这种诉讼的成本会更低。[1] 但这种诉讼仍然会发生一些诉讼成本，其仅仅是为了实现资金从一家保险人向另一家保险人的转移。而且，这种安排仍然是复杂的，其会涉及工伤索赔中的侵权法问题，而且会在一定程度上降低雇主的激励。

是故，劳工补偿作为第一项侵权法改革，最终还是未能完全脱离侵权法。雇员对完全赔偿来源的探寻引导其走出了劳工补偿，但又回到了侵权

---

[1] See, e.g., American Law Institute, 2 *Enterprise Responsibility for Personal Injury* 187-198 (Philadelphia, 1991).

法。而且，无论是侵权法还是劳工补偿，其都未能找到一种方法，以回归到劳工补偿最初构想的排他性救济结构，或者在劳工补偿、侵权法和保险之间设计一种使之能够和谐运作的关系。除非这些能够发生，否则劳工补偿不可能可以完全忠于其最初的承诺。

第三章 驾驶人、律师、保险人：
一个高成本的组合

对于承保机动车事故责任的保险，美国每年的支出超过1100亿美元。这一支出使对其他任何种类的责任保险的支出都相形见绌。它是劳工补偿保险支出的2倍，超过医疗过失责任保险支出的5倍，至少是产品责任保险支出的7倍。

每年报道的机动车事故超过630万起，其中将近200万起涉及人身损害。机动车侵权责任领域如今是一项大规模的产业，同时也是现代侵权诉讼程序赖以形成的重要领域。正是在机动车侵权责任中首次出现了积极的原告律师，并首次发展出了极大依赖于原告律师和责任保险人之间的和解谈判的体系。机动车侵权责任领域建立了一种直到今天依然存在于大多数侵权责任领域的谈判与和解模式。[1]

机动车侵权责任最具争议的时代是1960—1980年。这段时期内，机动车侵权责任和机动车保险体系受到了大量的公众批评以及法律学者和改革者的持续关注。在此期间产生了机动车无过失运动，并且取得了一些初步的成功。但是由于笔者接下来将会阐述的一些原因，该运动后来又停止了。

随着无过失运动的结束，机动车保险的费用成为该领域持续关注的焦点。我们在机动车保险上的巨额支出，使这种关注不可避免。支出中不仅包括每年在责任保险上的1100亿美元的支出，还有在第一方保险上的700亿美元的额外支出。（第一方保险承保机动车碰撞造成的损失，以及保单持有人的机动车遭受的其他形式的物理损失。）机动车保险如

---

[1] 对于重复发生的一系列相似索赔请求，经常以相似的方式得到处理的讨论，see Samuel Isaacharoff & John Fabian Witt, "The Inevitability of Aggregate Settlement," 57 *Vanderbilt Law Review* 1571（2004）。

此高的费用一定程度上是由于大量的机动车上路和每年大量的行驶里程造成的。该现象主要发生在市区，市区中的车辆密度和道路状况几乎导致了总会有事故频繁发生。但是，该费用虽然已经常规化和程式化，但还是需要依赖原被告律师来解决大多数索赔请求的体系所造成的。用在机动车保险上的支出最终实际进入机动车事故受害人口袋的，连一半都不到。

尽管机动车侵权责任在经济上十分重要，但其在关于侵权责任及其改革的讨论中，并不像我们期待的那样重要。除了一些例外的情形，在过去的25年里，就侵权法对机动车责任保险高昂费用的促进作用而言，侵权法改革支持者对之的审视或关注极其之少。在笔者看来，缺乏改革关注系由以下几项因素导致：机动车侵权责任的常规化；缺乏要持续性面对大量机动车侵权责任的被告群体，因而缺少利益诉求去保障对改革之持续投入；机动车侵权责任已经是普适的损害赔偿法改革的目标样本，产品生产者和医生为了解决其自认为的责任难题还在想着从机动车侵权责任领域求解，又如何会有太多人去关注机动车侵权责任本身的问题。而机动车侵权责任如何达到了这一状况，正是本章的主题。

第一节　机动车赔偿难题的出现

首批机动车出现于19世纪末。它们在早期几乎算是一种新奇事物。1900年，全美运行的车辆只有8000辆。之后，其数量开始了爆炸式的增长。1915年有200万辆，1920年有900万辆，1930年有2300万辆。1915—1930年仅仅15年的时间里，机动车数量实现了10倍的增长。

随着运行车辆的指数式增长，交通事故率也随之提升。早年间，真正的公路极少。尽管铺设了一些街道和公路，但数量并不多。每年温暖季节的驾驶行为要远远多于冬季，因为道路在冬季常常无法通行，且在20世纪20年代以前，汽车的车顶一般是布做成的，对车内人员的保护效果有限。道路未按照20世纪20年代早期车辆预期会达到的速度建设；交通标志和十字路口的管控程度有限；驾驶人的驾驶技能通常较低；车辆本身被设计的可承受影响的程度也比不上现在。

以今日之标准来衡量，当时道路上的情形简直就是屠杀。① 1930 年，超过 30000 人在机动车交通事故中丧生，占该年所有事故死亡人数的 30%。如今，每年大约发生 44000 起机动车死亡事故，约占所有死亡事故的 40%。但在 1930 年，机动车驾驶行为的实际死亡率几乎比如今高 20 倍。1930 年，每一亿英里的行驶里程发生 28 起死亡事故；而如今则是每一亿英里的行驶里程发生 1.46 起死亡事故。

几乎是在机动车刚一出现后，保险人就开始销售承保机动车侵权责任的保险。起初，该保险系在"团体"（teams）保险单下提供，该保险单承保马车和货车运行中产生的责任。但是，从 1905 年开始，出现了一种独立的机动车保险单。1921 年是《美国统计摘要》（Statistical Abstract of the United States）推出独立条目（a separate entry）的第一年。该年，机动车侵权责任保险的总保费达到了 6400 万美元，总共提供了 2900 万美元的保险赔付。② 作为比较基准，同年劳工补偿保险的总保费为 9900 万美元，提供的保险赔付总额为 5600 万美元。但是到了 1930 年，机动车侵权责任保险的数据则超过了劳工补偿保险。该年，机动车保险的保费总额为 19800 万美元，劳工补偿保险的保费总额则为 15000 万美元。③ 然而，即使是在 20 世纪 20 年代晚期，所有驾驶人中几乎也只有 25% 的人拥有保险，虽然该数字在某些城市可能会接近 50%。④

机动车进入人类日常生活，发生于过失侵权时代的巅峰时期。20 世纪初存在少量对于人身损害或财产损失的严格责任，这些人身损害或财产损失系由罕见且高度危险的"极危险"活动所致。但由于早期的机动车行驶速度缓慢，因而距离成立这种严格责任还很远，所以，一开始的机动车侵权责任适用的是过失责任。到了机动车速度变得危险，且成为一项非常普遍的事物之时，在所有情形下都适用过失责任的做法已经得到了稳固的确立。所以，事故受害人如果无法证明驾驶人存在过失，就将得不到赔

---

① Jonathan Simon, "Driving Governmentality: Automobile Accidents, Insurance, and the Challenge to the Social Order in the Inter-War Years, 1919-1941," 4 *Connecticut Insurance Law Journal* 521 (1998).

② U.S. Department of Commerce, *Statistical Abstract of the United States* table 600, p. 677 (Washington, D.C., 1923).

③ Id. at table 318, p. 316 (1931).

④ Edison L. Bowers, *Compulsory Automobile Insurance* 23 (New York, 1929).

偿，而且，即便受害人能够证明驾驶人存在过失，如果其本人存在过失，也会得不到赔偿。

此外，20世纪20年代末的初始，超过一半的州通过了"乘客法案"，规定乘客在向其乘坐车辆的驾驶人提起诉讼时，须证明驾驶人存在重大过失。这些成文法背后显而易见的基础是，由于驾驶人实施了一项令他人乘坐其车辆的慷慨行为，故其义务应当比其可能会伤害一位陌生人时要轻。[1] 但无论其所谓的基础为何，也无论其可能多么没有说服力，乘客法的作用之一无疑是有助于限制恶意串通的诉讼。在这种诉讼中，为了使乘客能够得到驾驶人投保的保险公司的赔偿，被承保的驾驶人往往会承认自己具有过失。这些成文法有多么成功地实现了这一目的是不清楚的，因为编造一个支持存在重大过失的故事并不比谎称存在过失困难多少。人们普遍认为，保险业为了尽可能降低其遭受恶意串通索赔的风险，在该立法的通过上起到了推动作用。这种想法看起来很有道理，尽管可获得的支持证据并不充分。[2] 但至少无疑的是，乘客法的确使保险业获益，且对于这些成文法的通过，保险人是支持的。

过失的标准、不充分的责任保险和乘客法结合的结果就是，只有很小一部分的机动车事故的受害人获得了侵权赔偿。由于当时大部分人没有自己的健康保险或失能保险，因而存在巨大的赔偿缺口。多年来各方提出了种种填补该缺口的方法，其中有部分得到了采纳。最早提出的解决方法是制定"财务责任"（financial responsibility）法。这些法律规定，卷入事故的驾驶人如欲保留驾驶资格的话，须提供保证金（bond）或其他有能力支付将来索赔的证据。提交驾驶人已购买责任保险的证据，是满足财务责任规定的一般方式。但这种做法只能确保驾驶人有足够的赔偿将来事故受

---

[1] 对乘客更轻的注意义务，实际是由 Massaletti v. Fitzroy 案的普通法判决最先确立，118 N. E. 168（Mass. 1917）。当其他州的法院对该案的做法持反对态度时，一些州的立法机关以成文法的形式确立了该项规则。See Andrew Kull, "The Common Law Basis of Automobile Guest Statutes," 43 *University of Chicago Law Review* 798, 812 (1976).

[2] 比如，普罗瑟十分肯定地说："该成文法被普遍承认是责任保险公司长期和有效游说的结果。" W. Page Keeton et al., *Prosser and Keeton on the Law of Torts* § 34, at 215 (St. Paul, Minn., 5th ed. 1984). 但他所引用的出处包含着相似的无事实证明的主张。对于保险人扮演之角色的极为有限的确认，可见于 "Insurance News", *Wall Street Journal*, July 18, 1927, 11, and "Asks Curb on 'Racket'," *New York Times*, June 1, 1930, 1.

害人的财务手段，对于已经使驾驶人产生赔偿责任之事故的赔偿问题，这些法律并未提供解决方案。1925年，康涅狄格州第一个通过了财务责任法。到了1932年，共有18个州通过了该法，其他州也在随后的几十年里相继实行了该做法。

对于赔偿问题的解决，一种更直接和有效的做法本应当是实行机动车强制责任保险。该做法可能解决不了过失的证明或乘客法对一些索赔的适用问题，但其至少可以使每一个胜诉原告都能获得被告的责任保险的赔偿。事实上，财务责任法导致只有驾驶人第二次事故的受害人才能获得责任保险的赔偿，第一次的则不能。然而到了1927年，只有马萨诸塞州一个州通过了具有普适性的机动车强制责任保险的立法（但大部分州对公共承运人有类似的规定），直到20世纪60年代才有相当一部分州开始实行强制保险的规定。如今，47个州拥有强制责任保险的立法；3个州保留了财务责任的做法。

长期拖延施行而今具有普遍性之规定的理由是，保险业反对将机动车侵权责任保险规定为强制责任保险。乍一看，此种立场可能是让人费解的，因为人们认为保险人会支持这一规定。扩大对某一行业产品之需求，看起来会得到该行业的支持。例如，如果法律规定每天必须刷牙三次，牙膏生产者看起来就会从中获益。因此，如果牙膏生产者反对该规定，人们自然会感到惊讶。与此类似，规定所有的驾驶人必须购买责任保险，会极大地扩大对机动车保险人之产品的需求。但保险人对该规定的反对，是20世纪里反复出现的一个现象的早期例证。保险业不仅反对强制保险，还支持缩小侵权责任和损害赔偿范围从而降低其产品需求与潜在收入的侵权法改革（我们在第四章和第五章中可以看到）。

在强制保险的问题上，保险人担心的是它对自身行为自由和最终的盈利能力的长期影响。最初，如果所有的驾驶人都被要求购买责任保险，保险人的保费收入就会增加。但保险人认为，强制保险的规定会导致政府监管部门强制其承保其本不愿意承保的高风险驾驶人，而且他们还担心自己会被禁止向此类驾驶人收取足够高的保费。如此一来，实行机动车强制责任保险的最终后果将是，保险人必须要亏本承保部分保单持有人。

这正是马萨诸塞州在最先通过机动车强制责任保险后发生的情况。1927—1931年，马萨诸塞州的保险人每一保险年度的损失率，都比其经保险监理官核准的预期比率高15%—30%。这样的结果就是保费收入虽有增加，但利润却有减少。① 马萨诸塞州的实践情况是对保险人之担忧的深切证实。因此，在保险业的强烈反对下，强制责任保险运动的进展极其缓慢，尽管机动车事故愈加频繁，对机动车事故受害人的赔偿不足也愈加明显。

第二节 哥伦比亚计划

在这样的背景下，1932年，一群支持改革的学者、律师和法官在哥伦比亚大学的支持下，为机动车侵权责任与保险的改革拟定了一项被称为"哥伦比亚计划"（the Columbia Plan）的提议。② 该计划的构想是，强制要求所有的机动车所有人购买机动车侵权责任保险。但是，它并不仅限于强制要求购买责任保险。根据该计划，受害人获得赔偿无须以证明驾驶人存在过失为前提，这就在一定程度上填补了既有的赔偿缺口。在该计划之下，卷入机动车事故的驾驶人对其驾驶行为导致的人身损害，须承担严格责任。在两辆车发生碰撞的情形下，每一驾驶人都要为对方驾驶人的损害承担责任；所有卷入事故的驾驶人都要对非驾驶人的受害人承担连带责任。

该计划明确且直接地以劳工补偿制度为模板。其不仅提议对导致机动车事故的人课以严格责任，而且和劳工补偿一样，为了避免保险成本的大量增加，它还提议通过制定以劳工补偿为参考的赔偿金明细表，在扩张责任的同时降低赔偿水平。赔偿项目中不包括身体痛苦与精神创伤这样的非经济损失，且会对医疗费用和预期收入损失这些经济损失的赔偿予以限制。和劳工补偿制度中的纽约温赖特委员会报告一样，对于"存在一个导致了对受害人不完全赔偿的极大的事故难题"这一主张，哥伦比亚计划也收集了非常多的对之提供支持的统计资料。

该计划最显著的发现或许与责任保险在确保对受害人之赔偿中扮演的角色有关。如果卷入事故的另一驾驶人没有保险，受害人对其遭受的损害

---

① *Report by the Committee to Study Compensation for Auto Accidents to the Columbia University Council for Research in the Social Sciences*, pp. 121-122（Philadelphia, 1932）.

② 该计划的全称是 *Report by the Committee to Study Compensation for Auto Accidents to the Columbia University Council for Research in the Social Sciences*（Philadelphia, 1932）。

便只有25%的机会获得一定的赔偿。然而，如果另一驾驶人有保险，受害人便有85%的机会可以获得赔偿。① 但有趣的是，尽管该计划强调了与机动车有关的损害的数量，但却几乎没有关注强制保险对事故水平的潜在影响。相反，该计划得出的结论是，"强制保险对事故的发生频率没有明显影响"，以及"如果……对人身损害的担忧不会遏制粗心驾驶行为的话，那么对必须支付金钱的担忧应当也不会产生这种遏制作用"。② 和前一代的劳工补偿制度的支持者一样，哥伦比亚计划的起草者对于如何确保受害人获得赔偿的问题，也比对如何通过鼓励事故预防以减少赔偿需求的问题来得更感兴趣。

哥伦比亚计划从未得到过任何州的采纳。"大萧条"将其他紧迫得多的经济难题引入公共政策中的重要位置，并且使机动车侵权责任改革在优先事项清单上变得十分靠后。而且，由于笔者上文所提及的原因，保险业反对任何形式的强制保险，包括哥伦比亚计划提议的强制保险。更重要的是，对于机动车事故是否已经同工伤事故相似到可以以相同的方式处理这一点上，人们并没有达成共识。该计划被提出后的讨论显示，驾驶人与乘客之间、驾驶人与行人之间，尤其是驾驶人与驾驶人之间的关系，和雇主与雇员之间的关系并不十分相似。因此关于是否支持采取以劳工补偿为模板的严格责任这一做法，就难以达成共识。

尽管该计划本身没有提到任何其所提议的强制责任保险会导致的损失分散效果，但该计划的支持者明确将损失分散作为该计划的优点之一。强制责任保险的规定是一种将个人驾驶者类比成劳工补偿中的雇主的做法。正如每一位雇主会将其劳工补偿的成本转嫁给其顾客一样，通过购买机动车侵权责任保险，每一位驾驶者也会将自己导致之损害的成本，转移给由其他驾驶人组成的风险共同体。损害的成本因此就会得到分散。

对于该计划的支持者而言，其所提议的严格责任下的赔偿义务本来是无法得到资金支持的，而机动车侵权责任保险则恰好是一种为之提供资金的手段。责任保险把加害人和大部分受害人集合到同一危险共同体之中，

---

① Id. at 55-56.
② Id. at 160-161.

分散了他们的事故成本。① 强制责任保险不仅使严格责任具有可行性，其可获得性也使严格责任能够为人们所接受。对于该计划的批评者而言，追究驾驶人的严格责任是不合理的，强制要求为严格责任投保也不能使之具备合理性。机动车强制责任保险产生的损失分散功能，仅对分散有意义的损失才是有价值的。问题在于，使用机动车不可避免地会产生损害，是否应当将一种机动车侵权责任机制作为确保对所有损害之赔偿的手段。而在批评者看来，答案是否定的。②

故此，关于哥伦比亚计划之讨论的核心议题就远远不止机动车事故了，其与严格责任的一般理论有关。该计划的支持者将损失分散和受害人赔偿作为其所提议的严格责任的合理性基础。但批评者认为，仅有这些是不够的，要证明实行严格责任的合理性还需要更多的东西。在劳工补偿制度中，严格责任可以通过雇主与雇员关系的性质实现其合理化，其中包括雇主对工作条件的控制。但在批评者看来，机动车损害的严格责任不可能得到合理化，因为驾驶人与其致害的人之间不存在类似的地位差异。

对严格责任可能适用之不同场合的深入思考，最终会被归类和发展为当时开始出现的严格企业责任理论。然而，此时依然缺少的是，对严格责任可能发挥之不同功能的更清晰的认识，其中也包括严格企业责任。哥伦比亚计划的支持者明确认为，机动车侵权严格责任可以避免机动车事故受害人在证明过失时面临的某些难题。而且，他们还认为，通过强制保险的规定，机动车侵权严格责任可以促进对损失的分散。但由于对机动车侵权责任给驾驶者造成的潜在威胁（无论是过失责任还是严格责任）究竟会对驾驶行为产生多少影响存在怀疑，该计划的支持者并未将威慑功能纳入其对机动车侵权责任改革的思考中。正如第二章所述，劳工补偿制度的支持者对劳工补偿制度潜在的事故预防作用也是持怀疑态度的。然而，威慑理论最终会对企业责任的思想产生重要影响，且在某种程度上会有助于指

---

① See, e.g., Young B. Smith, "Compensation for Automobile Accidents: A Symposium-The Problem and Its Solution," 32 *Columbia Law Review* 784, 792 (1932).

② See, e.g., August G. Lilly, "Compensation for Automobile Accidents: A Symposium-Criticism of the Proposed Solution," 32 *Columbia Law Review* 803, 805 (1932); P. Tecumseh Sherman, "Grounds for Opposing the Automobile Accident Compensation Plan," 3 *Law & Contemporary Problems* 599, 600-601 (1936).

明企业责任的适用领域。但是，这要在几十年后才会发生，且发生于机动车侵权责任领域之外。

第三节　受害人赔偿和标准机动车侵权责任保险单的演化

由于哥伦比亚计划的严格责任特征遭到强烈反对，故而其强制保险特征也就往往被忽视了，单独得到的关注相当之少。笔者之前提到，保险业在接下来30年里对强制保险的反对非常成功。但也是在同一期间，承保侵权法确有规定的过失驾驶责任的保险也变得越来越受欢迎。财务责任法的通过进程缓慢，其实际效果也与保险业所反对的相似，因为大部分车辆所有人满足财务责任规定的方式是提供其已投保了责任保险的证明。1950年，共有44个州通过了财务责任法。① 1963年，这些州的所有驾驶人中80%以上都拥有机动车侵权责任保险。②

一　对承保范围的扩大

机动车侵权责任保险的承保范围每十年会扩大一次。③ 例如，最早的保险单将被保险人未遵守交通法规产生的责任排除在承保范围之外。但随着此类法规的急剧增加，几乎所有事故都会或多或少地涉及对交通法规的潜在违反，这一除外责任因而很快就被废除。早期保险单承保范围的狭窄还体现在，其只承保车辆运行中产生的责任，而不承保车辆停靠状态产生的责任。不久，这一限制也被废除。而且，早期的一些机动车保险是以损失须填补为基础前提作出的承保，即仅在被保险人向原告支付损害赔偿金而产生一般财产的损失之后，保险人才会向被保险人进行保险赔付。故此，如果被保险人因为一项针对其作出的赔偿判决而被迫破产的话，保险单就不能为被保险人或其受害人提供保护。20世纪20年代，立法、司法

---

① Frank Grad, "Recent Developments in Automobile Accident Compensation," 50 *Columbia Law Review* 300, 307 (1950).
② Jerry S. Rosenbloom, *Automobile Liability Claims* 4 (Homewood, Ⅰ11., 1968).
③ 笔者下文对于机动车保险单演变情况的叙述大都引自John Eugene Pierce, *Development of Comprehensive Insurance for the Household* 153-197 (Homewood, Ⅰ11., 1958)。

判决和保险人之间为提供更具吸引力之保险而发生的竞争，共同将仅以损失须填补为基础前提的保险单，转变成了一种"代表被保险人支付"的普遍保险义务，无论被保险人是否能够依靠自身财力履行判决，该义务都可得到适用。与此相似，多年来标准保险单承保的是"人身损害"责任，如果机动车的使用引发了疾病，该疾病就无法得到保险赔付，如暴露于汽油或汽车尾气中引发的疾病。1947年，通过将对于"疾病"的责任纳入承保范围，保险单填补了这一赔付缺口。

这些承保范围的扩大不仅为保单持有人提供了更广泛的保护，也有助于确保对事故受害人的赔偿。在通常的商事情境下，侵权诉讼的被告是企业，它们可能无论是否购买了责任保险都有能力履行大部分法院判决。然而，在机动车侵权责任中，情况却完全并非如此。机动车侵权责任诉讼中的普通个人被告如果没有投保责任保险的话，将有可能无法完全履行判决。因此，随着标准机动车责任保险单提供的承保范围的扩大，机动车事故受害人获得赔偿的希望也有所增加。

正是在此处，笔者于第一章讨论的Phoenix案之裁判规则的后果产生了其最强大的影响。出于对所发生的越来越多的机动车损害的担忧，法院和监管机构都开始意识到，保险不仅保护保单持有人，还保护受害人。所以，它们开始越来越多地鼓励扩大保险单的承保范围，从而提高受害人保险赔偿来源的可获得性。

在机动车责任保险承保范围多年来的扩张中，到目前为止最为重要的一项是保单项下的被保险人的增加。最初，只有"记名被保险人"即机动车的所有人才受到保险保障。不久，承保范围扩大到了记名被保险人的所有家庭成员。1918年，又增加了一项"综合"（omnibus，源自拉丁文"for all"的英语化）条款，该条款承保所有经记名被保险人允许驾驶被保险机动车之人所产生的责任。很快又发展出了一项"驾驶其他汽车"（drive other cars，DOC）的条款，其为经过记名被保险人同意，驾驶另一机动车的所有被保险人（即记名被保险人或其家庭成员）均提供保险保障。1941年，标准保险单经修改后明确了当两项条款同时适用时（这发生于机动车所有人和驾驶人都有保险的情形），必要情况下受害人可以获得两份保险单的赔付。

综合条款和DOC条款的重要性，无论怎么说都不过分。综合条款的增加，意味着所有经过允许驾驶被保险机动车的人的驾驶责任都能得到保险保障。DOC条款的增加，意味着所有自己有保险并驾驶他人机动车之人的驾驶责任都能得到保险保障，即使机动车所有人本人没有保险。加入这些条款后，任一被保险机动车和被保险驾驶人都可以得到责任保险的保障。它们因而填补了一个可能十分巨大的保险和赔偿缺口。

在通过扩张解释责任保险单条款来促进受害人赔偿方面，法院是一股非常积极的力量。例如，要是依据起草人的本意，综合条款和DOC条款在字面上仅适用于机动车借用人"经过记名被保险人允许"驾驶机动车的情形。然而，许多法院对"允许"一词的解释都非常宽泛，认为得到机动车所有人允许的驾驶人还可以再授予他人允许。关于允许的范围常常也有额外的灵活性，比如当被允许的人对机动车进行了未经明确同意的特别使用时，可被认为也属于允许范围之内。① 对于何者构成对被保险机动车的"所有、运行或使用"而产生的损害，也存在相当大的灵活性，而这正是赔偿与否的检验标准。② 当法院认为边缘状态下依然存在保险保障时，不仅能确保驾驶人拥有保险保障，还能确保受害人在索赔胜诉之后拥有赔偿来源。

二 对医疗费用的保障

除了机动车侵权责任保险承保范围的明显扩张和对保单语言的扩张性司法解释外，随着时间的推移，标准机动车保险单也转变成了各种附加险的组合。1941年，第一方医疗费用保险也成为标准保险单的一部分。这使受害的乘客或经过允许借用机动车的驾驶人，可以在不经过诉讼的情况下获得记名被保险人的一定赔偿。该项保险赔付的适用不以过失为前提，因而填补了又一赔偿缺口，尤其是在乘客法规定证明机动车所有人重大过失是获得侵权赔偿之前提条件的场合。但这种新的医疗费用保险的保障对

---

① See, e.g., Robinson v. Fidelity & Casualty Company of New York, 57 S.E. 2d 93 (Va.1950); Peterson v. Maloney, 232 N.W. 790 (Minn. 1930); Dickinson v. Maryland Casualty Company, 125A. 866 (Conn. 1924).

② See, e.g., Mullen v. Hartford Accident & Indemnity Company, 191 N.E. 394 (Mass. 1934)（被保险车辆漏油导致的损害责任属于承保范围）; Quality Dairy Company v. Fort Dearborn Casualty Underwriters, 16 S.W. 2d 613 (Mo. Ct. App. 1929)（被保险车辆车体分离导致的损害责任属于承保范围）; Owens v. Ocean Accident Guarantee Corporation, 109 S.W. 2d 928 (Ark. 1937)（将病人放入被保险的救护车前致其跌落的责任属于承保范围）。

象并不包括记名被保险人及其家庭成员。1953年，所有为非其家庭成员的乘客购买了基本医疗费用保险这一附加险的被保险人，也开始能够获得该保险的保障。

医疗费用保险从未具备过经济上的重要性。其销量很小，且从不赔付预期收入损失或身体痛苦与精神创伤的非经济损失。但在健康保险普及之前的时代，这种保险使机动车事故的受害人可以在不提起诉讼的情况下获得适度的医疗费用赔偿，而且即便不存在侵权诉讼的理由也能获得赔偿。在这种意义上而言，医疗费用保险为其最终演变为无过失保险预留了空间，无过失保险是一种对医疗费用和预期收入损失均提供赔付的承保范围更大的保险，其在提供赔付时也不要求受害人提起侵权诉讼。

三　无保险驾驶人险

填补重要赔偿缺口之自愿性保险市场的最后一项扩张以无保险驾驶人（uninsured motorist, UM）险的形式出现。这种保险的产生缘于政治上的原因。1953年，保险业强烈反对并阻止了纽约机动车强制责任保险立法的通过。第二年，新任的州保险监管人以保险业若不积极作出回应，其将会支持新的促使该立法通过的力量作为威胁，要求保险业提出一种强制责任保险的替代方案，以解决驾驶人无保险的问题。[1]

保险业提出的解决方法是提供一种保险，该保险能够在驾驶人因无保险而没有能力支付索赔的情形下，为机动车受害人提供保护。因此，机动车所有人会自行购买保险，当他们对其他驾驶人提出合法的索赔，且无法得到满足时，他们自己的保险人就会对该索赔作出赔付。这样一来，机动车所有人就无须再去起诉无保险驾驶人并得到针对无保险驾驶人作出的赔偿判决。被保险人仅须证明有可能得到赔偿判决即可，而且关于该问题的争议会由仲裁解决。通过提供此种UM保险，保险人避免了他们所担忧的机动车强制责任保险可能引发的监管干预。而且，愿意购买UM保险的驾驶人也填补了对于机动车损害之保护体系中的另一个缺口。

---

[1] Alan I. Widiss, *Uninsured and Underinsured Motorist Insurance* 10-11 (Clincinnati, 2d ed., 1985). Widiss解释道，UM保险的前身是承保判决履行不能之风险的保险，1925年起就有几家保险公司销售这种保险，该保险要求被保险人将其索赔金额实际减少，但是到后来被证明减少后的赔偿数额依然无法收回。

无保险驾驶人险在自愿保险市场内逐渐传播开来，而且在10年后，各州最终开始通过强制责任保险法时，许多州仍然要求驾驶人购买UM保险。其他州则要求此种保险必须至少向所有责任保险的申请人提供，常常还规定除非申请人明确拒绝购买UM保险，否则UM保险将自动成为机动车责任保险单的一部分。

四 第二次世界大战后的景象

第二次世界大战归来的退伍军人需要住房，其居住的许多房屋都被建在新的郊区。这就导致了越来越多的道路和公路的建设，其中就包括始于1956年的州际公路系统的建设。房屋和公路的建设繁荣不仅引发了更多的机动车，还引发了更多的保险。20世纪40年代末，各种机动车保险的保费总收入约为6亿美元。10年后，该数字增长到了44亿美元，是原来的7倍多。[1]

20世纪50年代中期，保险业统计技术的精密程度、机动车驾驶行为的数量和事故的发生数量，全都增长到了可以在一定程度上均根据驾驶记录有效确定保险费率的地步。50多年来，保费的确定主要依据三项因素：被保险机动车的行驶区域、被保险机动车的类型、被保险机动车主要驾驶人的年龄。将驾驶人的事故记录作为费率厘定因素，采用经验费率法确定保险费率的早期努力是不成功的，这主要是因为该做法依据的统计数据不可靠或不存在。[2] 但这一次，经验费率法的采用获得了成功。

然而，经验费率法的适用程度是有限的。驾驶人平均每10年或每12年会发生一次事故。所以，那些还没有发生事故的驾驶人，其事故发生概率不一定高于平均水平；那些已经发生了事故的驾驶人，其事故发生概率也不一定低于平均水平。故此，经验费率法在一定意义上是一种统计学的折中方案。它努力实现的是，确定每一位驾驶人之事故发生概率这一不可能的目标。逐渐地，该做法经过发展，改为对发生事故的驾驶人在事故发生后的年度里收取更高的保费，因为发生事故的驾驶人发生第二次事故的可能性会更大，发生第二次事故的驾驶人发生第三次事故的可能性会更大，以此类推。

---

[1] H. Jerome Zoffer, *The History of Automobile Insurance Rating* 3 (Pittsburgh, 1959).

[2] Id. at 10–14.

无论不同的保费是否会影响驾驶行为，但它们在一定程度上可能会影响总的家庭驾驶水平。例如，是否决定购买第二辆或第三辆家庭汽车，很可能会受到该额外车辆的保险费用的影响，而该保险费用则在一定程度上会受到该家庭最近的驾驶记录之影响。而且，即使经验费率法对驾驶行为或驾驶水平没有任何影响，自20世纪50年代开始适用时起，对于减少可能令人反感的明显低风险驾驶人对高风险驾驶人的交叉补贴，其也持续性地发挥了政治作用。

而后，到了20世纪50年代末，标准联合机动车保险单的各组成部分及其定价方式悉数确立，并沿承至今。该保险单针对侵权责任提供了广泛的承保范围，其赔付机动车所有人自己之机动车的损失，为机动车所有人、驾驶人和乘客的医疗费用提供适度补偿，并为这些人可能会被无保险驾驶人之过失所损害的风险提供保障。而且，此种保险也是常规化和程式化的机动车赔偿体系的主要赔偿来源。

第四节　诉讼律师与赔偿程序

就在标准联合机动车保险单刚刚完全发展成熟时，索赔数量和保险成本便开始了稳定的增长。例如，机动车侵权责任诉讼的数量在1955—1970年增长了约50%。[1] 与此相似，1955年，机动车侵权责任保险的总保费为24亿美元；到了1960年，该数字上升到了38亿美元；1965年和1970年则分别为54亿美元和89亿美元。[2]

对于这些增长的部分解释在于当时不断改变的驾驶环境：道路上运行的车辆越多，人口的密度越大，机动车事故的数量就会越多。但对于此期间内发生的诉讼数量的增长规模与保险费用的规模，这些环境的改变并不能为之提供解释。而在笔者看来，最合理的解释在于其他两项因素。第一项因素是原告诉讼律师能力与效率的提高。原告律师对其工作完成得更加出色，律师费的支出因而增加。第二项因素是此期间内发生的医疗费用的极大增加。由于对医疗费用的赔偿是侵权赔偿中重要的一部分，医疗费用

---

[1] Selwyn Enzer, *Some Impacts of No-Fault Automobile Insurance: A Technology Assessment* 88 (Menlo Park, Calif., 1974).

[2] Insurance Information Institute, *Insurance Facts* 13 (New York, 1976).

的增加因而会对索赔金额以及判决与和解的赔偿金额产生非常大的影响。当然,如果不是有机动车责任保险的话,两项因素都不可能产生这样的影响。

一 诉讼律师的专业化

在大多数州于 1965—1980 年实行强制责任保险之前,标准机动车责任保险单承保范围的扩张就已经使得机动车侵权诉讼能够成为诉讼律师的营生。正如哥伦比亚计划所指出的那样,极少有无保险的驾驶人能够履行法院对其作出的高额赔偿判决。但在早先的 20 世纪 20 年代,投保了 5000 美元标准保额之责任保险的驾驶人,却是一个有价值的索赔对象。

原告律师长期以来都是存在的。至少在 19 世纪晚期,"追着救护车跑"(ambulance chasing)这一俚语就已经街知巷闻。尽管机动车事故在 20 世纪 20 年代大量增加,但 20 世纪 30 年代的经济萧条,以及第二次世界大战期间对驾驶行为的实际限制都抑制了机动车侵权诉讼在第二次世界大战结束前的水平。

战争的结束和退伍军人的归来改变了这一切。在第二次世界大战结束的 1945 年,美国登记的机动车数量有 2500 万台。1955 年,该数字扩大了超过两倍,达到了 5200 万台。1965 年,该数字增长到了 7500 万台。[①] 1945 年,全国修建了 15000 英里的新道路。这些年间修建的联邦高速公路从 1945 年的 3000 英里增加到了 1952—1962 年的 20000 英里。[②] 新的郊区房屋,更多的购物行为,更远的通勤距离以及新公路上更多的行驶车辆,导致了机动车事故发生概率的提升和提起诉讼之机会的增加。

处理此类诉讼的律师之间存在诸多共同点,为了增加共同利益,他们成立了一个组织,即 1946 年成立的全国索赔人律师协会(the National Association of Claimants' Compensation Attorneys,NACCA)。该协会是美国诉讼律师协会(the Association of Trial Lawyers of America,ATLA)的前身,最近又被更名为美国司法协会(the American Association for Justice)。该组织在每年年会之前都会举办活动,活动中有被设计用于提高组织成员知识

---

① 该俚语意指律师怂恿交通事故受害人聘用其进行诉讼的行为。——译注 Susan B. Carter et al. (eds.), 4 *Historical Statistics of the United States* table DF 340, p. 830 (New York, 2006).

② Id. at table DF 214, p. 811.

和技能的项目，从这些活动中可以一瞥该组织关注的焦点。例如，1954年的项目包含对"医学摄影在证据上的使用""死亡率表的使用"，以及于笔者而言最为重要的"被告有责任保险吗？其数额是多少？"的展示。[1]

NACCA 中的核心人物是自诩为"侵权法之王"的梅尔文·贝利（Melvin Belli）。[2] NACCA 的总结报告显示，贝利几乎无处不在：举行贝利研讨会，对其他律师的表现频繁作出评论，单独作为几乎绝大多数法院开庭时的调解人。他是三种角色的结合——父亲、老师以及想要学习其诀窍并实现与其同样之成功的原告律师的楷模。

贝利是旧金山的一位律师，是他率先使用了提高侵权损害赔偿金数额这一创新性方法。获得陪审团更高额的赔偿裁决不仅明显符合原告的利益，也能够使长期在风险代理制下执业的原告律师获益。仅在被告向原告支付赔偿后，原告才会向其律师付费，且所付费用只是其所获赔偿的一部分。这种制度使原告可以在不具备其他任何支付律师费手段的情况下提起诉讼。原告如果败诉，则不用支付任何费用，仅在胜诉时才须支付律师费。通过维持一定数量的案件，并在胜诉案件中收取足够高比例的律师费，原告律师不仅能够负担得起代理常规案件，还能够负担得起代理那些赔偿数额可能很高但胜诉概率相对较低的案件。

贝利提高损害赔偿金数额之策略的核心是"按日计算的"损害赔偿金证明方法。该种方法从法官裁定贝利有权使用黑板来阐述其论证开始。在视听证据和计算机辅助展示的证据都稀松平常的今天，我们很难想象曾经有一个时代，其案件审理几乎全部由语言对话和打印的文件所构成。并非所有的法院都允许律师使用黑板，尽管随着时间的推移越来越多的法院允许了这种行为。对于原告正在寻求赔偿的损害，贝利让陪审员们想象自己如果遭受了此等损害，会接受多少美元的赔偿。"女士们先生们，对于腕部骨折，你们会怎么做？如果我在陪审席放上三张一千美元的钞票和一把锤子，并表明如果你先允许我用这把锤子砸碎你的右手腕的话，我就允许你取走这三张钞票，那么请诚实地告诉我，你们会同意我这样做吗？"[3]

---

[1] Melvin M. Belli (ed.), *Trial and Tort Trends ix-x* (San Francisco, 1955).

[2] 对于贝利的事业及其在 NACCA 中之角色的讨论，see John Fabian Witt, *Patriots and Cosmopolitans: Hidden Histories of American Law* (Cambridge, Mass., 2007)。

[3] Belli, *Trial and Tort Trends*, 277.

在确保陪审员默认了某一数额的赔偿是不足额的赔偿后，贝利会告诉他们自己认为的足够的赔偿数额，并且会在黑板上将原告遭受损害的时间划分为分钟、小时和天，将每天的"小的"赔偿数额乘以原告遭受损害或预计遭受损害的总天数，来说服陪审员接受这一赔偿数额的充分性。对原告每秒一美分的非经济损失赔偿变成了每年315000美元，在20世纪50年代，这是一个几乎前所未有的损害赔偿数额。为了确保其同事赞赏的不仅是他的技巧，还有他认为他们应当寻求的损害赔偿金的额度，贝利出版了获得每年最高额损害赔偿的案例汇编，并将这些赔偿命名为"足额的"损害赔偿。① 贝利的研讨会标志着原告律师之间相互交往和相互学习的开始，这种互助模式被视为现代侵权法体系标志之诉讼的显著特征，其起始于第二次世界大战后的机动车侵权诉讼。

尽管是原告律师率先作出了有效的调整，但不久后辩护律师也意识到，其所面对的是一群越来越有组织性和攻击性的对手。1957年，一份旨在帮助辩护律师对抗原告律师的杂志——《辩护法律杂志》（*the Defense Law Journal*）的第一卷出版了。编辑在序言中表示："与受害人所受损害经常完全不成比例的庞大的损害赔偿裁决，是一项持久性的威胁。"而且，该杂志首篇文章的题目即为"抗辩不能停止"。一篇超过80页的题为"真正的足额损害赔偿"的文章，构成了对梅尔文·贝利的直接攻击，其包括"过高的损害赔偿裁决"和"低于50000美元的损害赔偿裁决"两个部分。② 后面期数的该杂志中，包含此文的更新版本。

原告律师和辩护律师之间的这种互动关系会让人想起一个古老的笑话：一个小镇上唯一的一位律师一开始生存困难，但当第二位律师在同一个小镇上开始执业后，两个人的生意都兴旺了起来。20世纪50年代末，主要由机动车侵权案件构成的人身损害诉讼，已经成为对原告律师和辩护律师都意义非凡且利润丰厚的业务。而且，在法院积案清单中占主导的正是机动车损害案件。对于原告律师而言，机动车事故的频繁发生足够为其提供稳定的案源。

机动车保险的出现为这些案件提供了稳定的赔偿来源。实际上，考虑到大部分驾驶人资产薄弱的事实，如果不是潜在被告拥有责任保险，原告

---

① See, e.g., Melvin M. Belli, *The More Adequate Award* (San Francisco, 1952).

② 1 *Defense Law Journal* v., 3, 273-359 (1957).

律师几乎没有理由提起诉讼。而且，寻求超过被告责任保险保额的损害赔偿，几乎也是没有意义的。故此，机动车侵权责任的范围实际系由承保被告的责任保险所确定。

二 医疗费用的影响

然而，部分由于医疗服务领域同时发生的情况，机动车损害案件的赔偿数额在20世纪50年代末开始大幅提高。非常粗略地加以计算的话，医疗费用和预期工资损失一般约占原告损害赔偿的一半。另一半由非经济损失或者说身体痛苦与精神创伤构成。大约在1960年之后，侵权赔偿中医疗费用这一组成部分的增加，以许多不同的方式扩大了一般侵权损害赔偿金的数额。

首先，医疗费用的增长速度高于一般通货膨胀率。20世纪50年代，消费者价格指数的年均增长率为2.1%；20世纪60年代，为2.7%；20世纪70年代，也为2.7%。然而，在此期间，医疗费用的年均增长率分别为4.0%、4.3%和8.2%。① 单独根据这些增长数据，可以预计平均侵权赔偿的增长会远远高于一般通货膨胀率。

其次，在此期间不仅发生了医疗费用的增加，人们所实际接受的医疗服务的数量也发生了指数式的增长。全国个人医疗服务支出在1950年和1960年之间扩大了2倍，在1960年和1970年之间扩大了3倍，在1970年和1980年之间扩大了3倍多。② 1955年，医疗服务支出占美国国内生产总值的4.4%；1965年，该数字为6.5%；1975年，为8.3%；1980年，为9.1%。③ 在此期间，医疗服务体系对于疾病和损害的治疗能力与治疗费用都在迅速提高。故此，同一期间一般机动车事故受害人发生的医疗服务和医疗费用也有增加。

再次，大约从1960年开始，私人健康保险在美国中产阶级中变得越来越普遍。这种保险成为标准的附加工作福利。而且，1965年，联邦政

---

① Tillinghast - Towers Perin, *U. S. Tort Costs*: 2003 *Update* Appendix 1A (2004), www. towersperrin. com.

② See U. S. Department of Commerce, *Statistical Abstract of the United States* table 78, p. 62 (Washington, D. C., 1970), table 151, p. 100 (Washington, D. C., 1981), table 136, p. 93 (Washington, D. C., 1990).

③ See id. at table 149, p. 99 (Washington, D. C., 1981).

府设立了联邦医疗保险和联邦医疗补助项目,把健康保险覆盖到几乎所有65岁以上的人口,并为极贫困人口提供了一定数量的医疗服务。1960年,私人健康保险支付的保险金略低于60亿美元。1970年,该数字是150亿美元;1980年则是680亿美元,是20年前支付之保险金的11倍多。[1] 另外,联邦医疗保险在1970年还有70亿美元的支出(支付的保险金在该支出中占相当大一部分),在1980年则有370亿美元的支出,而二者在1965年之前都是不可能存在的。[2]

在此之前,大部分侵权行为受害人几乎都无法获得健康保险。如果受害人能够获得赔偿的话,在获得和解赔偿或案件进入审理之前,其并不知道自己具体能够获得多少赔偿。因此,获得侵权赔偿的可能性,或许并没有显著增加受害人接受医疗服务的数目。然而,随着普遍性的健康保险的出现,整个局面发生了改变。所有分期支付的健康保险和失能保险都存在事后道德风险的问题,而今侵权损害赔偿也遭到了类似的事后道德风险的影响。现在,事故受害人可以任意寻求其保险承保范围内的所有医疗服务,而不必担心会由自己为所有服务支付费用。在许多情形下,医疗费用中的很大一部分或几乎全部都会由私人或公共健康保险人支付。所以,原告的律师可以鼓励原告不必担心自己的财务状况,放心接受治疗。这对原告不仅没有丝毫不利,反而还会使其在胜诉情况下获得更高的侵权赔偿。

最后,除了笔者刚才描述的由发展引起的侵权赔偿中医疗费用部分的增加外,医疗费用的增加还会对总的侵权赔偿数额产生乘数效应。在常规案件甚至是更大的非常规案件的和解当中,受害人的医疗费用在当时会被作为(现在也经常被作为)和解要约的计算基准。和解要约的总赔偿数额被计算为这些医疗费用的数倍(比如三或四倍)。[3] 对于保险理赔人员和辩护律师来说,这是一种低成本和相当统一的损害赔偿金计算方法。该方法得到使用的另外一项原因是,在其他条件相同时,受害人的医疗费用

---

[1] U. S. Department of Health and Human Services, Centers for Medicare and Medicaid Services, *National Health Expenditures by Type of Service and Source of Funds*, CY 1960 – 2004, www.cms.hhs.gov/NationalHealthExpendData/02_ NationalHealthAccountsHistorical.asp#TopOfPage.

[2] Id.

[3] See H. Laurence Ross, *Settled Out of Court* 108 (Chicago, 1970); Edward C. German, "Techniques of Evaluation," in Roger A. Needham (ed.), *Evaluation of a Personal Injury Case* 21 (New York, 1971).

越高，就意味着其遭受的非经济损失可能越严重，陪审团在审判中对其裁决的侵权赔偿金可能就会越高。因此，当机动车事故受害人的一般医疗费用在20世纪50年代末的一开始有所增加时，一般的和解赔偿金额和裁决赔偿金额也随之增加，且其增加数额为这些医疗费用之增加的数倍。机动车侵权责任保险费用在之后几十年里的平稳增加，在部分程度上是对这些赔偿数额之增加的反映。

第五节 体系的缺陷

尽管机动车保险的费用有所增加，但30年前哥伦比亚计划指出的许多问题仍旧困扰着该体系。拖延、不平等和不完全赔偿赫然在列。原告律师、辩护律师以及机动车侵权责任保险三者之间的互动关系在这三个问题中也都发挥着作用。

一 拖延

随着机动车侵权责任诉讼的增加，受害人遭受损失与最终获得赔偿之间的时间间隔变得更长。这不只是审理案件的法官数量不足造成的，尽管该原因是影响因素之一。除此之外，责任保险人自己也受困于两种相互矛盾的动机。一方面，人们长期以来都认为，索赔无法获得的时间越长，索赔人就会越感到不满，其所要求的和解赔偿金额可能就会越高。就此而言，保险人可以从快速理赔中获益。此外，快速地结束理赔是保险理赔人员和保险公司其他人员自然而然的职业本能，即便他们为此要以支付额外金额的赔偿为代价。[①] 他们的工作是处理索赔请求，如果索赔得不到解决的话，他们就属于渎职。这些因素促进了对索赔的及时处理与和解。

另一方面，保险人可以从保费投资中赚取收入。保险人如果不支付索赔请求，就可以持有保费，其持有保费的时间越长，获取的保费投资收入就越高。因此，保险人产生了与快速支付索赔请求相矛盾的动机。这两种相互矛盾之动机的净影响（在过去和现在都）体现为，保险人往往通过支付高于其"价值"的赔偿金额来快速处理较低额的索赔请求，但对于高额索赔请求的处理则采取拖延战术。

[①] Ross, *Settled Out of Court*, 19.

索赔处理缓慢的第二项原因是原告律师和辩护律师都有促进赔偿拖延的动机。的确，原告律师越快使案件进入和解或审判程序，就能越快得到律师费。但是，原告律师也有保持大量案件在手的动机。保有的案件越多，总结果的差异就越小，风险代理费的现金流就越可预测和越稳定。然而，保有的案件越多，律师在任何特定时间处理的案件数量就会越多，以一定时间通过审判或和解解决任何特定案件所耗费的时间就会越长。律师越忙，待解决的案件就越多，提起索赔与索赔得到解决之间的时间间隔就越长。

责任保险人雇佣的辩护律师的动机不同于原告律师，但其结果依然是赔偿的拖延。虽然责任保险人是按小时向辩护律师支付费用，但其支付的费用一般低于市场平均水平。由于为责任保险人辩护这一工作中许多都是常规性的内容，且这一工作可以为律所提供稳定的收入来源，所以对律所而言，对这种工作打折收取费用是非常划算的。但这样的结果就是，一些辩护律师的自然动机可能是为获得更多的收入而延长案件的处理时间。而且，尽管限制辩护律师在案件中投入的不必要的时间符合责任保险人的利益，但保险人却可能同样希望拖延对案件的和解，尤其是在其持有的保费产生之投资回报十分可观的时期内。为某些有时可以说是不必要的计费时间支付费用，比如，花费数月来安排和完成附加的书面证词，可能会促进赔偿的拖延。

20世纪60年代晚期，赔偿拖延的问题在许多城市变得严重起来。比如，芝加哥曾有一起民事案件被积压了69个月。其他城市同样有与此类似的等待期限。逐渐地，原告与被告律师的服务市场考虑到这些因素而作出了调整。最终，更多的法官得到任命，法学院的入学人数增加，并且实现了新的平衡。但与此同时机动车侵权诉讼也在增加，其他类型的侵权诉讼同样如此。因此，市场需要比本来可能预计的更长的时间来作出调整。同时，责任保险人与原被告律师三者动机相互影响的结果是，随着机动车事故和索赔请求的增加，提出索赔请求和最终获得赔偿之间的时间间隔也延长了。

讽刺的是，在面对各种促进赔偿拖延的因素时，大部分案件却从来没有得到过审理。整个体系已经变得常规化和官僚化，对案件的审理十分少见。20世纪60年代中期最重要的研究之一关注了密歇根州1958年的机动车索赔情况。该研究发现，所有机动车事故受害人当中，只有不到1%

的人的案件得到了审理，而这些人几乎全都遭受了严重损害。低额索赔请求几乎从未得到过审理。但即便是那些遭受了严重损害的受害人，其中也有95%的案件从未得到过审理。[①] 对于绝大多数受害人而言，责任保险为之创建了一个行政化的赔偿体系，但该体系却是由律师所操纵，这些律师昂贵的服务增加了驾驶人必须要为责任保险支付的费用。

二　不平等

由于几乎所有的索赔请求都是通过和解解决的，所以赔偿体系主要通过谈判来运行，且对某些类型的受害人更加有利。赔偿过程的动态情况导致了低额索赔请求和高额索赔请求的不同待遇。将大量精力投入相对低额的索赔请求，并不符合责任保险人或原告律师的利益，因为律师费会超过支付给原告的和解赔偿金额。因此，这些索赔请求就产生了一种"阻挠作用"（nuisance value），其结果就是许多此类索赔请求系由最低程度的谈判所解决，且经常连原告律师都没有参与。

保险人的公开立场是，不能仅仅因为赔偿成本比抗辩成本更低，就对索赔请求作出赔偿。的确，树立公正严谨的声誉是符合保险人利益的，保险公司业务部门的内部专业流程也不会允许恣意的赔偿。实际上，1960年，辩护研究所（the Defense Research Institute）出版了名为"对颈部损伤之抗辩"的著作，包含9篇医生和律师所撰写的文章，其目的是强化被告群体对很难证明的"颈部损伤"索赔请求作出抗辩的意愿。[②] 但保险公司内部对于确定某一索赔请求是否合法的经验法则的确也有所变化。传统的经验法则为，"追尾"另一机动车的驾驶人需要承担责任，而几乎无须经过进一步的调查。确定赔偿数额的经验法则也有所发展，赔偿数额的确定主要以索赔人发生的医疗费用数额为基础。正如笔者之前指出的，一项索赔请求一般"价值"索赔人医疗费用的数倍，可能是三倍、四倍或五倍，具体取决于法域和时代。对于所受损失较小的普通受害人来说，侵权损害赔偿并不是其所声称的个性化赔偿程序，其看起来反而非常像通常

---

① Alfred F. Conard et al., *Automobile Accident Costs and Payments* 3 (Ann Arbor, 1964).

② Defense Research Institute, *The Revolt against Whiplash* (Syracuse, N. Y., 1960). 这些文章有诸如"颈部损伤：一个不被接受的医疗术语"和"如何在陪审员听审时阻止'颈部损伤'这一术语的使用"这样的标题。

会忽视索赔请求个案差异的保险赔付。

然而，高额索赔请求经常是值得抗辩的。相较于具有阻挠作用的低额索赔请求，高额索赔请求的原告或其律师获得对其有利之和解赔偿的能力，更多取决于案件本身的价值以及获得陪审团高额裁决的希望，而非保险人作出赔偿的意愿。此外，原告是厌恶风险的，因为他们只有一项索赔请求，而被告的责任保险人则会重复处理索赔请求。责任保险人有很多的索赔请求要处理，因而更加接近于风险中立。[1] 也正是由于这一原因，当涉及高额索赔请求时，和解程序对保险人是有利的。

最后，在其他条件相同时，索赔人遭受的损害越严重，其索赔请求的价值超过责任保险对被告的赔偿限额的可能性就越大。然而，对于超过责任保险赔偿限额部分的和解赔偿或判决赔偿，大多数驾驶人几乎都无力支付。即便保险人愿意在和解赔偿中支付保险单的最高赔偿金额，遭受严重损害的索赔人有可能还是无法获得对其全部损失的赔偿。于是，实践中的操作是，被告购买的责任保险的赔偿限额，决定了过失驾驶所致损害能够得到的最高赔偿金额，而无论侵权法的规定如何。

三　不完全赔偿

即使不考虑对于高低额索赔请求的差别对待，作为赔偿机动车事故受害人的机制，该体系在其他许多方面也是失败的，因为它从一开始就是失败的。只有因第三人过失而受到损害的受害人才有权获得赔偿，非过失事故的受害人无索赔权利。而且，单方事故的受害人也不享有索赔权利，比如那些对车辆失去控制而撞上静止物体的人。这种受害人只能从其适度的机动车医疗费用保险或者任何对其单独承保的健康或失能保险中寻求赔偿，而且对于其身体痛苦和精神创伤的损害，是无法从这些赔偿来源中得到赔偿的。即便受害人系因第三人过失而遭受损害，其也只能在自己没有共同过失时才能获得赔偿。尽管在实践中，该法则的适用可能只是为了降低而非排除赔偿，但这也意味着有过失的受害人得到的是不完全赔偿。而且，直到20世纪70年代，责任保险在许多州都并非强制保险，并非所有的过失被告都有保险或（如果有的话）有足够的承保高额损害赔偿责任

---

[1] See Tom Baker, "Liability Insurance as Tort Regulation: Six Ways That Liability Insurance Shapes Tort Law in Action," 12 *Connecticut Insurance Law Journal* 1 (2005).

的保险。

这些赔偿缺口造成的后果是，大多数受害人都只获得很少赔偿或没有获得赔偿。例如，在一项有关密歇根州的研究当中，所有机动车事故受害人中有63%没有得到侵权损害赔偿，只有3%得到了3000美元或以上的赔偿。而在就侵权行为支付的所有赔偿当中，进入这3%受害人口袋的仅仅略超过55%。① 此外，支付的侵权损害赔偿数额和受害人发生的损失数额之间存在巨大的鸿沟，即便这种损失只是经济损失。这项对密歇根州的研究显示，受害人遭受的总经济损失是17800万美元，但得到的侵权赔偿却只有4600万美元。② 而且，这一鸿沟对于遭受严重损害的受害人而言是最为巨大的，即便将其获得的侵权损害赔偿和非侵权赔偿全部计算在内。在经济损失低于1000美元的受害人当中，有64%的人从包括侵权损害赔偿在内的各种赔偿来源中，获得了对其经济损失超过75%的赔偿。但在经济损失超过25000美元的受害人当中，却只有8%的人从各种赔偿来源中获得了对其经济损失超过75%的赔偿。③

当时的其他研究也得出了类似的结果。④ 而且，几十年后，兰德（Rand）公司进行的一项系统性全国研究确认了这些模式持续了很长一段时间。该研究发现，所有的机动车事故受害人中只有1/3得到了侵权损害赔偿，且该侵权损害赔偿仅填补了受害人22%的经济损失。⑤ 自从哥伦比亚计划于20世纪30年代早期被搁置后，在很长一段时间之内都没有再出现过机动车侵权责任改革的声音。而正是在这些不完全赔偿模式的背景下，发生了机动车侵权责任改革运动的复兴。

第六节　无过失运动

仿照劳工补偿制度，哥伦比亚计划提议对机动车事故适用严格责任。

---

① Conard et al., *Automobile Accident Costs and Payments*, 149.

② Id. at 151.

③ Id. at 179.

④ See, e. g., Clarence Morris and James C. N. Paul, "The Financial Impact of Automobile Accidents," 110 *University of Pennsylvania Law Review* 913（1962）.

⑤ Deborah R. Hensler et al., *Compensation for Accidental Injuries in the United States* 107-108（Santa Monica, Calif., 1991）.

在事故涉及两辆机动车的场合，每一位驾驶人都要向对方承担严格责任。尽管以此种方式排除这种场合下的过失认定可以解决既有体系中的一些问题，但这种做法本身也存在问题。由于每一位受害驾驶人或乘客都必须与另一驾驶人的保险人交涉，同责任保险的谈判与和解体系有关的许多问题，会因采取严格责任的做法而再次出现。

无过失运动始于20世纪60年代，其伟大创新在于提议将第三方责任或严格责任的做法转变为第一方责任或无过失的做法。[①] 该做法系由罗伯特·基顿（Robert Keeton）和杰弗里·奥康奈尔（Jeffrey O'Connell）在1965年的一本书中所提出，此书成为接下来几年所讨论的重要立法的蓝本。这本书从未使用过"无过失"这一专业术语。[②] 但是，1967年，一位名叫迈克尔·杜卡基斯（Michael Dukakis）的年轻立法者将一部提倡实施基顿—奥康奈尔计划的法案引入了马萨诸塞州立法机关，在对该法案进行讨论的过程中，波士顿的一份报纸创造了"无过失"的术语，该术语便由此产生了。

机动车无过失制度（auto no-fault）由两部分构成。首先，过失驾驶的侵权责任会得到部分或全部的豁免。其次，作为对侵权责任的替代，每一位机动车所有人都会购买承保自己与机动车损害相关之经济损失的保险。这种保险保障机动车所有人、经过所有人允许驾驶机动车的人、机动车中的乘客以及因被保险机动车运行而遭受损害的行人，其保险赔偿的给付不以过失为必要。事实上，伴随许多保险单一同售出的医疗费用保险将会被设计得更有广度和深度，并且会成为保险保障中的核心部分。赔偿数额会非常之高，而且除医疗费用外，机动车事故引发的预期收入损失也会得到赔偿。但身体痛苦与精神创伤这样的非经济损失则得不到赔偿。每一

---

① 与现实改革提议的发展几乎同时进行的学术辩论反映于如下文献中：Walter J. Blum and Harry Kalven, Jr., *Public Law Perspectives on a Private Law Problem* (Boston, 1965); Guido Galabresi, "Fault, Accidents, and the Wonderful World of Blum and Kalven," 75 *Yale Law Journal* 216, 225-232 (1965); Guido Galabresi, "The Decision for Accidents: An Approach to Nonfault Allocation of Costs," 78 *Harvard Law Review* 713, 720-734 (1965); Walter J. Blum and Harry Kalven, Jr., "The Empty Cabinet of Dr. Calabresi: Auto Accidents and General Deterrence," 34 *University of Chicago Law Review* 239 (1967); and Guido Calabresi, "Does the Fault System Optimally Control Primary Accident Costs?" 33 *Law & Contemporary Problems* 429, 443-445 (1968).

② Robert E. Keeton and Jeffrey O'Connell, *Basic Protection for the Traffic Victim* (Boston, 1965).

位驾驶人及其乘客只从其个人的保险中寻求对经济损失的赔偿。而且，在仅涉及单个车辆的事故中，尽管不存在须对损失负责的他方当事人，但保险仍要提供赔偿。

无过失制度的批评者基于若干理由对该项提议表示了反对。他们认为，仅仅是排除遭受轻微损害的受害人的侵权赔偿权利，就已经令人感到不快了，排除或减少遭受更大损害之受害人的侵权赔偿权利，则更是完全令人无法接受。而且，减轻过失驾驶人的责任会破坏侵权责任的威慑效应。他们还声称，剥夺对受害人身体痛苦与精神创伤的赔偿是不公平的。

除了该议题的实质性意义外，对无过失制度的讨论还包含着现实的政治意涵。排除或限制侵权责任会使原告律师失去一项重要的收入来源。20世纪60年代末，有组织的原告律师在某些州已经形成了一股重要的政治力量，他们可能会因此反对无过失制度。此外，原告律师认为，即便是实行一种弱化版本的无过失制度，它也会成为当时政治环境下的"骆驼的鼻子"，可能会引发更多令人反感的侵权法改革。正如我们在接下来的两章中会看到的，20世纪70年代，当全国都在严肃讨论机动车无过失制度时，医疗过失责任和产品责任也开始引发争议。在这两个领域中，索赔请求的发生频率和严重程度在当时都处于增加状态，限制这两种责任的改革提议也开始出现。由于原告律师不想让机动车无过失制度的推行成为其他领域未来侵权法改革的样板，又或者对改革的支持者形成鼓励，所以对于限制机动车受害人侵权赔偿权利的立法尝试，他们的反对比以往更加激烈。

在原告律师的该项政治反对之下，通过无过失制度的州在基顿和奥康奈尔所提议之内容的基础上进行了一定的妥协。侵权责任会得到一定程度的废除，但遭受严重损害的受害人依然可以提起侵权诉讼。索赔数额较小的索赔人只能求诸无过失保险；索赔数额在"临界值"以上的索赔人则依然保有提起侵权诉讼的权利，并可以获得针对非经济损失的赔偿，以及超过无过失保险保额的经济损失赔偿。

20世纪70年代，有16个州实际通过了无过失制度的法案，这些法案采用了"金钱"和"语言"两种不同的临界值确定标准。前者规定，临界值以上的索赔，意味着索赔人发生了超过一定数额的医疗费用；后者规定，临界值以上的索赔，意味着受害人遭受了"严重的"损害，这种损害一般是指除简单骨折以外的硬组织损伤和肢体功能的丧失，以及其他类似损害。

潜在的索赔请求中只有一小部分符合语言临界值的要求。然而，提起侵权诉讼必须要满足的金钱临界值之间却差异巨大，而这种差异也反映了不同无过失计划在实践中的重大差别。在某些州，低至500美元医疗费用的金钱临界值允许大部分索赔人提起侵权诉讼。然而，金钱临界值高达5000美元医疗费用的某些州，则使一大部分原本可以提起侵权诉讼的人丧失了起诉的权利。

各州规定的无过失保险的保额差异也非常之大。一些州仅仅要求购买2000美元保额的无过失保险，而一些州则要求购买50000美元或更高保额的保险。索赔人可以获得的无过失保险的赔偿数额越高，其提起诉讼的可能性就越低，即使其索赔符合临界值的要求，因为侵权赔偿中总要扣除无过失保险赔付的保险金。例如，经济损失已经得到无过失保险全额填补的索赔人，在侵权诉讼中将只能获得针对非经济损失的赔偿。

因此，购买2000美元保额之无过失保险这一规定，几乎仅仅只是将非常低额的索赔请求排除出了侵权法体系。可是，即便没有无过失保险，许多这样的索赔请求也都是通过和解解决的。向无过失制度的转变，仅仅只是降低了此类索赔请求的价值，并将赔偿主体从其他驾驶人的保险人转变成了某人自己的保险人。要求购买更高保额的无过失保险可以抑制更多的索赔人起诉，但这又会同某种隐含的立法妥协相抵牾，这种立法妥协的意旨在于允许原告律师保留高价值的侵权案件。

此外，作为批评机动车无过失制度的主要学者，沃尔特·布卢姆（Walter Blum）和哈里·卡尔文（Harry Kalven）在当时指出，要求购买更高保额的无过失保险可能会引发一种极其不受欢迎的递减型（意为对富人影响比对穷人小）保费结构。① 由于无过失保险赔付的不仅有医疗费用，还有预期收入损失，所以中高等收入保单持有人遭受的损失，可能会比低收入保单持有人遭受的损失更高。为避免低收入保单持有人对更高收入保单持有人的递减型交叉补贴，要么须令高额保险的保费同保单持有人的收入相适应，要么须对无过失保险补偿的每周预期收入损失规定一个较低的限额。

将保费同收入相适应来避免这种递减后果，将是一种太过烦琐的做

---

① See Walter J. Blum and Harry Kalven, Jr., "Ceilings, Costs, and Compulsion in Auto Compensation Legislation," 1973 *Utah Law Review* 341.

法。但是，通过对无过失保险设置较低的赔偿限额规定来限制这种递减后果，也会引发另一问题。既然中高等收入的保单持有人可能已经购买了健康保险和失能保险，或者他们只要愿意，就可以自愿购买这两种保险，那么为什么还要要求其购买与这两种保险相重复的承保低额医疗费用和预期收入损失的保险呢？一个不太有吸引力的答案是，无过失制度其实是为了间接要求低收入驾驶人购买低额医疗费用和预期收入损失保险，因为低收入驾驶人拥有针对此类损失之保险赔偿来源的可能性要远远低于中高等收入的驾驶人。就此而言，无过失制度等同于强迫穷人购买其本来可能不会购买或者不能购买之保险，因此成为一种家长式的工具。

然而，通常不要求购买高额无过失保险的另一项理由是，无过失计划并非一项全新的制度。相反，它们是作为侵权法体系的替代物被设计出来的，其特征的构建是为了解决侵权法体系的某些令人不满之处。如果小的索赔请求因为其阻挠作用得到了不成比例的赔偿，那么规定相对低的临界值和无过失保险的赔偿限额就可以解决这个问题。但如果要解决的难题还有涉及严重损害的小部分索赔请求的不完全赔偿的话，强制要求购买更高数额的无过失保险才有助于解决该难题。

所以，在实行低额无过失保险和高额无过失保险的州里，侵权法体系都是改革的参照标准。似乎无人会去考虑废除或限制侵权责任，并在之后允许人们购买其需要或想要的范围广泛的健康保险与预期收入损失保险，尽管这是一套可行的侵权法替代方案。更确切地说，侵权法体系的既定结构框架往往会拘束改革者的制度设想，以及限制侵权法替代机制的政治可行性。

20世纪70年代早期，关于无过失制度的斗争几乎发生在美国所有的州。先是原告律师动员反对无过失制度；随着时间的推移，一些保险人倾向于支持无过失制度，尽管其支持通常并不积极，其他的保险人和交易机构则反对无过失制度。有时，各方对该问题的情绪十分激烈。原告律师会将坐在轮椅上的机动车事故受害人推进举行立法听证会的房间，并且请求不要对受害人的权利作出限制。而且，论战中的言论有时会超出控制。例如，美国律师协会"过失侵权、保险与损害赔偿"部门的一位特别委员对无过失制度持反对态度，部分是基于"过失责任的原则来自我们每一个人都要为自己的行为向上帝负责这一宗教信仰"这一理由。[1]

---

[1] "The Drama with a Cast of 100 Million," 4 *Trial* 26 (February/March 1968).

但在此期间，消费者运动开始积聚力量，媒体也常常会被无过失改革的想法所吸引，两者都支持无过失改革并对之大力宣传推广。根据杰弗里·奥康奈尔的回忆，他曾经向考虑是否实行无过失制度的立法委员提供过证言。时常在安排好的作证日期的前一天，当他到达某一个州首府的机场时，就会发现有当地电视台记者带着摄像机在那里等候采访他。当天晚上，他会在晚间新闻中看到一个关于无过失制度的故事，而且会有更多的公众对该想法持支持态度。

尘埃落定之时，16个州已经实行了某种版本的无过失制度。4个州则自此废除其无过失制度立法。有趣的是，在实行无过失制度的所有州当中，这4个州之前规定的金钱临界值是最低的，其成文法产生的影响因此也最小。肯塔基州、新泽西州和宾夕法尼亚州修改了其立法，实行了以不同方式将侵权法规定为"任择"适用而非强制适用的"任择"计划。其他一些州制定了强制医疗费用保险的成文法，因而创设了有时会被误导性地称为"附加"无过失制度的制度。在这些州，侵权责任得到了完全的保留。每一份责任保险单中都增加了一项有限的无过失保险赔付。

但是，自1976年开始，没有一个州采纳真正的无过失计划。该想法从产生到被采纳，及至在约12个州中稳固确立，最后一直到废止，全部都发生在10年的时间里。然而，和劳工补偿制度一样，机动车无过失制度同样也是思考其他侵权法领域之改革的模板，如医疗过失责任领域和产品责任领域。故此，无过失制度未能取得成功的原因是值得研究的，这不仅仅是因为它们本身有研究价值，还因为它们能够告诉我们其他领域类似改革的前景如何。

第七节 "无可争议的"想法的消亡

在无过失制度无法在全美施行得到明确之前，即将成为参议员的丹尼尔·帕特里克·莫伊尼汉（Daniel Patrick Moynihan）把无过失制度称为"20世纪60年代没有争议的一项成功改革"[①]。但后来证明，莫伊尼汉的

---

① 参见丹尼尔·帕特里克·莫伊尼汉为杰弗里·奥康奈尔的书所作之序言，Jeffrey O'Connell, *Ending Insult to Injury: No Fault Insurance for Products and Services* x-xi (Urbana, Ill., 1975)。

这一看法是完全错误的。有关其错误的解读不仅对机动车侵权责任领域具有启发意义,而且对侵权法与保险在20世纪最后25年里不断发展之关系的本质同样具有启发意义。

对无过失制度的政治反对逐渐占据上风,造成此种局面的最重要因素共有四项。第一,原本施行机动车无过失制度的州逐渐抛弃无过失制度,预示着一个独立的法律时代即将终结。在大致从20世纪30年代中期到80年代中期的50年时间里,首先是法律学者,最后是法院,他们都对过失责任体系越来越不抱有幻想。一段时间里,过失责任体系似乎会被严格责任完全推翻和取代。但就在关于无过失制度的辩论进行得最为激烈时,这一时代走向了其终点。无过失制度所发生的情况是对整个侵权法体系将要发生之情况的预示。

当过失责任在学术界声名狼藉之时,法律学者们发展出了严格企业责任理论,提出企业无论是否具有过失都要对其活动承担责任,尤其是对其产品导致的损害。20世纪60年代,法院接受了学界的理论,并采纳了对于产品缺陷的严格责任。1970年,其他领域似乎也发展到了可以实行类似转变的成熟地步。但由于政治和经济上的原因,20世纪80年代,严格责任的轨迹变得完全平直起来。保守主义革命导致任命的法官全是一些反对企业责任的人。而且,20世纪70年代中期和80年代中期发生的责任保险"危机"显示了扩张责任的代价。在这些情形下,机动车无过失制度看起来几乎像是一项新的福利项目,而这正是20世纪80年代的主流观念所强烈反对的。

尽管无过失制度在某种意义上正好是严格责任的反面,毕竟其重要特征使其至少是"无责任"体系的一部分。但从另一种意义上而言,二者也有一些重要的共同特征。和严格企业责任一样,机动车无过失制度反对将过失作为意外人身损害责任的基础。和严格责任一样的是,无过失制度对过失标准的否定,在很大程度上系由对确保受害人获得赔偿的关切所推动,这种关切限制了对过失行为导致之损害的责任。

然而,尽管严格责任与机动车无过失制度存在如此重要的共同点,但二者面临的政治局面却是非常不同的。同原告律师当然支持的严格责任的扩张相比,机动车无过失制度为原告律师所反对。严格责任可以使原告更易获得侵权损害赔偿,而机动车无过失制度则会使之更加困难。而且,由于这些差异的存在,原告律师可以预期的律师费也产生了差异。1980年前后，对过失责任的批判与对严格责任的支持开始减弱，本会逆流推动严格责任实现的原告律师，实际上却加入反对机动车无过失制度的潮流中。因此，20世纪70年代，在原告律师和其他机动车无过失制度的反对者能够阻止无过失制度得以通过的一些州里，无过失制度的法律环境和政治环境在几年内都发生了改变，无过失制度并没有通过的机会，因为扩张赔偿权利的推动力量被普遍地中断了。[1]

第二项妨碍无过失制度传播的因素很是讽刺，这就是无过失制度并不能明显节约成本。无过失制度的支持理由之一一直是它会比侵权损害赔偿的制度成本更低，因为它不会涉及过失责任体系中高昂的运行成本和诉讼费用。当后来证明这种新制度的成本并没有明显低于其所替代的制度时，无过失制度支持者面临的制度通过之路就更加崎岖了。这种困难系由一种重要的妥协所造成，而这一妥协对于无过失制度的通过是必要的。由于无过失制度保留了对最严重人身损害和所有财产损失索赔的侵权责任，故其规定责任保险和无过失保险都要购买。所以，仍然有必要购买的责任保险与现在还必须购买的无过失保险，二者的成本加起来超过了无过失制度支持者预期的成本，就一点也不令人惊讶了。这样的结果就是，责任保险无须再承保为侵权法所排除的低额索赔请求产生的净成本节约，并不足以为无过失制度提供充分的支持理由。在第二批考虑确立无过失制度的州中，这一经验对无过失制度是非常不利的。

第三项因素是，随着时间的推移，一些研究表明，实行无过失制度的州的事故率要高于实行过失责任的州，尤其是死亡事故率。这种影响是微不足道的，而且研究结果也并不确定（一些研究还表明无过失制度并没有增加事故率），但在仍然考虑是否要确立无过失制度的州里，无过失制度的实行有可能在事实上导致了机动车损害的增加，这一点对于无过失制度同样是不利的。[2]

第四项也即笔者认为最重要的因素是，自提出哥伦比亚计划的时代以

---

[1] For discussion see G. Edward White, "The Unexpected Persistence of Negligence," in his *Tort Law in America* 244-290 (New York, expanded ed. 2003).

[2] 对这些研究的分析总结道，"实行无过失制度的州的事故率和驾驶人过失率似乎一般低于实行侵权责任体系的州……几乎没有理由相信，无过失保险影响了绝大多数驾驶人安全驾驶的激励"。David S. Loughran, *The Effect of No-fault Automobile Insurance on Driver Behavior and Automobile Accidents in the United States* 37 (Santa Monica, Calif., 2001).

来，机动车侵权责任改革的核心理由一直是过失责任体系导致了机动车事故赔偿体系的缺口。正如笔者之前所述，机动车保险多年来的自我发展已经填补了其中的部分缺口。综合条款和DOC条款有助于将责任保险扩大适用于更多的驾驶人。当保单持有人对第三人的索赔请求无法得到满足时，无保险驾驶人险为保单持有人的损失提供了赔偿。医疗费用保险为驾驶人及其乘客提供本质上是无过失医疗保险的小额赔偿。但对于无过失制度的支持者来说，这些工具仍然是保障不足的。其中的一些工具将第三人的过失作为赔偿的前提条件，因而也需要容忍这种做法伴随的赔偿缺口。其他工具（如医疗费用保险）同样是保障不完全的，因为它们通常提供的只是很小的赔偿数额，且只适用于机动车损害导致的医疗费用，而不适用于由此导致的预期收入损失。

然而，在对无过失制度争论得最为激烈的20世纪70年代中期，其他重要和高额的保险来源越来越多地可被用于赔偿机动车事故受害人的医疗费用和预期收入损失。公共或私人健康保险承保的人口比例在当时达到了80%以上；对于因遭受与工作无关的机动车（或其他）损害而可能丧失的预期工资收入，许多雇员都拥有至少覆盖部分损失的病假补偿金；很小但又不可忽略的一部分中高等收入人群拥有私人长期失能保险的保障；在永久性完全残疾的情形下，"社会保障失能保险项目"（the Social Security Disability Insurance Program）为大多数人提供了最低生活保障水平的收入损失填补。

因此，在机动车无过失制度本可能最具吸引力的时刻，由于相关非机动车之赔偿来源的出现，"可以填补赔偿体系之重大缺口"这一无过失制度的重要支持理由，在许多人看来已经极大地失去了其说服力。遭受导致其住院数日或停工数周之损害的一般中产阶级驾驶人，可能并不需要利用无过失机动车保险来补偿其大部分医疗费用，或数日甚至数周的预期收入损失，其健康保险和积累的病假补偿金或许可以填补这些损失中的很大一部分。只有那些得不到此类健康保险和失能保险的穷人，才可能需要机动车无过失制度，实际实行无过失制度的大多数州的成文法规定的保险保额都较低，也间接说明了这一点。

总之，随着以无过失制度替代过失责任之主张的吸引力减退，原告律师的反对，以及针对许多驾驶人大部分之损害的其他赔偿来源的出现，无过失制度只有通过证明其成本节约作用远远高于过失责任体系，才能取得成功。然而，尽管其支持者曾经作出过此等尝试，但他们始终无法以节约成本为理由推翻过失责任体系。事实上，20世纪90年代末，试图在联邦层面建立任择性无过失制度的努力，遭到了消费者维权者拉尔夫·纳德（Ralph Nader）的反对，其理由在于，机动车保险的成本在实行无过失制度的州里已被证明是最高的。[①] 该项指控的准确性一直是不确定的，但其无法被断然反驳的事实，反映出了无过失制度剩下的支持者如今所面临的难题。

最后，当理论上仍然支持无过失制度的责任保险人最终放弃支持时，除了其已经得到确立的12个州以外，无过失制度在其他州实际上彻底消亡了。责任保险人发现，他们推动的这项改革，要么压根就不可能获得通过，要么一旦得以通过就要在各州面临合宪性之诉的挑战，其制度效用将处于长期不确定的状态。既然如此，那这项改革就似乎意义不大。

第八节　当代的情况

尽管无过失制度从未能以成本节约为由推翻过过失责任，但责任保险的成本作为一项政治议题并没有消失。相反，自无过失运动停滞后的30多年里，机动车保险的成本一直都是与机动车侵权责任相关的主要议题。例如，在加利福尼亚州于1988年就第103号提议进行的一项极具争议的投票中，选民狭隘地选择了将责任保险的费率回复到低于前一年至少20%的水平，而没有选择实行无过失制度。[②] 1990年，亚利桑那州就无过失制度进行了投票，结果85%的选民投了反对票。1996年，加利福尼亚州的选民再一次对无过失制度投了反对票。而且，在此期间新泽西州的很多次州长竞选中，机动车保险的成本一直都是一项重要的议题。

然而，尽管其经济重要性十分显著，但机动车侵权责任在很大程度上已经不再处于侵权法改革的争论焦点之中。第一项原因是，其他领域作为

---

① 116th Cong., 1st Sess., Hearing before the Committee on Commerce, Science, and Transportation, U.S. Senate 24-25 (June 9, 1999). 然而，杰弗里·奥康奈尔仍然坚持且创造性地提议，对任择性无过失制度进行一定变更。See, e.g., Jeffrey O'Connell and John Linehan, "Neo No-Fault Early Offers: A Workable Compromise between First and Third-Party Insurance," 41 *Gonzaga Law Review* 103 (2005/2006).

② See Calfarm Ins. Co. v. Deukmejian, 48 Cal. 3d 805, 771 P. 2d 1247 (1989).

职业玩家的被告所努力促成的侵权责任法改革也促使机动车侵权责任本身发生了一些变革。例如，20世纪80年代中期，在责任保险"危机"影响到了商业保险的经营之后，几十个州陆续通过了侵权改革的成文法，笔者会在接下来的章节中对此详加叙述。最普遍的改革是对非经济损失和惩罚性赔偿的限额规定。① 尽管这些改革的实现系由机动车侵权责任领域以外的发展所推动的，但改革通常系被规定在对各侵权法领域普遍适用的成文法之中。因此，机动车侵权责任受到了适用于整个侵权责任领域之改革的影响。

机动车侵权责任不引人注目的第二项原因是，尽管对于机动车人身损害索赔请求的平均赔偿数额在1980年和1993年之间扩大了不止两倍，② 但在接下来的10年中，该数字的增长仅仅略超过了10%。③ 相应地，在此期间，全美机动车侵权责任保险的平均费用也只有适度的增加。④ 当全美健康支出扩大了不止两倍时，此期间赔偿数额的增加却相当之小，这可能使笔者提出的"医疗费用的提高会对常规侵权索赔请求的和解赔偿数额产生乘数效应"这一理论显得十分尴尬。但几乎绝无仅有的是，机动车索赔请求受到了各州强制保险规定设置的自然赔偿限额的限制。该限额一般是每位索赔人10000—25000美元，而且大部分州多年来一直都没有提高其强制保险的最低保额规定。⑤ 大多数驾驶人只能凭借机动车侵权责任保险支付索赔请求，且大多数驾驶人只购买了法定的最低保额的保险。因此，由于这种自然赔偿限额的限制，许多索赔请求无法得到更多的赔偿。当大多数索赔请求能够获得的有效保险赔偿数额保持在稳定且较低的水平时，可以预计平均赔偿成本也只会发生略微的增加，即便实际损失是有所增加的。而且，在笔者看来，这正是实际发生的情况。责任保险可提供的赔偿数额，对机动车侵权责任索赔请求可获得的损害赔偿金额形成了

---

① 关于这些改革的目录，see Joseph Sanders and Craig Joyce, "'Off to the Races': The 1980s Torts Crisis and the Law Reform Process," 27 *Houston Law Review* 207, 217-223 (1990)。

② Insurance Research Council, *Trends in Auto Injury Claims* 4 (Wheaton, I 11., 2d ed., 1995).

③ Insurance Information Institute, *Insurance Fact Book* 2006 49 (New York, 2006).

④ Id. at 43.

⑤ 关于各州对这些规定的突破，参见 the Insurance Information Institute website, www.iii.org/media/hottopics/insurance/compulsory/。

实际的限制,且可获得的保险赔偿数额在大多数情况下并没有提高。

机动车侵权责任在很大程度上处于关注之外的第三项原因是,机动车侵权责任中的政治力量并不能被清晰地划为支持改革和反对改革的两派利益群体。在产品责任和医疗过失责任这样的领域,潜在被告知道自己的身份,也知道自己面临着非常大的责任风险。然而,在机动车侵权责任领域,除了拥有大量机动车的个别企业外,并不存在系统地面对灾难性责任风险的机动车侵权责任被告。而且,大多数潜在的机动车侵权责任被告同时也是潜在的原告。至少部分由于这项原因,对于无过失制度这样的改革是否值得支持,代表普通驾驶人利益的消费者维权者之间一直存在分歧。其他普通驾驶人的权益维护者——原告律师,当然会把普通的受害人而非普通被告作为其潜在客户。此外,机动车侵权责任保险人通常最多只是侵权法改革不积极的支持者。故此,在机动车案件的潜在被告当中,并不存在侵权法改革的自然支持者。

第四项原因是,在普通人的生命中,发生机动车事故已经成为一件不幸但又寻常的事情,就像大树倒落在屋顶上或者需要进行膝关节手术一样。而且和这两种事故一样,保险将许多本来会造成重大财务灾难的事故转变成了仅仅是个人的一种不便。对于大多数人而言,为机动车保险支付大笔金钱已经成为其必要生活成本的一部分。处理机动车事故的整个保险和责任体系已经如此深入我们的生活当中,以至于其几乎是透明的。对于某一责任领域的常规化和程式化如何将某一责任从公众关注的台前转到幕后,机动车侵权责任是其首要例证,尽管其中有时会涉及数额巨大的金钱。

如今,大多数州要求驾驶人购买的较低保额的责任保险,减轻了机动车侵权责任保险的费率压力。但随着时间的推移,前者的保额也会提高。当保额提高时,保费自然也会提高,这不仅是因为更高的保额导致了保险人更多金钱的支出,还因为可用于赔偿索赔请求的金钱变多了。因此,平均的和解赔偿金额也会不成比例地增加,因为保险的可获得性抬高了索赔请求的价值。此时,机动车侵权责任保险的费用会再次成为一项重要的议题,就像其曾经在城市化的州中所经历的一样,由于索赔频率的增加,保险费率也随之提高。

因此,机动车保险的和解程序,健康保险不断提高的费用,侵权法对损害赔偿的计算方法以及这些现象之间的相互作用,共同构成了体系的结构特点，该体系有时无可避免地会对侵权和解赔偿和裁决赔偿的金额产生上涨压力。该体系也为软组织损伤医疗费用索赔的欺诈或至少虚报提供了有吸引力的机会，而这种损伤会对非经济损失的损害赔偿产生乘数效应。[1] 只要该体系的这些结构特点存在，侵权法规则的改革就不可能会对机动车保险的成本或该体系的运行方式产生重大影响。

然而，机动车无过失制度作为近 50 年来唯一真正重要的机动车侵权责任改革，目前看不到向其如今仍在实行的部分州以外传播的希望，而且即便是在这些州里，它本质上也是侵权法和无过失制度的杂糅。对于支持根本性改革的人而言，无过失制度的实践应当是值得深思的前车之鉴，这不仅对于机动车侵权责任领域如此，对于侵权法体系的其他领域也同样如此。并非所有阻碍机动车无过失制度传播的因素都出现在了医疗过失责任和产品责任这些领域当中。但正如我们在接下来两章中将看到的，责任与保险在这两个领域相互作用的特点，也影响了这两个领域的运行方式及改革前景。

---

[1] Stephen Carroll and Allan Abrahamse, "The Frequency of Excess Auto Personal Injury Claims," 3 American Law and Economics Review 228 (2001)（该文发现，软组织损伤的损失超过不存在费用欺诈或谎报情形时的预计损失的部分高达 40%）。

第四章 医生的困境：医疗过失责任与健康保险体系

上一章显示，机动车侵权责任具有十分重要的经济意义，但却缺乏相应的政治关注度。而医疗过失责任则恰好相反，尽管其在经济上的重要性看似极小，但却在政策性辩论中占据了与其经济意义完全不成比例的重要地位。在医疗卫生总支出中，用于医疗过失责任保险的仅占非常小一部分。但自20世纪70年代起，已经发生了三次"危机"。这些"危机"在短期内影响医疗过失责任保险的供给和价格，而在长期内肇致侵权法的立法变革。第三次危机使该问题在2004年的总统竞选中成为显著的公共议题，并引发了诸多有关联邦医疗过失责任法改革的重要提议。

尽管与医疗过失责任和医疗过失责任保险有关的讨论是如此热烈，但相关结论却并不明晰。对于医疗过失责任对医生行为之影响（无论是正面的还是负面的），目前尚无确切的或者极具说服力的实证证据。例如，相关研究还无法区分健康保险、对医疗过失责任这一威胁作出过度反应的防御性医疗[1]，以及同样由该威胁导致的医疗服务品质的高效益提升这三者的单独影响。此外，研究医疗过失行为和医疗过失诉讼之关联的资料也显示，有大量的医疗过失行为并未引发诉讼，而在一些医疗过失诉讼中，实际却不存在医疗过失行为。概言之，对于侵权责任或保险对医疗服务的影响，尚未有定论；对于医疗过失行为对医疗过失责任之发生的影响，已有资料也无法表明二者之间存在必然联系。[2]

---

[1] 防御性医疗（defensive medicine）是指医生担心因医疗过失被起诉而让病人做过多的化验、检查和手术等。——译注

[2] 对这些研究的讨论，see Tom Baker, *The Medical Malpractice Myth* 118–137 (Chicago, 2005); Michelle M. Mello and David M. Studdert, "The Medical Malpractice System: Structure and Per-

然而，近30多年里通过或提议的医疗过失改革，几乎全都被设计为通过缩小医疗过失责任范围或减少可赔付的医疗过失损害，来降低医疗过失责任保险的保费。这些改革背后未曾言明但又显而易见的假设是，改革不仅不会使最为重要的东西丧失，反而可以额外获得某些重要的东西。许多改革在其对医生或患者的实际影响完全不明的情况下获得通过的事实，证明了保险在医疗过失责任领域的核心地位。某些改革仅仅凭借可以控制或降低医疗过失责任保费这一潜在作用，就足以获得信赖，有时还足以被立法通过。但是无论这些改革在很长一段时间里可能对医生和患者产生何种影响，这种影响在30年后也依然没有完全明确，不过多个州医疗过失责任的保费都在持续增长，支付保费的主体一直在抗议保费过高，对于进一步改革的需求也始终未曾间断。

美国每年的医疗卫生支出总额为将近2万亿美元。但医生每年支付的医疗过失责任保险的保费总额却最多在160亿美元左右——不到医疗卫生总支出的1%。即便加上医院支付的医疗过失责任保险的保费，也最多只能达到医疗卫生总支出的2.5%。那么，医疗卫生体系中一个经济意义如此微小的问题为何能引发如此多的持续性和长期性争议呢？

答案在于，医疗过失诉讼以及医疗服务的历史与结构对医生具有协同影响。医疗过失责任的法律规则极其有利于被告，故从理论上而言，同一般侵权诉讼中的被告相比，医生得到的保护要更多。然而，由于美国医疗服务的特质和医疗过失责任规则在实践中的适用方式，法律从未在医疗过失责任方面为医生提供其所期望的保护。1960年以前，只有1/7的医生在其整个职业生涯中经历过一起医疗过失诉讼。现在，平均有1/20的医生每年就会经历一起诉讼。在决定某一领域的特征方面，该领域的基本结

（接上页）formance," in William M. Sage and Rogan Kersh (eds.), *Medical Malpractice and the U. S. Health Care System* 17-21 (New York, 2006); David A. Hyman and Charles Silver, "The Poor State of Health Care Quality in the U. S.: Is Malpractice Liability Part of the Problem or Part of the Solution," 90 *Cornell Law Review* 893, 937-942 (2005); Tom Baker, "Reconsidering the Harvard Medical Malpractice Study Conclusions," 33 *Journal of Law, Medicine, and Ethics* 501 (2005); David M. Studdert, Michelle M. Mello, and Troyen A. Brennan, "Medical Malpractice," 350 *New England Journal of Medicine* 283 (2004); Patricia M. Danzon, "Liability for Medical Malpractice," in Anthony J. Cuyler and Joseph P. Newhouse (eds.), 1B *Handbook of Health Economics* 1339, 1368 (New York, 2000)。

构如何能够成为比调整该领域的法律规范更为重要的因素，医疗过失领域便是十分有力的诠释。

医疗过失责任保险的保费在医疗卫生总支出中所占比例的确很小。但是保费水平一直处于变动之中，而且这些保费绝大部分是由约100万名个体医生以自己的收入来承担的，这些医生的收入在医疗卫生总收入中仅占15%。所以，比起直接向3亿患者收取费用，或者医生在保费增加后将费用转移给患者，由医生们自己支付每年160亿美元的保费能够发挥更加重要的作用。

然而，讽刺的是，医生的地位越来越脆弱，至少部分是由于他们对某种发展的长期抵制，这种发展本可以促成国家医疗服务提供方式的转变，而且这一转变可以为医生提供比现在更多的医疗过失责任方面的保护。但与此相反的是，正如我们在本章中将会看到的，医学界自治团体（organized medicine）多年来一直坚持要求健康保险按照医疗服务项目（fee-for-service）付费，同时还要求保持医生的专业和经济自主权。

这一立场使医生在医疗过失责任体系中处于现在的位置。在面对可能以国民健康保险形式出现的左派威胁和机构医疗模式造成的右派威胁时，医生通过保持自主权的抗争，导致自己直接暴露在了医疗过失责任风险之中。只要大部分医生继续基本以不会受到政府和大型机构控制的、个人或小的独立团体形式从事诊疗活动，医生个人就很难摆脱与其位置相伴而生的责任方面的不利影响。

第一节　现代医疗过失责任的产生

任何一个人哪怕只是迅速浏览一下美国的医疗过失责任发展史，都会发现一个重复的现象：医生总在抱怨医疗过失诉讼与日俱增。医生一直认为自己面临着被诉危机，这种想法自南北战争以来到现在几乎从未中断过。康涅狄格州的一位医生沃辛顿·胡克（Worthington Hooker）早在1849年就指出："人们似乎一致认为，任何人都有资格从自己的立场出发评判医生的专业声誉，无论其声誉是高是低。"尽管医疗过失对医生而言是一项严重的指控，但在胡克看来，"不假思索就提起这项指控的行为是极其普遍的"①。医疗过失诉讼在南北战争期间和之后短暂停滞后,于19世纪70年代卷土重来并继续增长。现在看来,当时的诉讼数量并不是很多,但职业尊荣感使医生一直对被诉格外敏感。

19世纪很长一段时间里,美国医学界都是由受过教育和未受过教育的医生、顺势疗法的践行者、其他重要派别的拥护者和江湖医生组成。这些群体的竞争体现在医疗过失诉讼中。在诉讼中,一个群体的医生可以作为专家证人相当自由地提供不利于另一群体医生的证言。直到19世纪的最后25年,现代医学院才得以建立,州医生执照的规定才开始确立,受过大学教育和医学院训练的医学博士也才开始产生。之后,医生的社会地位得到提升,并开始积极地捍卫其专业地位。

一 专家证言问题

在该问题上,有两项因素共同影响医疗过失责任法规的范围和适用,且每一项都限制了医生的医疗过失责任风险。第一,由于传统的医学博士开始在医疗服务中占据主导地位,医生之间的竞争开始减弱,或至少变得更为温和。因此,医生在医疗过失诉讼中提供不利于彼此证言的意愿也相应减轻。第二,由于出现了一个由医学博士组成的可以清晰识别的、独立的职业共同体,法院也发展出了更多规定专家证人资格的具体规则。

在这些规则中,主导规则是只有来自被告所在地的有执照的医生才能在医疗过失诉讼中作为专家证人,因为专家证言针对的问题是被告是否遵守了其所在地的职业规范。这项众所周知的"严格所在地"规则给潜在的原告造成了极大障碍。原告只有得到专家为其提供的证言,其提起的诉讼才能进入陪审团审理程序,但由于专家证人必须是被告所在地的医生,而医生这一职业共同体又逐渐趋于同质化且越来越团结,因此原告要获得专家证言相应就变得更加困难。该职业共同体不仅能够决定其准入条件,还可以控制其可能遭受的诉讼。这一事实可借用本·富兰克林(Ben Franklin)的话加以概括,"如果某地的医生团结一致,他们每一个人都不会遭受不利"。

尽管如此,还是会有人提起医疗过失诉讼,医生也需要诉讼代理服务。大约在20世纪初,责任保险人开始销售医疗过失诉讼抗辩费用保险,

---

① Worthington Hooker, *Physician and Patient* 277 (New York, 1849).

一些医疗协会也为其会员提供免费的抗辩。① 但该做法并不能为那些和解的或履行败诉判决的医生提供保护。20 世纪初之后的不久，出现了一些同时承保损害赔偿金和抗辩费用的保险，但其在此后至少 10 年里并未成为主要的险种。② 然而，到了 20 世纪 20 年代，传统的医疗过失责任保险不仅承保医生对索赔请求的抗辩费用，还承保医生向受害患者支付的损害赔偿金。相较于单独的抗辩费用保险，这种做法赋予了传统责任保险一个非常显著的优势，责任保险因而开始对医生变得愈加富有吸引力。

医疗过失责任保险的传播后来被证明是该领域一起十分重要的事件。医生的责任有保险保障这一广泛认知最终增强了患者起诉的意愿和陪审员追究医生责任的意愿。事实上，侵权法非常重视这一影响，以至于长期以来在大部分法域，仅仅是提到被告拥有责任保险的事实，就足以导致陪审团作出被告败诉的不合法裁决。此外，一旦医生开始必须依赖于医疗过失责任保险，其职业幸福感就会受到为保险公司控制的保险市场的影响。医疗过失责任领域在 20 世纪 70 年代开始受到危机的持续影响，而保险市场的波动性正是危机的主要促因。

20 世纪中叶，医疗过失诉讼变得常规化。事实上，凡是了解当时医生不满情绪的人，都非常熟悉当时评论文章（note）中与此相关的内容。1940 年，《弗吉尼亚法律评论》的一篇评论文章开篇即言："医疗过失诉讼在近年来变得愈加频繁。"③ 1957 年，《斯坦福法律评论》中的一篇文章也以相似的方式开篇："过多的医疗诉讼给医疗活动的进行造成了威胁，与重要医疗组织举行会议的新闻报道反映出医生对这一威胁的普遍担忧。"④ 六年后，《哈佛法律评论》在其分析报告的第一句话里同样重复了这一信息："近年来医疗过失诉讼和判决的增长令人惊讶。"⑤

然而，那些认为医疗过失责任被施加了过多限制的人的反应却恰恰相

---

① 对这种抗辩费用保险的介绍，see State ex rel. Physicians' Defense Co. v. Laylin, 76 N. E. 567 (Oh. 1905), and App. Ct. v. Physicians Defense Co., 126 Ill. App. 509 (1906)。

② "A Happy Device," *Washington Post*, July 29, 1904, 6; Sutherland v. Fidelity and Cas. Co. of New York, 175 P. 187 (Wash. 1918); App. Ct. v. Fidelity and Cas. Co. Of New York, 209 Ill. App. 284 (1917).

③ Note, "Problems of Negligent Malpractice," 26 *Virginia Law Review* 919 (1940).

④ Note, "The California Malpractice Controversy," 9 *Standard Law Review* 731 (1957).

⑤ Note, "Medical Malpractice and Medical Testimony," 77 *Harvard Law Review* 333 (1963).

反。法律给原告设置的障碍得到了越来越多的审视。原告律师将原告获取专家证言的难度作为批判重点，把医生不愿做对其同行不利证明的行为称为"无声的合谋"。这一情况可谓人尽皆知，也因而得到了上诉法院的关注。例如，1951年，加利福尼亚州最高法院就指出："众所周知，任何县医疗协会的会员都极度不愿意在医疗过失诉讼中提供对其同行不利的专家证言……作为医疗协会会员的医生在针对其同行提起的医疗过失诉讼中会团结一致，因为专家证言，为原告作证的医生就不得不成为孤狼或者孤胆英雄这样的人，其为了追求真相和正义而甘冒被同行排挤以及被取消公众责任保险的风险。"[1] 当时甚至还有一些隐忧是，为原告作证的医生不仅会被取消医疗过失责任保险，或被当地医疗协会除名从而可能丧失收治病人住院的特权，但这些担忧是否有事实依据至今尚不明确。[2]

二 法律规则的发展

三项始于此期间的法律规则的发展解决了潜在原告面临的困境。第一项是法院越来越倾向于，允许原告提起的诉讼即使没有专家证言也可由陪审团审理。这是通过"事物自身言明"（res ipsa loquitur）规则实现的，根据该规则，如果争议中的损害通常只会因为被告的某种过失才会发生，那么即使原告没有任何证据可以证明被告的特定过失行为，案件也可以得到陪审团审理。在医疗过失侵权领域，该规则最先被适用于外行人也能看出存在医疗过失的最明显情形，比如医生于手术后将海绵落在了患者的肚子里。[3] 在加利福尼亚州具有先例创设性的Ybarra案中，患者因遭受侵害时处于无意识状态，无法识别究竟是谁的医疗过失导致其损害，通过适用该规则，相关的所有医生和护士都承担了医疗过失责任。[4]

第二项有助于提起医疗过失诉讼的法律上的发展是对慈善机构免责规则（charitable immunity）的废除。在普通法中，包括非营利医院在内的慈善机构的侵权责任可以得到豁免。然而，在20世纪40年代及其之后的数

---

[1] Huffman v. Lindquist, 234 P. 2d 34, 45-46 (Cal. 1951) (Carter, J., dissenting).

[2] "Medical Malpractice and Medical Testimony," 337.

[3] 该规则于20世纪20年代被适用于此类情形当中。See Moorc v. Ivey, 264 S. W. 283 (Ct. App. Tex. 1924).

[4] Ybarra v. Spangard, 154 P. 2d 687 (Cal. 1944).

十年里，多个州的法院和立法机关都对这一规定作出了限制或废除。① 这就使医院为其自身的过失侵权行为承担责任，或为其雇员的过失或医疗过失侵权行为承担替代责任成为可能。此外，当慈善机构免责的规定被废除后，又发展出了一项新的规定，该规定以医院具有显而易见的外观上的责任主体地位为根据，规定医院对非雇员的医疗过失也要承担替代责任。②

慈善机构免责规则的废除，使患者可以更加容易地以医疗过失为由起诉医院。出人意料的是，在某些情况下，由非营利医院承担责任的新规定反而使医生承担了更重的侵权责任。当医院不能被作为被告时，医生的律师可以指着被告席的"空椅子"主张，为患者损害承担责任的应当是医院而非医生。然而，当医生和医院同时作为同一诉讼的被告时，"空椅子"的抗辩就不再可用了。医生与医院会互相推卸责任，但这种行为往往会造成对彼此更为不利的后果。所以，医院作为被告列席诉讼，至少会导致医生与医院共同承担责任的可能性更大。

最后一项促进了医疗过失诉讼的法律上的发展是"严格所在地"规则的逐步瓦解。这最初是由于法院认为医疗标准不再完全是地方性的（如果曾经如此的话），因此也没有必要再要求必须由当地专家提供证言。一些法院认为，外地专家只要熟知当地医疗标准，也可以提供专家证言。另一些法院认为，认定医疗过失责任，既可采纳被告所在地的医疗标准，也可采纳被告所在地相似的医疗标准。这就使被告所在地以外的专家也可以在被告所在地提供专家证言。这两种做法无论哪一种得到采纳，都可以打破"严格所在地"规则在当时形成的僵局。最终，法院认为医疗标准并非地方性的而是全国统一的，并允许所有有资格的专家都可以提供专家证言。在某种意义上，法院对全国性医疗标准的认可的确强化了医生一直以来都在寻求保护的专业地位。然而，这一认可却是一柄握在原告律师手中的利剑，因为他们如今可以在全国范围内寻找为其客户作证的专家证

---

① 对于解决该问题具有重大意义的案件是 President of Georgetown College v. Hughes, 130 F. 2d 810 (D. C. Cir. 1942)。20世纪70年代，普罗瑟指出："很明显，慈善免责规则已经被完全废除了。"William Prosser, Handbook of the Law of Torts 996 (St. Paul, Minn., 4th ed. 1971). 之后的发展历史，see Note, "The Quality of Mercy: 'Charitable Torts' and Their Continuing Immunity," 100 *Harvard Law Review* 1382 (1987)。

② Kenneth S. Abraham and Paul C. Weiler, "Enterprise Liability and the Evolution of the American Health Care System," 108 *Harvard Law Review* 381, 386-392 (1994).

人。事实上，不久之后，许多专家证人就不再行医，而开始把提供专家证言作为一种生意，并在诉讼律师的杂志上投放广告。

三 二十世纪六十年代的复杂局面

对专家证言限制的放松并不当然意味着原告可以自动胜诉。医生依然享受着各种正式和非正式的法律保护。最主要的正式保护是"受尊敬的少数派"（respectable minority）规则或"学派"（school-of-thought）规则。根据该规则，医生若遵守了受尊敬的少数医生所遵循的医疗标准，便不具有医疗过失。从理论上而言，这是一项相当重大的法律保护，它比非专业人员曾经或现在能得到的保护多了很多，因为这些非专业人员即使遵守了其行业内被普遍遵守的行为习惯，也依然可能被认为具有过失。

医生的困扰是"受尊敬的少数派"这一规则不得不被适用于每一起案件当中，特别是那些需要陪审团审理的案件。例如，假设原告通过专家证言主张被告实施的治疗行为处于受尊敬的派别遵守的医疗标准规制范围之外，那么即使被告的专家证人证明被告遵守了受尊敬的少数（或者也可能是大多数）医生的做法，陪审团也仍然需要决定该相信哪位专家。在这种情况下，存在一场"专家间的战役"。另外，和法律规范一样，医疗标准的适用并非仅援诸其本身含义即可，还需结合特定的案件事实。医疗案件的判决经常会涉及相关医疗标准的适用。事实上，就同一标准在被告所处情形中的恰当适用，相互对抗的专家提供的证言是相互冲突的。专家在这种情况下并不一定会援引不同的标准，相反他们会对同一标准的恰当适用作出不同的解释。而双方之间的这种冲突只能由陪审团解决。

最终，即使双方对应当适用的标准及该标准的恰当适用达成了共识，也依然可能存在一个事实上的问题，即被告是否遵守了该标准，或者其未遵守该标准的行为是否导致了原告的损害。这些问题同样需要由陪审团裁决。在所有这些情形中，本是为了给医生在医疗过失诉讼中提供比普通的非专业被告更多保护的法律规则，却沦为了陪审团可能理解也可能不理解、可能准确适用也可能无法准确适用的一种简单说明。因此，尽管医生拥有法律声称给予其的正式法律保护，但其仍然有可能被追究医疗过失责任。

不过，针对医疗过失诉讼，医生还拥有非正式的保护方式，其中最有力的保护手段是医生与患者的友善关系。在最理想化的情境中，一位善良且有自我牺牲精神的家庭医生在风雨交加的夜晚接到电话去给生病孩子看病的画面,可以使一些患者打消起诉医生的念头。然而,多年来的一代代患者似乎都认为这种理想状态中的医生只是曾经存在过,近期已经消失。早在1940年,一位评论家就批评道,"因为与患者的个人情谊而享有相对诉讼豁免"的家庭医生正在逐渐消失,他们被一种"冷漠的高效"所取代,这种"高效"使"医生只能完全根据科学标准而努力,却得不到友谊之铠甲的保护"。①

这一不满意见看似莫名其妙。但近几十年来,由于医疗队伍的专业化、医疗技术水平的提高和管理式医疗的出现,医生和患者之间形成了70年前无法想象的鸿沟。上述评论家的确很有先见之明。医疗环境近年来发生的改变,极大地影响了医疗过失诉讼的发生背景。

20世纪60年代,新的法律规则、现代的患者态度和专业能力不断精进的原告律师(笔者在第三章已有叙述)已经全部具备。在该阶段,医疗过失诉讼逐步增加,和解和裁决赔偿金额不断提高。此时,医生在很大程度上还是需要依赖医疗过失责任保险来缓解其责任风险提高所带来的冲击。但是,他们很快会发现,医疗过失责任保险市场的波动性将会成为医疗过失领域中最为棘手的问题。当医生没有任何机构或组织作为保护伞来保护其免于遭受这种波动性时,他们的私人医疗行为就会受到无法预料且难以分散的保险费用的定期影响。而且,他们的专业独立性同时也受到了挑战。本章下一节详细解释了医生遭遇这一困境的缘由。

第二节 健康保险和美国的医疗服务架构

20世纪的很长一段时间里,医学界的自治团体,尤其是美国医学协会(American Medical Association, AMA),都在奋力反抗其成员遭受的两项重要威胁。第一项威胁是,联邦政府可能出资并强制要求购买国民健康保险。第二项威胁是,不同于某些形式的商业保险,预付医疗保险将会发展为仅按照患者人头向医生支付医疗费用,而不允许医生向患者就其提供的每一项医疗服务进行收费。对于这两项威胁,美国医学协会的目标是大致相同的:捍卫医生按照其提供的医疗服务项目进行收费的权利,以及在

---

① "Problems of Negligent Malpractice," 919.

外界力量可能影响或控制医生的医疗行为时，保持医生的专业自主权。

医生始终坚持的观点是，决定何种医疗方案方才是对患者最好的，应当是依据医生个人专业的医学知识，而非依据经济考量或政府需要（他们将此称为"泛社会化医疗"）。通过与其他力量的联合，医生多年来对国民健康保险和预付健康保险的反抗大多都是成功的。他们的宣言是"消除第三方"，这意味着他们对任何第三方主体都持反对态度，比如政府和健康保险公司。因为这些第三方主体会介于医生和患者之间，控制医疗服务的提供与医疗费用的收取。[1]

20世纪20年代，医生成功取得了美国医学界的核心地位。专业自主权通过严格限制外部力量对医生提供医疗服务和收取医疗费用的控制，增加了医生的收入，也提高了其声望。医生为自己在医疗卫生体系中创造了一个十分有利的位置。另外，对于供其提供医疗服务和赚取患者收入的医院，医生也不承担付费的义务，医院由社区设立并由社区为其运营提供资金支持。多年来，医生一直维持和巩固着其独立承包人的地位，医院对其控制程度非常之小，而且医生还拥有允许其患者进入医院的特权。这就好像飞机的飞行员也是独立承包人，不仅飞机为其免费提供，而且其还可以向乘坐飞机的乘客单独收取费用，这实际上有些不合情理。然而，医生也为这种独立性付出了代价，其中之一便是个人医疗过失责任风险的日益提高。但在医疗过失危机于20世纪70年代中期首次发生之前，同国民健康保险和预付健康保险相比，医疗过失责任一直都被认为是一项微不足道的威胁。

同一时期内，基于雇佣关系的健康保险制度开始出现。20世纪30年代，由美国医院协会（American Hospital Association）支持设立的非营利机构——蓝十字（Blue Cross）保险公司开始向雇主销售团体医院健康保险。然而，蓝十字医院保险却存在一项致命缺陷，它最终会导致健康保险商业化，并且会减弱医生的医疗自主权。蓝十字保险公司使用一种其称为"社区费率"的方法来厘定保费，不根据被承保个人或群体风险程度的不同而收取不同保费，而是对整个"社区"收取相同保费（分为个人保费

---

[1] See Paul Starr, *The Social Transformation of American Medicine* 284, 299-300 (New York, 1982); Ronald L. Numbers, *Almost Persuaded: American Physicians and Compulsory Health Insurance*, 1912-1920 (Baltimore, 1978).

和家庭保费两种），因为蓝十字保险公司设立的宗旨是为社区服务。①

在此之后，承保支付给医生（区别于医院）之医疗费用的健康保险逐渐推广开来，由医生发起设立的非营利性质的蓝盾（Blue Shield）保险公司也采用了社区费率法。对抽象层次而言，社区费率法所导致的风险极度社会化，原本应该会遭到医学界自治团体的反对，但该做法却得到了容忍，其原因就在于"双蓝"保险公司只销售按服务项目付费的健康保险。在按服务项目付费的设计下，由医生决定提供何种医疗服务，保险公司只是按照医疗服务的项目支付医疗费用，几乎不监督医生的治疗决策。因此，"双蓝"保险公司不会因提供预付健康保险而给医学界自治团体造成威胁。

非营利的"双蓝"保险公司对社区费率法的采用给商业性的保险公司创造了商机，商业保险公司在20世纪30年代晚期也开始销售医院健康保险和医生健康保险。第二次世界大战期间，由于通货膨胀的影响，雇主无法通过提高薪酬的方式来吸引和挽留雇员，而只能为雇员购买更多的保险，因此两种保险的需求均有增加。商业保险公司没有"双蓝"保险公司设立宗旨的束缚，故无须按照社区费率法收取保费。如此一来，商业保险公司便可对诸如年轻雇员这样的低风险人群收取更低的保费。最终，"双蓝"保险公司会发现其根本无法与商业保险公司竞争，因为商业保险公司可以从潜在的被保险人中"撇去"高风险群体，导致"双蓝"保险公司承保的尽是以社区费率法收费的高风险个人和团体。

这样循环性的逆向选择自然会导致"双蓝"保险公司的社区费率持续提高。20世纪50年代，"双蓝"保险公司抛弃了社区费率法，开始和商业保险公司一样，向高风险人群收取高额保费，年长者无疑会被不成比例地归入其中。与此同时，也需要采用新的方法补贴这些高风险人群，否则许多人就会负担不起保险。在某种意义上，一旦曾经为年长者提供补贴的社区费率法被废除，专门针对该群体的其他健康保险项目的通过就会成为必然。最终被采纳的解决方案是联邦医疗保险制度（Medicare），它是一种以社会保障为基础的联邦健康保险项目，自1965年以来几乎承保了所有65岁以上的老年人口。

---

① Sylvia A. Law, *Blue Cross: What Went Wrong?* 12 (New Haven, Conn., 1976).

随着最为显著的高风险人群的排除和美国经济的扩张，商业健康保险制度在接下来的 10 年中得以迅速发展。到了 20 世纪 70 年代，商业和公共健康保险合计已经增长到相当庞大的规模，80% 以上的美国人都拥有其中某种保险。美国人中，有相当大的一部分拥有健康保险，而且是以医疗服务的项目为标准进行赔付。

健康保险制度的发展对医学专业而言是一次大繁荣。第二次世界大战后通过的《希尔—伯顿法案》（*Hill-Burton Act*）为医院建设提供了资金支持；美国国家卫生研究院出资为生物医学研究提供了支持；医学院毕业的医学博士迫不及待地想要在越来越多的各个医学专业中以住院医师的身份实习。随着医院和医疗保险越来越容易获得，人们对医疗服务的需求也在增加。医疗保险按服务项目付费的这种特质，使医生可以以相当大的独立性来决定要求进行何种检查、提供何种治疗以及如何收取费用。对于健康保险公司向医生提供的服务所应支付的费用，也只存在一个宽松的"一般和必要费用"标准作为限制。而且，医生对特定服务收取的费用越高，平均的"一般费用"也就越高。患者也没有太大动力去精打细算其所接受的医疗服务，因为他们为门诊服务支付的只是微不足道的自负额。这种当时被称为"第三方付款人"问题的通胀效应，最终因管理式医疗的出现和健康保险制度的重构而结束，但直到几十年后，按医疗服务项目付费的医疗保险制度才开始衰落。

第三节　不断改变的医疗过失环境

1960—1980 年，美国国民个人医疗支出从 210 亿美元增加到 2040 亿美元，扣除通货膨胀的因素，实质增长了 360%。[1] 医疗服务数量的极大增加和治疗技术水平的显著提高，一方面增强了患者的期待，另一方面又提高了医疗失败和患者失望的概率。当某种疾病无法得到有效诊疗或完全治愈时，病人对医疗服务的期待值就会比较低。然而，即便引入有效的诊疗方法使治愈成为可能，医生实施的治疗行为本身也可能存在问题，退一

---

[1] U. S. Department of Commerce, *Statistical Abstract of the United States* tables 78 and 80, pp. 62-63 (Washington, D.C., 1970); U. S. Department of Commerce, *Statistical Abstract of the United States* table 136, p. 93 (Washington, D.C., 1990).

步说，就算治疗行为本身不存在问题，其结果也可能无法满足患者期待。由此，就形成了一种矛盾的局面，疗法有效的可能性越高，发生医疗过失行为和医疗过失索赔的可能性也就越高。

一 更多的诉讼和更昂贵的保险

以上局面造成的结果自然是医疗过失诉讼的持续增加。1970年结束的一项对索赔请求的调查显示，索赔请求的数量在1960—1968年增长了76%。在此期间最主要的医疗过失责任保险公司——圣保罗火灾与海上保险公司（St. Paul Fire & Marine Insurance Company）发现：1970年，在它所承保的每23位医生中，只有一起索赔需要处理。但到了1975年，就变成了每8位其所承保的医生当中，就有一项索赔需要处理。[①] 这种增加情形一直在持续。1980—1984年，全国索赔数量增长了56%。也就在此时，圣保罗火灾与海上保险公司所承保的每100位医生中，已经有16.5项索赔请求需要处理。[②] 不仅是索赔数量，索赔请求的严重程度（即对每起索赔请求支付的赔偿金额）也在增加。纽约对每起索赔请求支付的平均赔偿金额，从1980年的46000美元增加到了1984年的104000美元，全国范围内的增长情况也与此类似。[③]

随着索赔数量和赔偿金额的增加，医疗过失责任保险的费用也在提高。例如，1960—1980年，医疗过失责任保险的总保费从5600万美元增加到了12亿美元。[④] 战后医疗服务的繁荣也因此给医生带来了一定的不利影响。很明显的体现就是，医疗过失责任保险费用在随着医疗费用和医疗服务数量的增加而增加。

笔者在第三章中讨论了医疗费用提高对机动车侵权责任和解的影响。

[①] Patricia M. Danzon, *Medical Malpractice: Theory, Evidence, and Public Policy* 60 (Cambridge, Mass., 1985).

[②] U.S. General Accounting Office, *Medical Malpractice: Six Case Studies Show Claims and Insurance Costs Rise Despite Reforms* table 2.4, p.17 (Washington, D.C., 1986).

[③] Id. at table 2.6, p.18.

[④] 1960年的数据，see Mark Kendall and John Haldi, "The Medical Malpractice Insurance Market," in U.S. Department of Health, Education, & Welfare, *Report of the Secretary's Commission on Medical Malpractice Appendix* 509 (Washington, D.C., 1973)。1980年的数据，see Insurance Information Institute, 1984/1985 *Property/Casualty Fact Book* 29 (New York, 1985).

在一般的侵权案件中，和解人提出的和解金额通常是医疗费用的3—4倍，索赔人平均医疗费用的增加往往会导致和解金额的成倍增加。然而，大多数医疗过失案件并非一般案件。为了使律师的投入得到回报，它们必须要包含相当高额的损害赔偿金。例如，现在的一般经验是，一起医疗过失案件必须要有可能得到至少5万美元的赔偿，才会有律师愿意代理。即使是40年以前，"破坏性的"医疗过失案件也极其少见。同机动车侵权责任的和解相比，医疗过失案件的和解极少涉及一般索赔请求，因此，其受乘数效应的影响要小得多。然而，对于20世纪七八十年代医疗过失责任赔偿金额的提高，该效应的影响也不能被完全忽略。在此期间，医疗费用和医疗服务数量的增加至少可能会对医疗过失案件的和解金额具有某种乘数效应。

此外，尽管医疗过失责任保险费在这20年中的增长程度令人难以置信，但医生受到的影响却不完全相同。在市区和人口密集的州执业的医生往往需支付更高的保费，因为这些地方的诉讼率更高。同时，已被证明是高风险专业执业的医生所支付的保费，也远远高于低风险专业。大部分医疗过失责任保险公司都以此为基础，将保单持有人划分为五种保费等级。外科医生处于高风险等级，非外科医生则处于低风险等级。例如，产科医生和神经外科医生支付的保费往往最高，内科医生和儿科医生支付的保费则最低。某一专业的收入水平与其医疗过失责任保费之间，也隐隐约约存在某种正关联性，但这种关联并不总能成立。在贫民区执业的产科医生治疗的大都是贫困患者，但其支付的医疗过失责任保费也可能在其总收入中占有很大比例。

另外，除了这些分类方式外，经验费率法几乎从没有得到过使用。无论保单持有人处于何种风险等级，即使其之前已经经历过索赔，同没有经历过索赔的情况相比，其下一年支付的保费通常也不会提高，或者只是稍微提高一点。这是由于不合理的索赔请求过多，从而导致经验费率法的使用缺乏合理性。此外，由于任何一位医生在其整个职业生涯中遭遇的索赔都是极其有限的，某位医生曾经被索赔这一事实只能在有限程度上证明，其今后被索赔的概率可能会高于平均水平。因此，经验费率法在保费结构中扮演的角色的确是微不足道的，决定保费水平的主要是医生的专业和执业地域。

所以，在20世纪70年代，当医生由于曾经被提起过医疗过失诉讼，而被收取更高保费之时,他们感到愤愤不平,认为医疗过失责任保险的保险人羞辱了他们。但相比之下,医生对法律制度的不满更为强烈。他们将其医疗过失责任风险的提高归咎于侵权法和司法系统,并希望可以通过能减少医疗过失责任、控制医疗过失责任保费的侵权法改革。

二 两大因素造成的困境

医生将其困境归咎于法律制度的做法是否正确,是值得讨论的。一方面,医生要求法律制度为当时诉讼愈加频发的医疗过失环境负责是正确的。致使医疗过失环境改变的立法及其实践是得到了确认和实行的,直到20世纪70年代中期都没有人正式提议过侵权法改革。法律制度的确以一种促进医疗过失诉讼的方式发生了改变,而且这种改变在其他因素引起医疗过失诉讼增加时就已经存在了。

另一方面,对医生来说,他们十分容易忽视医疗过失环境改变的发生背景。医生将这段时期内医疗过失责任风险的提高完全归咎于法律制度,却忽略了其本身要负很大责任的经济和制度因素的影响。事实上,前者和后者对医疗过失环境改变的影响力相当。同另一种法律制度可能会防止某些医疗过失"危机"发生一样,不同的医疗模式或健康保险制度也可能会产生这样的作用。

实际上,如果医疗服务不是以医生长期坚持的模式所发展的,那么医生当时所面临的医疗过失责任则可能会温和得多。在医疗过失诉讼激增的20世纪六七十年代,一种不同的医疗模式很可能会在医疗过失责任方面给医生提供其当时所缺乏的保护。另外,如果当时实行的健康保险制度是国民健康保险的话,医疗过失责任的影响很有可能会小很多。

例如,1970年时,如果通过国民健康保险建立了保障性的医疗保险制度,那么对于患者来说,作为对获得这种社会福利的交换,令其放弃或限制其提起医疗过失诉讼的权利也是公平合理的。然而,医生长期以来都非常反对他们所称的"泛社会化医疗",尽管无论是被动接受还是主动迎合国民健康保险,他们都很有可能获得某种形式的回报。医疗过失责任的减少无疑就属于回报中的一部分。即使不考虑必然会涉及的现实政治因素,在私人医保体系中存在的易招致医疗过失责任的特点,未必会复现在由政府提供和作保的国民健康保险体系中。在国民健康保险制度下,由于所有人因医疗损害而发生的医疗费用都可以自动得到承保,医疗过失责任因此就不会像现在这样将补偿作为其首要目的,医疗过失责任也就没有那么重要了。所以,医生反对建立国民健康保险制度可能付出的代价之一,或许就是其医疗过失责任的保留。

与此类似,医生长期以来同样反对的商业性预付医疗制度,至少对医生个人来说,可能也会带来一个温和得多的医疗过失责任环境。如今,医疗服务的制度化是医疗体系的一个固有特征,而预付医疗制度可能会使这种制度化提早实现。若这种制度化能够在20世纪60年代末医疗过失责任爆炸之前实现的话,医疗过失责任的焦点也会发生改变。详言之,如果医生的专业自主权会像其担忧的那样,因为广泛实行的预付医疗制度而减弱,那么医疗过失责任的焦点很有可能就会从医生个人转移到控制医疗服务的机构,如医院、健康保险公司以及我们现在所称的管理式医疗机构。由机构而非医生个人承担医疗过失责任,既可以将医疗过失责任的成本融入医生与机构的合同关系之中,也便于机构对医疗过失行为和医疗过失诉讼的控制。

然而,现实是在医疗服务和健康保险大肆扩张期间,医生成功地捍卫了其自主权和权威性。这一使医生受益颇多的扩张,后来引发了通过控制医疗费用来限制医生自主权的改革。但是,尽管医生的自主权在费用控制中受到了限制,其医疗过失责任风险却几乎没有得到控制。

例如,1965—1985年,年度国民医疗卫生支出从420亿美元增加到了4190亿美元,占国内生产总值的百分比也从6.1%增长到了10.4%。[1] 按服务项目付费的健康保险在其中起到了很大作用。在该制度之下,治疗活动和保险赔付是相互独立的。一方面,由医生决定合适的治疗方式;另一方面,治疗之后,由健康保险公司决定是否支付医疗费用,而它们一般又都会支付。20世纪80年代末,由保险公司提供医疗服务并付费的医疗模式的数量开始增加,这自然也遏制了医疗费用的严重膨胀,管理式医疗大多都会出现此种情形。在管理式医疗中,治疗和付费的决定越来越多地由管理式医疗机构作出,或至少比以前受到了该机构更多的影响,而这样的机构通常就是健康保险公司。

---

[1] U. S. Department of Commerce, *Statistical Abstract of the United States* table 151, p. 104 (Washington, D. C., 1980); *Statistical Abstract of the United States* table 134, p. 92 (Washington, D. C., 1990).

20世纪90年代中期，管理式医疗发展到了完全成熟的局面，而医生则对之严重不满，因为它限制了医生的自主权，妨碍了医生对患者的合适治疗。医疗决定越来越多地受到了健康保险公司及其他管理式医疗机构的影响或控制，而非像之前那样只取决于主治医生。尽管医学界自治团体多年来成功抵制了医疗服务方式和付费方式的改变，但这些改变最终还是实现了。这种等同于预付式医疗的医疗模式由于得到了绝大多数患者的欣然接受，医生再想阻止也是无能为力。但是，对于独立执业的医生而言，其依然受到医疗过失责任的严重困扰。

总之，1965—1990年，在医疗服务体系大举扩张的同时，医疗过失责任的影响因素也在基本没有限制的环境下自由发挥作用，而如果实行的是另一种健康保险制度，可能就会存在限制。因此，医疗过失责任发生了急剧扩张。在管理式医疗最终实行时，医疗过失责任这种毫无约束的扩张已经持续了太久。在那之前，医疗过失责任制度已经稳定地实行了数十年之久，限缩责任范围远远要比一开始就阻止责任扩张困难。因此，医生在以上两项因素的影响下同时走入了最为不利的境地：其自主权因管理式医疗而受到限制；作为为保持自主权而付出的代价之一，其需要持续遭受医疗过失责任的风险。

事实上，医生遭遇的是三重困境的困扰。在医疗过失责任体系下，他们的难题不仅是自主权的丧失或责任的威胁，还有医疗过失责任保险的不稳定性和潜在的不可靠性。医疗过失责任和医疗过失责任保险之间的关系十分复杂。保险的价格并不稳定，医生也并不总能获得保险。是故，始于20世纪70年代且一直持续至今的对医疗过失责任的讨论，其关注的不仅是责任规则，还有医疗过失责任保险。

第四节　保险周期与持续的波动性难题

某些责任保险的周期性很强，会在保险费和可保性上定期波动。在"软"周期中，保费相对较低，保单条款范围较广，承保条件较为宽松，获取保险较为容易。而在"硬"周期中，保费急剧增长，保单条款限制较多，获取保险相对不易。

医疗过失责任保险市场在这些方面便极具周期性。自1970年起，该市场就已经历了三次从长时间的软周期突然转为硬周期的情况。第一次转变发生于1975年前后，第二次发生于1985年前后，第三次发生于2001年和2002年。每一次转换在当时都是一场"危机"。第二次"危机"最为严重，不仅影响了医疗过失责任保险，还影响了许多其他类型的责任保险，最主要的是销售给所有美国企业的商业综合责任保险（CGL）。每次危机所带来的影响都会在侵权法和保险制度中回荡多年，尽管其造成的直接混乱往往早已平息。

一　保险周期概述

两项因素使保险周期极度困扰医生。首先，医生主要是个人执业，或以比较小的团体形式执业。他们极少进行资本储备，没有能力或至少没有实施过大企业通常所进行的长期财务规划。医疗过失责任保费的骤然增加因而会给医生造成现金流的冲击。

其次，随着公共和商业健康保险的出现，医生越来越多地依赖它们作为医疗费用的支付手段。然而，它们却并不能很轻易或迅速地对医疗费用的急剧增加作出应对。因此，当硬周期到来，医疗过失责任保险的保费暴涨时，医生至少在短期内无法将这些费用转移给健康保险人，因而必须依赖其现有收入支付增加的保费。极端情况下，保费增加在一年内可以达到10万美元或者更多，即便是对于收入很高的外科医生，这也可以算是一笔相当高额的额外支出。

如果医生能够提前为意外的高额保费增长作出规划，并预留资金作为应对，这些现金流冲击就可以得到某种程度的缓解。但这种保险周期的特征之一是，即便是保险人自己都无法进行此种规划。在保险人看来，可靠地预测硬周期内的保费增加是无法实现的任务。因此，医生未能采取以上预防措施的行为也就很难再受到责备。

识别医疗过失责任保险保费变化的长期和短期原因，对于理解保险周期格外重要。在长期水平上，影响保费的最重要因素无疑是医疗过失诉讼的抗辩费用和损害赔偿金（二者即医疗过失责任的成本）。和大部分市场一样，医疗过失责任保险市场也有缺陷，但这些缺陷的影响往往在短期内更加明显。在长期内，占主导地位的是基础性因素。简单来说就是，潜在的医疗过失责任成本增加得越多，医疗过失责任保费也就增加得越多。

短期的问题在于，保费的增加不是平缓和稳定的，而是起伏不定的。如同引发地震的地球板块运动一样，责任成本的压力在似乎没有任何保费变化的表征下悄然累积，直至其足以导致保费水平发生巨大变动。此后，保费便会在极短时间内急速增长。此时，便产生了所谓的"危机"，对其原因的探寻也就此开始。

对于保险周期反映出的短期波动性之原因的特点和属性，经济学和法学著述中存在长期的争论（许多争论关注的都是此处没有必要探究的技术性因素。笔者在下一章中讨论了其中的某些因素，由于这些因素，20世纪80年代中期的那次"危机"不仅对医疗过失造成了影响，还极大影响了产品责任）。在医疗过失责任中，以下几项因素最为重要。① 第一，医疗过失责任保险的赔付具有"长尾性"。即索赔请求要在保险售出相当长的一段时间后才能得到赔付。由于损害可能无法被立即发现，且所有的医疗过失案件通常都比较复杂，因此同简单的机动车事故和滑下—摔倒这类即时索赔相比，医疗过失索赔的处理和解决时间更长。平均而言，索赔得到赔偿或解决的时间至少是保单售出七年之后。

故此，保险人在厘定保费时，必须对影响最终费用的各项因素在索赔请求提出和得到赔付这段时间内的变化作出预测。影响因素之一涉及理赔的费用和支出。由于这些费用都发生于未来，故保险人在厘定保费时出现对这些费用时而低估又时而高估的现象，就一点也不奇怪了。事实上，索赔数量在一些年份高度增长后，在接下来的年份里又会回归比较正常的增长。对于这样的改变，无人可以提供完全合理的解释。

如果以上保费厘定中的误差是随机分布的，保险市场呈现的将会是一种波动现象，而非系统性的周期改变。我们会希望保费的增长和降低能够根据不断累积的理赔支出信息而调整，并因此使盈利年份和亏损年份呈正态分布（normal distribution）。因此，仅仅是预测将来理赔情况的困难性并不能解释这种周期性，尽管前者对后者可能具有一定影响。

影响保险人盈利或损失的另一项因素是投资收入。保险人由于长期持有保费，可以利用保费资金投资以赚取收入。保险人预计能通过保费投资获得收入，并知道其竞争对手也是如此，故其在厘定保费时会将预期投资收入考虑在内。在预期投资收入较高的时期，保费相应地会比其他时期更低。

---

① Tom Baker, "Medical Malpractice and the Insurance Underwriting Cycle," 54 *DePaul Law Review* 393 (2005).

然而，当股票牛市的泡沫破裂，或投资回报长期衰退时，预期投资收入会降低，保费就会提高。保险人通常会尽可能地推迟保费提高，该行为一部分是单纯出于保持市场份额的考量（没有保险人想要第一个提高保费），另一部分是出于对税收因素的考量，税收因素使得保持资本并利用资本盈余为维持市场份额提供资金显得十分具有吸引力。但保费最终还是会大规模增长，这同时也标志着市场硬周期的开始。

尽管该周期现象已经在最近的40年中循环三次，但每一次市场转硬时，医学界仍会表示惊讶和不满。医生并没有将这一周期现象看作一个独特和有局限性市场的必然后果，相反，其试图把保费的急剧增长归咎于法律制度。他们认为，如果有政治意愿的话，保费的这种增长就可以得到控制。一些医生将矛头直接指向了被认为是从其支出中不当获利的责任保险行业。但由于非常多的医疗过失责任保险公司都是由医生所有的、以州为基础的相互保险公司（下文对此有更多介绍），因此这项攻击往往很微弱，且不具有说服力。另外，如果销售医疗过失责任保险可以赚取暴利的话，很难理解为何圣保罗保险公司作为当时医疗过失责任保险领域多年的领导者，会在数年前完全退出市场。我们可以确定的是，赚取超额利润的公司绝对不会拒绝销售产品。

因此，对于大约每十年就会面临一次的保费增长，医生只能将矛头指向侵权法。这样的结果就是，在市场由软转硬的"危机"之际，发生了侵权法改革。伴随着近30年来的保险周期，发生了三轮侵权法和保险制度的改革。它们对其已经实现的和尚未能够实现的，均具有指引和启发意义。这些改革在某种程度上限制了医疗过失索赔数量和赔偿金额的提升，但并没有消除保费的增加，对保险周期也影响甚微。

二 第一轮改革：二十世纪七十年代中期的危机

医疗过失索赔的增加贯穿于20世纪60年代，且持续至70年代的前几年。首次现代医疗过失责任危机发生于70年代中期，此时保费急剧增长，重要的改革提议开始被提出。这并不仅仅是第一次现代医疗过失责任危机，它还标志着对于立法改革的持续关注的开始，这一立法改革将修正侵权法的具体规则，但却保留侵权责任的基本框架。

（一）保险制度的改革

此时，医疗过失责任保险的保险人作出的第一项调整是，对其已无法准确预测医疗过失索赔数量和赔偿金额这一现实作出妥协。为使预测更加易于进行，保险人改变了其承保内容。但是在采取这种做法的同时，保险人又将未来索赔不确定性的风险转移给了保单持有人。保险人的难题固然得到了解决，但其却给医生制造了新的难题。

20世纪70年代中期以前，保险人销售的都是"损害事故基础"型的医疗过失责任保险，其承保的是保险期间内发生损害而引起的所有责任，不考虑医疗过失诉讼的起诉时间。从理论上说，对于现在发生但以后多年都未显现的损害，30年后仍可提起诉讼，但只能按照现在发售的保险单赔付。为此类理论上永远提供赔付的保单定价，是一项投机性的工作，特别是在法律或经济的转型时期。

然而，对于机动车侵权赔偿这种必须要在损害发生后的特定年限内提起的赔偿请求，"损害事故基础"型责任保险却发挥了非常好的作用，即便其同样需要面对潜在的难以预测性。因为保险人在为此类保单厘定保费时，只需对较近的将来情况进行预测。除非法律和诉讼环境的改变太过迅速，预测将来几年内的环境通常是现实可行的。

但是到了20世纪70年代，两项因素摧毁了保险人在出险型保单中合理预测将来情况的信心。第一，州成文法对医疗过失诉讼的限制性规定，长期以来都被解释为包括未被发现的损害这一例外情形。因为相较于其他情形，医疗行为更容易引发无法被立即发现，或无法被立即发现与医疗过失行为有因果关系的损害。此外，20世纪70年代里，限制医疗过失诉讼的成文法通常不适用于未达成年年龄的儿童。所以，那些童年遭受损害的人在医疗过失责任保险售出多年之后，依然可以提起医疗过失诉讼。在这类诉讼极少的情况下，这种不确定性还是可控的。但是，随着诉讼发生得越来越频繁，此类诉讼的威胁日益严重。

第二，20世纪70年代初，由于健康保险的实行、消费者运动的兴起和原告律师专业能力的提高，医疗诉讼发生了出人意料的增长。相应地，医疗过失诉讼的发生频率与和解或判决支付的赔偿金额，也在以一种保险人未曾预料到且愈加没有信心能够预测的速度增加。

为此，保险人设计出了一种可以减小其预测难度的新型保险产品。他们对"损害事故基础"型保单进行了改造，并将改造后的新保单称为"索赔基础"型保单。这种"索赔基础"型保单承保的是某一保单年度内的索赔所引起的全部责任，且仅限于这一保单年度。因此，在给索赔型保险厘定保费时，保险人只需预测下一保单年度，投保人可能被提起之索赔的发生数量和赔偿金额即可。由于通过上一年的事实情况来预测下一年的可能情况，要比预测接下来 7 年、10 年或更长期情况的效果更好，所以"索赔基础"型保险使保险人的保费厘定工作变得容易了许多。

"索赔基础"型保险的实施降低了保险人面临的不确定性，但其同时又将这种不确定性转移给了作为保单持有人的医生。在"损害事故基础"型保险中，保险人承担了大部分未来索赔情况不确定的风险。详言之，保险人承担的是自厘定责任保险保费直到损害责任确定这段时间内，所发生的责任规则或经济状况改变的风险，无论这一期间可能持续多少年。然而，在"索赔基础"型的保险中，保险人承担的风险却只是这种改变对某一保单年度内向保单持有人提起的索赔请求的影响。法律或经济发展所造成的影响在当下无法预测，保单持有人在"损害事故基础"型保险之下，总能以固定不变的保费得到赔偿，但在将来，其更可能是在"索赔基础"型保险之下以浮动的费率获得赔偿。概言之，同"损害事故基础"型保险相比，"索赔基础"型保险所提供的实际保险变少了，但这却是许多医生在 20 世纪 70 年代中期以后所能得到的全部保险。

危机发生后，美国某些州的保险监理专员应医生的要求，拒绝批准"损害事故基础"型保险大幅提升保费。另外一些州的保险监理专员则拒绝批准医疗过失责任保险的保险人将"损害事故基础"型保险转为"索赔基础"型保险。在某种意义上，保险监理专员这样做是为了弄清保险人是否在虚张声势，或至少是向医生表明，其在要求保险人摊牌。某些州的结果显示，保险人并没有虚张声势，这些州的保险人开始拒绝销售任何类型的医疗过失责任保险。如此一来，医生可能就会得不到任何保险。对于保险公司退出市场的这一局面，出台了一项影响重大的改革来作为应对，这就是批准设立由医生们作为股东的相互保险公司。这些经常被戏称为"垃圾相互公司"（bedpan mutuals）的，在此时趁机进入市场并开始经营保险业务。后来，当未曾退出市场或重返市场的商业保险公司被指控存在价格欺骗时，这些公司的经营方式和盈利能力发挥了一种对照功能。如果这些公司也只销售"索赔基础"型保险，且保费和商业保险公司收取得一样高，就会使指控商业保险公司确实存在价格欺骗和其他不正当竞争行为变得更加困难。

然而，真实情况却较此更为复杂一些。许多互助公司由于刚刚成立，资产有限，可能无力承担其所承保的所有责任风险。因此，它们不得不对一部分风险进行再保险。在厘定保费时，它们会将由商业再保险公司设定的再保险费用计算在内。而再保险在保费厘定时，同样会考虑到之前导致主要的医疗过失责任保险公司在不被允许提高保费，或转为"索赔基础"型保险时退出市场的不确定性风险。所以，相互公司收取的保费可能并非当时所认为的那样，是根据公平保费的中立方法所计算得出的。

无论如何，"损害事故基础"型保险向"索赔基础"型保险的转变所带来的可预测性的提高，并未达到其支持者所期待的程度。在保单售出后的任何特定时点，保险人在"索赔基础"型保险下发生的损失最多只比"损害事故基础"型保险少20%。在保单售出的6年之后，这种差异缩小到了约10%。[1] 因此，医疗过失责任保险人即便转为销售"索赔基础"型保险，也依然会受到预测这一难题的困扰。当保险市场周期自软转硬时，"索赔基础"型保险的保费同样会急剧增长。

(二) 侵权法的改革

20世纪70年代中期的保费增加与"损害事故基础"型保险向"索赔基础"型保险的转变，使地方医疗协会和保险业开始游说立法机关，寻求之前从未进行过的侵权法改革。作为回应，1980年，几乎每个州都通过了某种医疗过失责任立法改革。有趣的是，这些改革中影响到责任确定实际标准之规范的极少。有一项改革颇受欢迎，其建立了由评议小组提出无约束力意见的机制，该评议小组通常由医生、律师和第三方组成。这种做法的预期作用是使当事人更加真实地了解案件中的责任确定标准，并因此鼓励和解。[2] 但并没有任何证据表明，评议小组曾经事实上发挥过这种作用。

最重要的改革是对胜诉案件中损害赔偿计算方法的修改。对身体痛苦与精神创伤的非经济损失设置通常25万美元的最高赔偿限额，是截至目前最为普遍的改革。近年来，又有一些州通过了最高限额的规定，但有一

---

[1] Id. at 399, fig. 1.

[2] Richard Boyle, "Medical Malpractice Screening Panels: A Judicial Evaluation of Their Practical Effect," 42 *University of Pittsburgh Law Review* 939, 941 (1981).

些法院则宣布其所在州的此种限额规定违宪。[1] 设置最高限额的目的有两个：一是降低严重损害案件中的损害赔偿金额，二是减少某些涉及严重损害的边缘诉讼的提起。对原告律师来说，代理一起有5%的可能性得到200万美元赔偿的案件是值得的，但代理一起最高只能得到25万美元非经济损失赔偿的案件却不值得。是故，最高限额的规定有助于控制医疗过失责任保险的费用。

虽然很难准确测算最高限额的影响，但对改革影响的研究表明，非经济损失赔偿最高限额的通过，可能会使和解金额和判决赔偿金额在其原会达到的水平基础上，降低15%—20%。[2] 另一项普遍的改革，即废除允许受害人同时得到侵权损害赔偿和第一方保险赔付的平行来源规则，也有与此类似的影响，只是影响程度可能较低。其他被通过的改革措施，如评议小组机制的强制实行，律师胜诉报酬的控制，则几乎未产生上述影响。[3]

保险人为何支持侵权法改革？医疗过失责任保险的保险人支持所有的侵权法改革，但最支持的是损害赔偿最高限额的通过，尤其是非经济损失的最高赔偿限额。保险人支持此类最高限额的动机值得研究，因为这样的立场似乎与其利益相悖。毕竟，限制原告在诉讼中可以得到的损害赔偿数额会降低责任保险的市场需求。那么保险人为何要支持可能会导致其收入减少的改革呢？以下理由或可提供解释。

第一，商业保险人可能感觉在政治上不得不支持其顾客所支持的改革，尤其是因为保险人本身在当时是被批判的对象。支持侵权法改革，尤其是损害赔偿最高限额的改革，有助于将人们的批判对象从保险人转移至律师和侵权法制度。由医生控制的相互保险公司对改革的支持更是不言而喻。

第二，医疗过失责任的难以预测性和损害赔偿金额的不确定性。同经济损失赔偿相比，非经济损失赔偿显示出了相当大的波动性，且其更容易

---

[1] See, e.g., Best v. Taylor Machine Works, 689 N.E.2d 1057 (Ill. 1997); Sofie v. Fibreboard Corporation, 771 P.2d 711 (Wash. 1989).

[2] Patricia M. Danzon, *New Evidence on the Frequency and Severity of Medical Malpractice Claims* 26-27 (Santa Monica, Calif., 1986).

[3] 关于评议小组，see Albert Yoon, "Mandatory Arbitration and Civil Litigation: An Empirical Study of Medical Malpractice in the West," 6 *American Law & Economics Review* 95, 99 (2004).

受到客观证据的影响。为了提高其费用的可预测性，保险人或许认为，因实行非经济损失赔偿限额而造成的收入损失这一代价是值得付出的。

第三，同第三章提到的机动车强制责任保险的提议一样，保险人总是担心其保险费率会受到某种使其无法获得公平利润的管制。损害赔偿限额可以限制医疗过失责任保险保费的增加，尽管这会减少保险人的收入，但是却能够帮助保险人控制保费的增长，因而使保险人避开了当时所面临的更为严重的费率管制。

第四，最高限额可以减少保险人已售出保单下的费用支出。保险人可能会认为，这种费用节省会高于其未来保单销售中的收入损失。某种程度上而言，保险公司管理层可能会更加关心实现短期利润而非长期收入，那么保险人的这种权衡看起来就更加合理了。

无论理由究竟为何，大多数州的保险人及其所承保的医生，至少都实现了某些立法上的改革。然而，尽管这些改革得到了实行，危机却在此后不到10年的时间里再次发生了。

三 第二轮改革：二十世纪八十年代中期的危机

20世纪70年代中期的危机发生后，保险周期由硬转软，有可能部分是由在此期间通过的侵权法改革所致，但很大程度上可能还是由于70年代晚期石油危机期间发生的利率急剧提高引起的。80年代初期的利率几乎处于史上最高点，在两位数的投资收益率的激励下，保险人为了收取更多保费而相互竞争。在这种竞争的作用下，保费水平没有提高。后来，综合性的责任保险人被指控实施了批评者所称的"现金流承保"行为——保险人为了得到保费用于投资，愿意将保险销售给任何想要投保的人，无论其风险程度如何。一些医疗过失责任保险的保险人可能也实施了类似的行为。

但20世纪80年代中期，这些保险人终于为其行为付出了惨重代价。至少在上次危机之后的某几年里，医疗过失诉讼的发生频率和赔偿金额一直在增加，而保费却没有同这些增加保持同步。过高的利率以及由此导致的保险人之间的竞争，掩饰了隐性费用的增加，而医疗过失责任保险的长期价格恰恰就取决于这种隐性费用。当利率开始下降时，这种影响便显现了出来。

另外，税收改革也拉开了序幕。自1984年起，保险人一直都希望

《美国国内税收法典》(Internal Revenue Code) 中的一个漏洞能得到填补，该漏洞允许保险人在扣除未付赔款准备金时，不将其折算成现在的价值。在为实现这项改革而进行的多年努力中，许多保险人"发现"他们的准备金一直以来都是不足的，因而强化（即增加）了准备金，但却意外获得了他们当时若不及时利用就会失去的税收优势。[1] 最终，这一漏洞被后来的《1986年税收改革法》(Tax Reform Act of 1986) 所填补。

保险人1986年之前实施的强化准备金这一特别行为，减少了可用于支持保险人履行将来赔付义务的资本数额。由于资本是保险的原料，这样的结果就是保险供应的减少。此外，对于不只销售医疗过失责任保险的保险人来说，由于同其他险种相比，医疗过失责任保险在赔付方面的长尾性最强，其准备金得到了不成比例的强化，保险人风险组合的分散性因此就有所降低。这样一来，销售医疗过失责任保险便不如销售其他保险更具吸引力。[2]

这些发展对医疗过失责任保险市场的供给具有双重影响。第一，由于医疗过失责任保险的供给比以前更少，获得医疗过失责任保险就变得更加困难。一段时期内，某些地方风险最高的医生，尤其是产科医生，无法以任何价格买到保险。第二，尚有供给的保险的价格急速上涨。1985年和1986年，保费从一个保险年度到另一个保险年度的增加高达几百个百分点。

同20世纪70年代中期的危机相比，这次危机中受到影响的不仅仅是医疗过失责任保险。销售给所有企业的综合责任保险经历了同样的保险供给短缺和保费增加，原因也大致相同。许多地方自治体（municipalities）、日托中心和产品制造商发现自己在一段时间内根本买不到任何责任保险，或只能以极高的价格购买保险。这是史上首次对于责任保险的长期全国性担忧。该问题还曾登上《时代》杂志封面。其结果就是，出现了比70年代广泛得多的侵权法改革运动；改革中不仅有保护医生的倡议，也有对整体变革的倡议。

---

[1] Kyle D. Logue, "Toward a Tax-Based Explanation of the Liability Insurance Crisis," 82 *Virginia Law Review* 895（1996）.

[2] Anne Gron and Andrew Winton, "Risk Overhang and Market Behavior," 74 *Journal of Business* 591（2001）; Baker, "Medical Malpractice and the Insurance Underwriting Cycle," 409.

最终，此次危机的主要影响是通过了更多的侵权法改革。超过40个州在历史上首次以成文法的形式通过了普遍适用的侵权法改革。其中，医生是改革的受益者。然而，和上次危机引发的改革一样，此次改革主要影响的依然是侵权损害赔偿的计算方法，而非侵权责任的判定标准。同样地，此次改革中最引人注目的依然是非经济损失赔偿最高限额的规定。截至1988年，33个州采纳了特定的损害赔偿限额的规定。

这些改革要产生实际影响且影响能得到评估，尚待时日。最终的研究资料将会表明，依然是除了非经济损失赔偿限额和对平行来源规则的改革具有重大影响之外，其他每一单项改革对医疗过失责任的支出和保费的水平所造成的影响都非常微小。[①] 但是，对于一些仍旧保持同一最高限额（25万美元）的州，比如加利福尼亚州，其最高限额未因通货膨胀而调整，却在30多年里也发挥着越来越强大的作用。但不根据通货膨胀调整并长期保持不变的最高限额，其实就相当于每年规定一个新的、更低的最高限额。此外，最高限额的作用就像引发了一次棘轮效应。它的实施降低了保险费用，但是如果存在其他可引起费用调涨的因素，费用仍旧会再次提高。最后，至少有一些证据表明，陪审团通过对财产损失裁决比未受到限额规定限制时更高的赔偿金额，适当规避了非经济损失赔偿限额的规定。[②]

相较于10年前的危机，此次危机之后，有两项远远激进得多的改革同样受到了关注，尽管二者都未得到通过。

其一，机构医疗责任（Enterprise Medical Liability）。机构医疗责任作为第一项改革，其实施将会完全解除医生个人的医疗过失责任，并使诸如

[①] 关于对改革影响之研究的总结与评估，see U. S. Congress, Office of Technology Assessment, *Impact of Legal Reforms on Medical Malpractice Costs* (Washington, D.C., 1993)，以及 U. S. Congress, Congressional Budget Office, *The Effect of Tort Reforms: Evidence from the States* (Washington, D.C., 2004)。其中引人注目的研究有：W. Kip Viscusi and Patricia H. Born, "Damages Caps, Insurability, and the Performance of Medical Malpractice Insurance," 72 *Journal of Risk & Insurance* 23, 32 (2005)，调查结果显示，相较于其他州而言，其对于损失有16%—17%的影响；W. Kip Viscusi and Patricia H. Born, "Medical Malpractice Insurance in the Wake of Liability Reform," 24 *Journal of Legal Studies* 463, 482-485 (1995)。这些发现同 Danzon 之前对赔偿限额减少了19%的损害赔偿金这一发现相一致。Danzon, *Medical Malpractice*, 78.

[②] Catherine M. Sharkey, "Unintended Consequences of Medical Malpractice Damages Caps," 80 *New York University Law Review* 391 (2005).

医院和保健机构这样的医疗机构承担医疗过失的替代责任。该提议系由美国法学会在1991年出版的一本重要报告中作出。① 在此之后的1993年春天，克林顿医疗卫生工作小组又简要地提出了该建议，但美国医学协会、美国医院协会和一些责任保险人对此表示强烈反对。医生担心机构医疗责任会导致医院和保健机构（HMOs）对其专业行为实行更严重的控制。这一反对和几十年前美国医学协会对泛社会化医疗的反对一样，同样是基于对医生专业自主权的担忧。此外，医院也不愿意承担该提议为其施加额外的责任。而责任保险人则担心业务的流失，由于医院可以更加轻易地自我承担其部分或全部责任，其对医疗过失责任保险的需求要比医生低，这就会使保险人的业务减少。

因此，虽然这些群体对当时的医疗过失责任制度持批判态度，但没有人愿意支持这项旨在解除医生侵权责任的改革提议。尽管医生很反感医疗过失诉讼，但如果作为减少医疗过失诉讼的代价，他们要冒着将自主权让渡给试图对其实行控制的机构这一风险的话，那么他们宁可自己的责任不被免除。有鉴于此，克林顿医疗卫生工作小组放弃了机构医疗责任的改革提议，医生的医疗过失责任因而得以保留。但讽刺的是，医生很快会发现其自主权还是受到了削弱，因为管理式医疗开始在接下来的数年中主导医疗服务市场。

其二，无过失医疗损害责任（Medical No-fault）。20世纪80年代中期的危机发生后，第二项得到广泛考虑且意义重大的改革是无过失医疗损害责任。自70年代开始，无过失责任的提议在政策上一直都被搁置一旁，直至哈佛医学实践研究小组公布了史上规模最大的医疗过失实证研究结果之一以后，该提议始受关注。在对纽约医院医疗情况的大量研究中，哈佛研究小组发现，3.7%的住院患者经历过与医疗行为有关的不幸事件，但仅27%的事件系医疗过失所致。可见，相当多的患者除遭受医疗过失行为所致的损害外，还遭受医疗行为本身所致的医源性损害。

---

① American Law Institute, 2 *Enterprise Responsibility for Personal Injury* 113-126 (Philadelphia, 1991). 详细阐述参见 Kenneth S. Abraham and Paul C. Weiler, "Enterprise Medical Liability and the Evolution of the American Health-Care System," 108 *Harvard Law Review* 381 (1994)。企业医疗责任的新的观点参见 Randall R. Bovbjerg and Robert Berenson, "Enterprise Liability in the Twenty-First Century," Sage and Kersh, *Medical Malpractice and the U. S. Health Care System*, 191。

然而，那些遭受医疗过失损害的患者通常却没有提出过索赔。每7个经历过过失性不幸事件的患者中，只有一人曾经提出过医疗过失索赔。即便是那些遭受更严重的此类损害的患者，提出索赔的人数比例也只有2/5。[1] 另外，遭受医疗过失损害的人和提出索赔请求的人之间存在相当程度的不匹配性。哈佛研究小组确定了280名遭受医疗过失损害的患者，但在小组研究样本里的47起医疗过失索赔中，只有8起是由该280名患者中的成员提出的。因此，研究专家发现，有39起索赔涉及的损害并非由医疗过失行为导致。[2] 尽管这一发现受到了质疑，[3] 但哈佛研究小组的总体信息依然是：遭受医疗过失损害的人和为此提起诉讼的人之间存在很大的不匹配性。

为了解决这个问题，哈佛研究小组转而求诸已存在近一个世纪之久的劳工补偿模型。研究提议规定一种第三方严格责任制度——"无过失医疗损害责任"。对于遭受长期损害的患者，无论其损害是否与医疗过失行为有关，医疗服务提供者都要为其损害负责，但赔偿范围仅限于经济损失，不包括非经济损失。（在研究小组看来）这种做法可以更高效地为需要帮助者提供赔偿，避免耗时长久和成本高昂的诉讼，还能比医疗过失责任制度更有效地促进损害预防。[4] 因此，确保赔偿、增强威慑力、降低诉讼成本等与80年前影响劳工补偿制度相同的诸多因素，都被哈佛研究小组援引用于支持其提议。

然而，哈佛研究小组的该项提议面临的最大挑战，同时也是无过失医疗损害责任一直以来所面对的，是如何简单易行地确定一起可赔偿事件。在劳工补偿和机动车无过失侵权责任中，这项工作很简单。如果雇员上班时健康，下班时有了损害，那么该损害一般就是"因工作引起且在工作过程中发生的"。如果驾驶人或乘客上车时健康，下车时有了损害，那么该损害一般就是"因机动车运行引起且在机动车运行过程中发生的"。尽管其中也一直都存在边缘案件和可能的欺诈，但毕竟都是极少数现象。在

---

[1] Paul Weiler et al., *A Measure of Malpractice* 43, 69–71 (Cambridge, Mass., 1993).

[2] Id. at 73–74.

[3] See Tom Baker, "Reconsidering the Harvard Medical Malpractice Study Conclusions," 33 *Journal of Law, Medicine, & Ethics* 501 (2005).

[4] Id. at 144–152.

这两个领域中，对于损害是否系由工作或驾驶造成这一基本问题的解决，一般比较简单且成本低廉。

相比之下，无过失医疗损害责任领域的可赔偿事件为，损害是"因治疗行为引起且在治疗过程中发生的"，其会面临一个难以解决的归因难题。因为人们通常会在已经患病或遭受损害时寻求治疗。因此，损害的不利后果并非都是由医疗行为引起的；它们有时是由患者隐含的身体状况所致。仅仅依据一个人在接受治疗后出现了不健康或受损害的情况，并不能判定其损失系由医生的治疗行为所造成。

另外，对于无法准确诊断患者病情而导致的结果，所有的无过失医疗损害责任计划都需要对其赔偿范围作出一些限制。否则，其就有可能以"走后门"的形式将本欲消除的过失责任因素再次引入。无过失责任计划不能对所有因未被诊断出的疾病导致的损失提供赔偿；若提供赔偿，将无异于提供覆盖面广泛的健康保险。然而，在没有类似于医疗过失标准的某些规范性标准时，如何确定因未能诊断出疾病所致的损失中，哪些应当得到无过失责任的赔偿，是非常模糊的。例如，关于医生是否本应诊断出患者情况的标准，或是否大多数医生本可以诊断出患者情况的标准，可以说仅仅是另一种形式的医疗过失标准。

通过特别规定一系列可赔偿事件（比如，非强制性手术结束三天内的伤口感染）来解决这个难题，也被证明不具有可行性。一个障碍就是，需要确定那些无法得到无过失责任赔偿的索赔是依然可以以侵权诉讼的方式提起，还是应该被彻底地予以否定。如果此类索赔请求依然可以提起诉讼，它们就会引起额外的成本，即确定特定索赔请求是否属于无过失责任赔偿范围的成本。医疗过失索赔理由不充分的索赔人会主张其索赔请求在范围之内，医疗过失索赔理由极其充分的索赔人则会主张其索赔请求在该范围之外。

是故，由于以上原因，无过失医疗损害责任制度无法以劳工补偿和机动车无过失侵权责任制度中的简单性和低成本因素得到实施。无过失责任的想法对某些人群而言可能具有吸引力，但在任何州都从未得到过足以使其被采纳的支持程度。

四 第三轮改革：二十一世纪的第一次危机

正如 20 世纪 70 年代所发生的情况一样，在 80 年代中期改革的完整影响可被直接感知之前,保险市场周期由硬转软了。由于低通货膨胀和股票牛市的原因,自80年代晚期至90年代晚期,医疗过失责任保险市场一直处于软周期。这段时间内,医疗过失责任保险的保费未出现过普遍和大幅的增长。在10年或10年以上的时间跨度上,保险费率的平均变动率呈现的是一种稳定状态。例如,得克萨斯的一项研究发现,1988—2002年,同人口增长和医生数量相适应,医疗过失索赔的数量几乎没有增长。① 汤姆·贝克(Tom Baker)教授也指出,1980—2002年,预期国民损失的增长速率低于同时期医疗支出的通胀率。②

但是较长时期之内的平均数值并不能给那些遭受意外和快速变化影响的人带来多少安慰。这一出现于20世纪90年代晚期的变化,取代了90年代早期和中期的平静氛围。大约从1998年开始,医疗过失索赔的赔偿金额有所提高。1988—1997年,美国审计总署(the General Accounting Office, GAO)从一些州提取的样本显示,根据通货膨胀率调整之后,赔偿金额的年均增长率为3%。然而,1998—2001年,这些州的年均增长率就提高到了8.2%。③ 更新的一项研究发现,1990—2001年,索赔请求的赔偿金额每年增加了约9%。④ 圣保罗保险公司作为当时标杆性的保险公司,在此期间内(其完全退出市场之前),其赔付金额从1996年的不到4亿美元增长到了2001年的将近14亿美元。⑤

赔偿金额的快速增长,进一步强化了对未来索赔请求发生频率提高和赔偿金额增加的预期,从而引发了保费的大幅提高。另外,股市泡沫在2001年初破灭,再加之几个月之后"9·11"事件引发的索赔请求,使整个保险市场经历了一次突然和庞大的资本抽取。最后,圣保罗保险公司得出了一项结论:由于20世纪90年代早期之前,其一直都预留了超出实际损失的赔款准备金,因此需在接下来的几十年里相应地调整保险费率。其

---

① Bernard Black et al., "Stability, Not Crisis: Medical Malpractice Claim Outcomes in Texas, 1988-2002," 2 *Journal of Empirical Studies* 207 (2005).

② Baker, *The Medical Malpractice Myth*, 53-54.

③ U.S. General Accounting Office, *Medical Malpractice Insurance: Multiple Factors Have Contributed to Increased Premium Rates* 15 (Washington, D.C., 2003).

④ Kenneth E. Thorpe, "Medical Malpractice 'Crisis': Recent Trends and the Impact of State Tort Reforms," *Health Affairs Web Exclusives* 2004, W-20, W-23.

⑤ "Lawyers vs. Patients," *Wall Street Journal*, May 1, 2002, A18.

他许多保险公司,主要是小的医疗互助保险公司,很明显之前并没有预留超额赔款准备金,但为了跟随圣保罗公司的定价也调低了其保费。"9·11"事件后,这些保险公司为了弥补因先前低价销售保险而遭受的损失,纷纷提高了保费。① 所以,毫不意外的是,较高的保险费率吸引了新的保险公司进入市场。② 但就在此时,一些州医疗过失责任保险市场的硬度却加剧了。

不过,各州情况存在很大差异。1998—2001 年,密西西比州、宾夕法尼亚州和加利福尼亚州的已付赔款分别增加了 142%、70% 和 38%,而明尼苏达州的已付赔款却只增加了 8%。那么相应地,各州之间、各州内部甚至是一州不同医疗专业之间的保费增长率不同,就不奇怪了。③ 某些州还存在其他州没有的某种"危机"。例如,1999—2002 年,宾夕法尼亚州最大的医疗过失责任保险人对哈里斯堡的某些外科专业提高了约 150% 的基本保险费率,而在加利福尼亚州和明尼苏达州,这些专业的保险费率却只增长了 5% 和 21%,某些地方的费率甚至还有所降低。④ 因此,各州的改革势头迥然相异。

之后,随着保险周期的推进,费率增长再一次达到平稳状态。然而,当该问题成为 2004 年美国总统大选中的议题,并且从 2005 年开始被纳入布什总统的立法议程中时,整个问题再次显现了出来。总统提议,联邦法律应对医疗过失案件中的非经济损失赔偿规定 25 万美元的最高限额。⑤ 但该项提案在 2006 年遭到否决,未来也通过的希望渺茫。无论如何,考虑到过去的经验和许多州已经规定此类最高限额的事实,对于困扰医疗过失责任保险市场近一个世纪之久的保费和赔款增长的周期问题,总统关于最高限额的这一提议似乎很难产生重大影响。对于那些没有规定最高限额

---

① "Insurers' Missteps Helped Provoke Malpractice 'Crisis'," *Wall Street Journal*, June 4, 2002, A1, A8.

② "The Third Generation: Start-up Medical Malpractice Companies," *National Underwriter: Property & Casualty*, July 25, 2005, 19(其对 2002 年之后成立的 90 家新的医疗过失责任保险公司展开了研究)。

③ Bernard Black et al., "Stability, Not Crisis," 207; U. S. General Accounting Office, *Medical Malpractice Insurance*, 19.

④ Id. at 10.

⑤ Health Act of 2005, S. 354, 109th Cong., secs. 4-5.

的州，采行联邦关于非经济损失最高赔偿限额的规定，可以使其保费逐渐降低15%—20%。但是，这一规定对保费周期没有任何控制作用，同时对于保费在新的更低基础上的长期波动性增加，也几乎没有阻遏作用。

在某种程度上，医疗过失责任保险、医疗过失责任和医疗服务体系结构之间的现有关系，似乎会继续制造一种侵权法改革影响有限、保险价格不稳定和医生依然不满意的局面。只有根本的改变才可能开创一个更令人满意的局面。然而，正如我们所看到的，无过失医疗损害责任当下不仅在技术上不可行，在政治上可能也同样不可行。将医疗错误的责任完全由个人转移给机构在政治上或许也不可行。然而，后者若采取渐进的方式则较为可行。要求医院、保健机构及其他管理式医疗机构对医疗错误承担财务责任，可以更有力地促使这些机构防止医疗过失。通过更新责任规则，该机构责任可以是直接的；通过要求医疗机构为医生提供保险，或至少为系统性医疗失败承担更多的责任，该机构责任也可以是间接的。[①] 随着医疗服务越来越多地通过这些机构在治疗系统内部提供，一种提升患者安全的系统性方法开始出现。在这种安排下，医生不再明显是责任的唯一焦点，这与商业航空公司的飞行员应当是空难责任的焦点是不同的。

另外，同医生和小的医疗团体相比，医疗机构财务规划和风险分散的能力更强。最重要的是，医疗机构可以更快地把责任保险的保费增加转移给医疗消费者或其股东。因此，对医疗错误规定更重的机构责任可以抑制保险周期对医生的波动性影响。

医疗服务市场和法律制度也都在逐步朝这个方向发展。医疗机构在与之关联密切的医生购买医疗过失责任保险方面，提供了越来越多的资金支持。不仅大学医疗中心频繁地为其内部人员购买保险，保健机构通常也会为其实际雇佣的医生购买保险。同时，对于这些关联密切的医生实施的医疗过失行为，机构也越来越多地被课以替代责任。然而，以医生行为为核心的责任的概念，却依然是主导性的法律分析模式。

只要个人医疗过失的模式占主导地位，医疗机构不被认为是主要的医疗服务提供者和法律与经济责任的恰当焦点，医生就依然会在诉讼中处于

---

① See Baker, *The Medical Malpractice Myth*, 174-178; William M. Sage, "Malpractice Reform as a Health Policy Problem," in Sage and Kersh (eds.), *Medical Malpractice and the U. S. Health Care System*, 30.

显著的法律核心位置。除非这些机构拥有控制医疗错误影响因素的必要手段，否则这种医疗过失模式不会发生转变。这些手段中，当然也包括对医生行为的控制。

而问题的症结在于：一方面，医生可以为保留其剩余的专业自主权而抗争，但若拥有该自主权，他们就会继续面临由个人承担医疗过失责任的风险；另一方面，医生也可以通过越来越多地放弃其自主权，逐渐获得医疗过失责任的解脱。但医生最终不可能二者兼得。医生们无法实现但又锲而不舍在追求的，是同时获得完整的专业自主权和脱离医疗过失责任的自由。然而，这却是一种健康保险和医疗过失责任的现代关系不会为之提供的安排。

第五章　产品责任、环境污染
责任和长尾性

从某种重要意义上说,产品责任和环境污染责任的历史也构成了侵权法与保险相互作用的一部分。在现代产品责任的发展中,寻找和确定那些可以通过投保或者将责任成本转移给庞大顾客群体的方式来广泛分散损失的各类被告,是极为重要的。而20世纪70年代晚期才开始大量出现的环境污染责任,却几乎一出现就引发了责任保险市场的动荡,而且这种影响至今都未消散。这两种责任存在的主要难题之一是,它们经常要为侵权行为实施数年之后才显现的损害提供补偿。索赔的这种长尾性使这两种针对长潜伏期损害的责任难以得到承保,因为在这些情况下,保险人会面临很高的预测难度。

与此同时,长潜伏期损害责任对企业的威慑效应也具有不确定性。对于企业而言,索赔的长尾性使其只顾追求风险行为的短期收益,而低估了潜在的长期成本。而且,责任保险的定价也没有中和企业的这种动机。正是由于保险人在预测长尾索赔时存在困难,导致保费收取的多少和企业行为长期风险的关联性往往不是那么紧密。因此,规定长尾责任的主要好处通常不是其遏制了风险行为,而是其为风险行为最终损害的受害人提供了一种赔偿来源。

当人身损害从其他来源可得到的赔偿极少时,以这种方式将保险的功能引入侵权法中,看起来或许就说得通了。但是如前所述,在20世纪的后50年里,第一方保险,特别是健康保险,得到了远比之前更加广泛的实行。以上做法的结果之一便是创造了一个以责任为基础的赔偿机制,但该机制不仅运行成本比人身损害受害人可得到的多种多样的第一方保险更高,其功能也在很大程度上是对后者的复制。

产品责任和环境污染责任在不同的时期以不同的方式分别走向成熟。产品责任的规则发展史体现为对生产者责任范围之限制的不断解除,这种解除是通过逐步增加新的诉因和最终废除抗辩事由来实现的。首先废除的是生产者责任的过失限制要件。20世纪30年代，研究企业责任的学者一直在研究将保险作为对生产者实行严格责任的理由。40年代，该理由首次得到司法援引。60年代，法律的频繁更改在很大程度上系以此理由为基础。之后，为了与企业责任的理论保持一致，也由于产品责任的规则在当时发展到了顶峰，环境污染损害责任的范围也开始大规模扩张，这一扩张在很大程度上是通过制定《1980年综合环境回应、赔偿和责任法》（*the Comprehensive Environmental Response, Compensation and Liability Act of 1980*）（以下简称CERCLA）这一独立的联邦成文法实现的。

然而，此后不久，现代产品责任和环境污染责任立法开始对责任保险制度产生较大负面影响。这种影响的后果是，产品责任保险和环境污染责任保险的吸引力和供给一直在缓慢而平稳地消减。讽刺的是，在一些其存在理由部分是因为被告比原告更易获得保险的领域，现在却变成了原告比被告更易获得保险。要说这些领域如今是在寻找一个合理的目的，即发挥威慑效应，就有些夸张了。短尾责任无疑依然存在威慑效应，并使责任值得获得一定程度的保留，而长尾责任尽管也存在一定威慑效应，但其威慑程度却是不确定的。此外，考虑到潜在原告获得保险的便利性，在这些领域规定责任的根本理由之一——保险、风险分散和赔偿，已经远远不像之前那样具有说服力了。

第一节 现代产品责任规则的演进之路

19世纪并没有专门的产品责任法。产品责任系由合同约定所生，需受由英国法院在Winterbottom v. Wright案（以下简称Winterbottom案）中确立的相对性规则的约束。[1] 根据该规则，同被告具有合同关系（即满足"相对性"）是产生责任的必要条件。买方只能向销售给其产品的卖方主张权利。

如今看来，相对性规则似乎既专横独断又流于形式，但实际上其曾经具有实质性的存在理由。生产者承担的只是销售合同项下的义务。如果第三方有权起诉生产者的话，将意味着生产者即使遵守了与批发商或零售商

---

[1] 152 Eng. Rep. 402 (Ex. 1842).

所订销售合同的全部条款,也须承担责任。正如审理 Winterbottom 案的法院所指出的那样,合同可能会被侵权诉讼所"撕开"。在这样的威胁下,生产者将不得不提高产品价格,或者使产品比销售合同所要求的更为安全。如此一来,为了保护合同之外的第三人,合意双方之间的私人合同实际上已经被侵权法所改变。

这样的结果在今天看来似乎很寻常。若合同条款具有造成公众损害的威胁,产品销售的私人合同就不应当再保持封闭性。然而,19 世纪,手工业者通常自己制造产品,并将产品直接销售给其使用者。至少从理论上而言,合同可以更详细地安排其法律关系。然而,随着商品大规模生产的兴起,相对性规则开始无法应对现实发展的需要。最有可能受到缺陷产品影响的并不是直接从生产者处购买产品的中间商,而是从零售商处购买产品的消费者,或者是根本就不在该产品供应链中的无辜的局外人。

一 MacPherson 案和生产者的过失责任

在这样的环境下,相对性规则此后逐渐让步于其他规则就不足为怪了。1916 年,一项新的规则产生于纽约州上诉法院对 MacPherson v. Buick Motor Company 案(以下简称 MacPherson 案)的判决之中。[1] 在本杰明·卡多佐(Benjamin Cardozo)法官撰写的判决意见中,法院主张,如果生产者知道其产品将会被直接购买者以外的人使用,那么对于任何过失制造的可能造成他人损害的产品,生产者均须承担责任。卡多佐法官认为,生产者责任的来源并非"仅限于合同",还有"法律",即侵权法。侵权法的价值目标会取代私人合同中明示或默示的限制。

对原告而言,这是一次明显的胜利,但也并非万能之手段。证明生产者的过失通常并不容易。现实中,产品可能在产生诉争损害的事故中就已遭到损毁,因而会使确定产品何处存在问题格外困难。而且,即便确定了产品何处存在问题,原告也还必须证明生产者的过失是损害发生的原因之一。在产品责任案件中,产品对原告造成的损害发生于产品离开生产者占有之后,有时是数月之后,有时甚至是数年之后。由于产品缺陷既可能是在产品离开装配线时就已存在,也可能是在产品的使用过程中产生,因此生产者在交付产品后,是否应对造成原告损害的产品缺陷负责,经常是一

---

[1] 110 N. E. 1050(N. Y. 1916).

个潜在的问题。例如,在 MacPherson 案中,由于木制车轮破裂前,车辆就已在崎岖的乡间道路上行驶了一年,因此无法确定车轮究竟是在离开装配线时就已存在缺陷,还是因为长期使用中的磨损而破裂。①

这些并不是原告所面临的全部问题。即便产品何处存在问题和缺陷、何时产生的事实问题得到了解决,确定生产者的过失所指究竟为何,仍然是一个难题。例如,假设已经证明争议中的缺陷产生于装配线上,质量控制之注意义务的"合理"程度依然不易确定。多高程度的检查义务才算必要?多大比例的缺陷单元可被允许为检查误差并可被认为"合理"?而且,如果问题并不在于某个单元的生产缺陷,而在于同每个单元都有关的设计缺陷,那么为了实现"合理的"安全,产品的设计必须要保证多高的安全程度?这些问题必须要逐案加以解决,而作为解答这些问题之凭据的证据,则只有原告才能提供。总之,起诉生产者过失侵权的权利并没有解决原告的问题,反而还制造了以上问题。

然而,与此同时,产品责任的另一基础也开始发展。法院主张,在产品销售中,直接销售者必须向买方承担承诺或"保证"产品适于销售的默示义务,这其实是一种对产品最低限度之安全的保证。若销售者违反了该项保证,可能要为产品所导致的包括人身损害在内的一切损害负责。由于该项责任并不要求证明销售者违反了遵守保证的合理注意义务,因而等同于无过失责任。销售者在违反保证时,须对不利后果承担严格责任。因此,默示保证的规定帮助被告回避了过失证明中存在的难题。但是,由于默示保证只适用于存在相对性合同关系的场合,故而在消费者对产品生产者提起的诉讼中无法得到适用。

默示保证接下来的发展在实践上是很小的一步,在概念上却是极大的飞跃。涉及不纯净食物的案件为默示保证的相对性限制创设了例外。受到不纯净食物损害的消费者可以以违反默示保证为由起诉生产者,即使他们之间并不存在任何直接的合同关系。② 直接销售者违反默示保证的责任与生产者违反默示保证的责任之间的差别,正是合同和侵权行为的差别。同

---

① See James A. Henderson, Jr., "*MacPherson v. Buick Motor Co.*, Simplifying the Facts While Reshaping the Law," in Robert L. Rabin and Stephen D. Sugarman (eds.), *Tort Stories* 41 (New York, 2003).

② See, e.g., Mazetti v. Armour and Co., 135 P. 633 (Wash. 1913).

时，它也是 Winterbottom 案和 MacPherson 案的差别，只是系以严格责任而非过失责任为基础。事实上，这种默示保证是由法律规定的，并非本来就存在于事实当中。它是对某一法定义务赋予的名称，该法定义务不是法律对当事方已经合意之内容的确认，而是源于法律的直接规定。

生产者之"食物适于销售"这一默示保证的确立，在概念层面属于根本性的跨越，但其实践意义却相对有限。一些法院除了将隐含保证适用于食物外，还将之适用于像香水这样贴身使用的产品。但这种扩张随后却戛然而止。数十年的时间里，相对性的限制依然适用于其他所有类型产品之销售的保证违反诉讼。自 MacPherson 案至 20 世纪 50 年代晚期，此类产品的生产者依然只对其过失行为承担责任。

二 以企业为基础的严格责任

同一时期内，诞生于劳工补偿制度的企业责任理论继续发展并在法律文献中取得了一席之地。道格拉斯（Douglas）、詹姆斯（James）、凯斯勒（Kessler）和普罗瑟（Prosser）等学者均在不同程度上主张，侵权法应当要求企业承担与其活动有关的所有事故的成本，并将成本分散给从这些活动中获益的公众。[1] 也正是在这段时期，基于企业责任的原理，对所有产品生产者均课以严格侵权责任的司法报告得以出版，并产生了深远的影响。

在 Escola v. Coca Cola Bottling Company of Fresno 案（以下简称 Escola 案）中，一位女服务员因手中的可口可乐瓶爆炸而遭受损害后，以过失侵权为由起诉了生产者。[2] 和许多发现很难引用 MacPherson 案判决的原告一样，她没有直接证据可以证明生产者具有过失。她无法重现装配线上发生的事实，瓶子的爆炸同时也破坏了所有可能证明该瓶装可乐存在生产缺

---

[1] George L. Priest, "The Invention of Enterprise Liability: A Critical History of the Intellectual Foundations of Modern Tort Law," 19 *Journal of Legal Studies* 461 (1985). 代表性文章包括 William O. Douglas, "Vicarious Liability and Administration of Risk (pts. 1 and 2)," 38 *Yale Law Journal* 354, 720 (1929); Lester W. Feezer, "Capacity to Bear Loss as a Factor in the Decision of Certain Types of Tort Cases," 78 *University of Pennsylvania Law Review* 805 (1930); Charles Gregory, "Trespass to Negligence to Absolute Liability," 37 *Virginia Law Review* 359 (1951); Leon Green, "The Individual's Protection under Negligence Law: Risk Sharing," 47 *Northwestern Law Review* 751 (1953).

[2] 150 P. 2d 436 (Cal. 1944).

陷，或者苏打加入不当的证据。然而，原告主张她有权适用事物自身言明（res ipsa loquitur）规则，作为生产者对于向瓶中过度加压具有过失的依据。承审法院和加利福尼亚州最高法院都支持了其主张。

1944年，罗杰·特雷纳（Roger Traynor）法官在支持该结果的判决意见中主张，在缺陷产品案件中，不应当要求原告对被告的过失加以证明。在他看来，对于产品缺陷导致人身损害的案件，追究产品生产者严格责任（其称为"绝对"责任）的时代已经到来。他为自己的这一提议提供了三项理由。第一项理由是严格责任有助于减少损害。责任应当被固定在"最能够有效地降低流入市场之缺陷产品对生命和健康所带来的固有危险之处"，而生产者恰恰最有能力"预测并防范某些危险的发生，这是公众无法做到的"。

第二项理由是，即使生产者无法阻止损害的发生，也可以最好地为实际发生损害所引起的责任承保。损害的成本可以"由生产者承保，并作为经营成本分散给社会公众"。损害的风险要求"持续的保护，而生产者正是最合适的保护提供者"。

第三项理由是，即使生产者具有过失，原告有时也很难证明过失。原告通常无法获得过失的证据。事物自身言明规则也并不总能被用来填补这一缺口，而且生产者当时甚至还被允许提供证明其不具有过失的证据。原告"通常无法反驳此类证据，或确定缺陷的原因"。因此，同依赖过失侵权和保证的规则相比，规定严格侵权责任才是恰当的解决方法。

特雷纳法官在Escola案判决中的支持意见尽管没有判例地位，但其影响力却很快显现。20世纪50年代中期，法学院的侵权法学者开始关注产品责任，并考虑曾经促使劳工补偿制度得以建立并在之后广为传播的企业责任思想，是否也可以适用于产品责任领域。[1] 他们在Escola案中发现了企业责任的充分支持理由。

20世纪60年代早期，正如普罗瑟教授所指出的那样，阻碍严格责任的堡垒坍塌了。[2] 加利福尼亚州最高法院在1963年Greenman v. Yuba Power Products, Inc.案（以下简称Greenman案）的判决意见中认为，对

---

[1] See, e.g., Fleming James, Jr., "Products Liability," 34 *Texas Law Review* 44 (1955).

[2] William L. Prosser, "The Fall of the Citadel," 50 *Minnesota Law Review* 791 (1966).

于产品缺陷造成的损害，生产者（和其他销售者）要承担严格侵权责任，该判决意见系由如今为首席法官的特雷纳法官所撰写。[1] 通过 Greenman 案，特雷纳法官将其在 20 年前 Escola 案中所提议的内容变成了法律。之后，作为侵权法历史上最快的法律转变之一，严格产品责任迅速席卷了整个美国。1965 年，美国法学会（the American Law Institute，ALI）在其极具影响力的《第二次侵权法重述》[Restatements (Second) of Torts] 已有的第 402 条和第 403 条之间，加入了仓促制定的严格产品责任规则，并将之作为第 402A 条。之后，数十个州的法院均效仿了加利福尼亚州法院的做法和《第二次侵权法重述》的规定，将其产品责任的法律规范表述为，当产品处于对其使用者或消费者具有"不合理的危险之缺陷状态"时，其所造成的损害就会触发严格产品责任。

在此期间，侵权法学术研究偏好的一项早期转变也促进了产品责任的扩张。包括特雷纳法官在内的早期企业责任理论学家，喜欢强调责任扩张的损失分散效果。在他们看来，同消费者相比，企业被告在承担事故的成本，为损害事故投保，或者将成本转移给消费大众方面，处于更好的位置。尽管责任增加的威胁可能会减少事故发生这一说法有时也会被提及，但 20 世纪 60 年代之前，事故减少在企业责任理论的决定性因素中只占第二位。例如，企业责任的主要支持者弗莱明·詹姆斯（Fleming James），就曾经极度怀疑侵权责任减少事故的作用，并提出，侵权法"是否极大促进了事故预防是令人怀疑的"[2]。

然而，20 世纪 60 年代，法律的经济分析逐渐在精英云集的法学院中获得重视，其支持者开始关注侵权责任的威慑效应。耶鲁大学法学院的吉多·卡拉布雷西（Guido Calabresi）教授在其一系列文章中主张，严格责任在威慑作用方面优于过失责任，[3] 其于 1970 年出版的《事故

---

[1] 377 P. 2d 897 (Cal. 1963).

[2] Fleming James, Jr., "Accident Liability Reconsidered: The Impact of Liability Insurance," 57 *Yale Law Journal* 545, 569 (1948).

[3] See Guido Calabresi, "Some Thoughts on Risk Distribution and the Law of Torts," 70 *Yale Law Journal* 499 (1961); "Fault, Accidents, and the Wonderful World of Blum and Kalve," 75 *Yale Law Journal* 216 (1965); "The Decision for Accidents: An Approach to Nonfault Allocation of Costs," 78 *Harvard Law Review* 713, 720-734 (1965); "Does the Fault System Optimally Control Primary Accident Costs?", 33 *Law and Contemporary Problems* 429 (1968).

的成本》(*The Costs of Accidents*) 一书，进一步发展了这些思想。与此同时，芝加哥大学也涌现出了许多针对威慑问题的作品，其中最著名的是理查德·波斯纳（Richard Posner）教授的大作。[①] 20 世纪 70 年代，如果不是学术著作极大提升了威慑的重要性，并降低了作为侵权责任首要目标的损失分散和赔偿的重要性的话，前者必然会和后者处于同等地位，而不会是如今的前者高于后者。规定更多责任所产生的威慑作用可以预防事故发生，因而可以减少实际需要被追究的责任这一思想，后来成为侵权法理论的标准特征。因此，当普罗瑟教授与其同事共同提出第402A 条时，他们所依赖的不仅有近期的判例法，还有当时不断发展的支持责任扩张的学术研究。

三 设计缺陷和警示缺陷

不过，对于严格责任涉及的究竟是何种产品缺陷，法院和美国法学会当时并不明确。常规案件涉及的似乎都是制造缺陷，即产品具有不属于生产者意图设计范围之内的特征，并因此导致了原告的损害。这些是装配线中产出的异常的、生产有误的产品单元，而非正常的、生产正确的产品单元。它们属于生产、加工或组装中无意识的错误。

20 世纪 70 年代，人们逐渐发现，制造缺陷以外的另外两种缺陷引发了比制造缺陷更大的概念上的困难。其中一种是产品设计缺陷。与具有制造缺陷的产品不同，具有设计缺陷的产品不是异常的。设计缺陷影响的是装配线上产出之产品的每一个单元。70 年代诉讼中出现的另一种产品缺陷也是如此：对于产品的不完全警示或说明。

同制造缺陷的产品相比，设计或警示缺陷的产品造成大规模损害的可能性要大得多，因为这两种缺陷存在于被销售产品的所有单元。20 世纪70 年代，出现了第一起主张设计和警示缺陷的大规模产品责任侵权诉讼。诉讼开始涉及的产品只有石棉，但随后很快开始涉及达康盾、己烯雌酚（DES）、胸部填充物和本涤汀（一种止吐药）等产品，而且这里列举的

[①] See Richard A. Posner, "A Theory of Negligence," *Journal of Legal Studies* 29 (1972); Walter J. Blum and Harry Kalven, Jr., *Public Law Perspectives on a Private Law Problem* (Boston, 1965); Walter J. Blum and Harry Kalven, Jr., "The Empty Cabinet of Dr. Calabresi: Auto Accidents and General Deterrence," 34 *University of Chicago Law Review* 239 (1967).

仅仅是其中的一小部分。①

随着设计和警示缺陷诉讼作为重要诉讼类别开始出现,早期的大规模侵权诉讼开始被提起,产品责任抗辩的法理也以一种促进原告获得赔偿的方式逐渐定型。特别是,法院越来越倾向于缩小自甘风险抗辩的适用范围,而且几乎每一个州都制定了过失相抵的成文法规则,因而使得原告在产品责任诉讼中胜诉的可能性比以前更高。

最后,许多大规模产品侵权案件涉及之损害的潜在性,引发了必须由侵权法规则加以处理的因果关系的不确定性。对于被告产品责任的追究,法院有时以被告的市场份额或者其他指标为依据,而不以传统的因果关系证据为依据。②

尽管产品责任规则的扩张在20世纪80年代中期有所停滞,但其在此时的扩张程度已经非常之高。有关产品责任的规则在当时达到了顶峰,且以这种状态持续了近25年。刨除非常小的例外,产品责任的侵权法规则在这25年里从未扩大或缩小过责任的范围。事实上,90年代早期,美国法学会曾经审视过这一成熟的规则体系,得出的结论是,大多数产品责任实际上从未成为严格责任。制造缺陷的产品引发的的确是严格责任。但产品是否具有设计缺陷的问题,后来被证明一般是一个对产品设计的成本收益,与其合理替代方案进行权衡的问题。而且,只有在对产品风险的披露"不充分",且该风险本可以因"合理的"警示或说明而降低时,才会发生未履行警示义务的责任。③ 尽管这些责任类似于严格责任,关注的是诉争产品的性质,而非生产者的行为,但其基本还是过失判定的问题。例如,除了通过某种方式以产品具有不合标准的特征来追究产品责任外,几乎不存在有效手段可用于追究产品设计缺陷所致损害的责任。但如果不这样的话,所有与产品相关的损害都会引起责任,即便产品本身可能并不存在缺陷,如从安全的梯子上滑倒在地的损害,被锋利度适当的刀子割伤的

---

① See, e.g., Borel v. Fibreboard Paper Products Corp., 493 F. 2d 1076 (5th Cir. 1973) (asbestos); In re A. H. Robins Co. Inc. "Dalkon Shield" IUD Products, 406 F. Supp. 540 (MDL 1975) (the Dalkon Shield).

② 根据市场份额判决的具有重大影响的案件是 Sindell v. Abbott Laboratories, 607 P. 2d 924 (Cal. 1960)。

③ American Law Institute, *Restatement (Third) of the Law of Products Liability* §2 (St. Paul, Minn., 1998).

损害等。

因此，约始于 1960 年的产品责任规则的激进扩张轨迹，在 1985 年前后变得平缓。[1] 就在十几年前，看起来要不可避免地向彻底的严格产品责任，可能是企业严格责任转变的侵权法规则，其后来的实际改变却是更为温和的，至少理论上是如此。巨大的改变没有发生在法律规则之中，而是发生在逐渐提高的诉讼频率和赔偿金额当中。

然而，同纸面上的法律规则相比，产品责任诉讼近 25 年来的实践发展，对责任的扩张程度要更高。产品存在设计缺陷或警示缺陷的案件，无论是过去还是现在都很多。但是，事实上，当损失分散或拥有保险才是追究责任的真正依据时，也会有案件并不严格遵守以过失为基础的标准。[2] 例如，汽车的框架可能会因为在撞击中变形而被认为具有缺陷。然而，另一案件中的另一框架却可能会因为没有变形而被认为具有缺陷。在这样的情况下，无论产品设计是否存在缺陷，对于造成相关损害的风险，生产者都要承担责任，此时生产者实质担任的是保险人的角色。正如一位颇受尊敬的联邦法官在类似案件中所指出的那样，"在这些情形下，法律课以该行业的是对机动车事故中大量个体提供保险保障的责任"[3]。

与此类似，在特定的警示缺陷案件中，追究责任的作用似乎是令生产者对产品使用造成的不利后果承担保险责任，而不是令其对真正存在的警示不充分负责。例如，陪审团一直以来都可以将对潜在副作用的看似恰当的警示认定为不充分；[4] 在某些疫苗案件中，原告也一直都不用证明，若被告提供了更详细和明确的警示，他们就会注意到诉争警示并拒绝接种疫

---

[1] See James A. Henderson, Jr., and Theodore Eisenberg, "Inside the Quiet Revolution in Products Liability," 39 *UCLA Law Review* 731 (1992); Gary Schwartz, "The Beginning and the Possible End of the Rise of Modern American Tort Law," 26 *Georgia Law Review* 601 (1992); James A. Henderson, Jr., and Theodore Eisenberg, "The Quiet Revolution in Products Liability: An Empirical Study of Legal Change," 37 *UCLA Law Review* 479 (1990).

[2] See James A. Henderson, Jr., "Echoes of Enterprise Liability in Product Design and Marketing Litigation," 87 *Cornell Law Review* 958 (2002).

[3] Dawson v. Chrysler Corp., 630 F. 2d 950, 962-963 (3d Cir. 1980) (Adams, J.).

[4] See, e.g., MacDonald v. Ortho Pharmaceutical Corp., 475 N. E. 2d 65 (Mass. 1985)（该案认为，在提及脑中血块引发的死亡风险时，避孕药的警示中没有使用"中风"一词，所以陪审团可以据此而将其认定为不充分）。

苗。① 这些案件的目的似乎是，确保对遭受药物副作用的不幸受害人的赔偿成本被包含在产品的价格之中，而非促进消费者对产品风险的实际了解，或者其基于这种了解所作出的行为。实际上，对于消除责任风险，或者将责任风险降低到合理水平之上，除停产之外，此类药品的生产者通常无计可施。而对于一些药物，特别是儿童疫苗，生产者所做的其实就是停产。

总之，纸面上的现代产品责任法意图根据设计缺陷或警示缺陷，将侵权责任限制在等同于生产者具有过失的情形。但在实践中，这些情形有时追究的却是生产者的严格责任。此时，追究严格责任的主要作用是给产品相关损害的受害人提供保险保障，并不考虑产品是否真正存在缺陷或缺陷未被合理警示。

第二节　CERCLA 与环境污染责任改革

同产品责任相比，现代环境污染责任的成文法规则发展较晚，且在很大程度上是对不完善的传统普通法规则的回应。从理论上说，"妨害法"（the law of nuisance）一直都可被用于处理污染导致的财产损失问题，甚至在大部分法域还包括人身损害问题。不过，妨害法仅在污染发生后才追究责任。和侵权法上的所有诉因相同，妨害法也要求证明被告行为和原告主张的损害之间存在因果关系。在损害即刻可见的情况下，妨害法或许可以有效发挥作用。② 然而，由于污染可能会引起多年以后的疾病，要证明被告过去的行为导致了原告现在的损害，可能就很困难。这样的后果就是，普通法上环境污染责任的威慑力并没有使污染降低到最理想的水平，尤其是第二次世界大战之后工业污染还有所增加。

20 世纪 60 年代，由于妨害法未能胜任保护环境的任务，公众对于环保问题的关切日益增加。蕾切尔·卡逊（Rachel Carson）1962 年出版的《寂静的春天》（*Silent Spring*）一书十分具有影响力，该书展现了农药造成的危险；60 年代末，加利福尼亚南海岸发生的大面积石油泄漏事件，激发了环保运动；1970 年 4 月设立的第一个世界地球日，使环境问题成

---

① See, e.g., Reyes v. Wyeth Laboratories, Inc., 498 F. 2d 1264 (5th Cir. 1974).
② See, e.g., Boomer v. Atlantic Cement Co., 257 N. E. 2d 870 (N. Y. 1970).

为举国政治关注的焦点。1970 年，尼克松（Nixon）总统设立了美国国家环境保护局（the Environmental Protection Agency，EPA）（以下简称环保局）；1970—1975 年，美国国会制定了一系列重要的"指挥—控制"环境规则计划，《清洁空气法》(the Clean Air Act) 和《清洁水法》(the Clean Water Act) 就包括在内。这两项立法反映和增强了公众的环保意识，但并没有直接扩张环境污染的民事责任或环境污染相关人身损害的民事责任。

随后的 1978 年，在纽约尼亚加拉瀑布附近的爱河（Love Canal）住宅区里，一些居民被发现多年来一直患有某种奇怪的疾病。后来发现，几十年前，胡克化工公司（the Hooker Chemical Company）曾将该地作为废物储存场所。危险废物从而泄漏到居民的地下室，污染了居民财产。因此，爱河旁的房屋不得不被封存和废弃。超过 2 亿美元被用于清理此地的危险废物，但是在发现问题之后的很长一段时间之内，对于州政府和联邦政府是否有命令它清理该处污染物的职权，以及它是否应对该污染事件负责，胡克化工公司一直在辩解和犹疑，许久之后才同意进行清理。

爱河因此成为企业对危险废物之处理不负责任的象征，尽管在争议过程中了解到，胡克化工公司在被施压将所有权移转给市政当局之前，曾给予了市政当局该地存在废物的警示。[1] 进一步的调查显示，全国有上千个危险废物储存场所。尽管自 1970 年已通过了一系列联邦环境立法，但没有一部法律直接解决了这个问题，或赋予了联邦或州政府有效解决该问题的权限。

这一局面导致国会于 1980 年通过了 CERCLA。[2] 由于该法设立了为政府预防或救济环境损害提供资金的基金，因此又被戏称为"超级基金法"，但该法的重大意义远远不止于其所提供的金钱。实际上，CERCLA 还以成文法的形式，为清理危险废物储存场所的费用创设了侵权责任。

但这却是一种令人出乎意料的责任。尽管该责任体制的每一组成部分在现有的侵权法中都有先例，但它们却从未被汇集到一个具有如此深远意义的责任体制中来。对于所有给健康或环境造成威胁的危险废物储存场所（实际上是所有场所，尽管这些场所一般都会涉及废物），CERCLA 对其清理费用规定的都是追溯、严格和连带责任。申言之，无论废物储存当时

---

[1]　U. S. Hooker Chemicals and Plastic Corp.，850 F. Supp. 993，1020（W. D. N. Y. 1994）.

[2]　就现在而言，重要条文是 §§106 and 107，42 U. S. C. §§9606 and 9607。

是否合法以及是否未侵害他人权益，无论被告是否具有过失，也无论其他主体对损害后果是否具有促进作用，被告都有可能须对场所清理费用承担全部责任。而且，几乎所有与危险场所有联系的人，都有可能被追究这种追溯、严格和连带性的责任。这些"责任主体"包括场所过去或现在的任何所有者或经营者；任何曾向该场所运送材料者；和任何曾经排放并在该场所储存废物者。[①]

该法设立了 16 亿美元的基金以供环保局用于清理废物；当环保局对责任主体提起的清理费用追偿之诉，通过判决来使相应责任主体承担 CERCLA 所规定的责任时，该基金又会被重新补足。另外，环保局可以发出行政命令要求责任主体自行承担清理责任，也可以从联邦法院处获取指令来要求责任主体承担清理责任。不遵守这些行政命令和指令而导致的罚款金额可能会非常高。作为对该计划的补充，许多州通过了"'小型'超级基金法"（mini-Superfund acts），其内容系仿照联邦的 CERCLA 所设，但规范对象是不在联邦法调整范围之内的、较小或危险程度较低场所的清理责任。

经过多年的实践，两项事实趋于明晰。第一，根据一些估计，全国的清理费用会远远超过最初预期，据估计将达到 5000 亿美元。第二，清理责任诉讼所消耗的费用要比清理行为本身更高。因此，美国国会在 1986 年修改了 CERCLA，更详细地说明了其责任体制的运作机理。这些修改的缩写是 SARA，即"Superfund Act Reauthorization Amendments"。但华盛顿的一些机智者打趣说，更准确的缩写应当是 RACHE，即"Reauthorization Amendments Clarifying How Everyone Is Liable"。

随着 CERCLA 责任体制的成熟，如今，根据该体制，首先是由联邦和州政府确定危险场所，并命令责任主体自行承担清理责任，或者由联邦和州政府从超级基金中提取资金用于清理，再通过诉讼向责任主体追偿。因为该责任体制允许对某一责任主体追究全部的清理费用责任，若存在其他对污染有促进作用的主体且其具有偿付能力的话，实际被追究责任的主体就会试图探求其他主体的作用力大小，所以当政府集中关注某个特定场所时，就会产生非常大的影响力。而且，由于政府率先确定了清理场所及其造成的危险，这就在某种程度上给居住在场所附近的私人主体带来了搭

---

① 就现在而言，重要条文是 §§106 and 107，42 U.S.C. §§9606 and 9607。

便车的机会，即他们可以在 CERCLA 的清理诉讼之后，向责任主体提起人身损害和财产损失的私人侵权诉讼。

CERCLA 责任不仅标准一致，涉及的赔偿金额也非常之高。危险废物泄漏引起的主要是对地下水的危害，地下水是指直接或间接供应市政或个人的饮用水。由于地下水污染的补救难度很大，其补救费用因而极高。对此，经常需要采用一种长期性的"抽出—处理"方法。其具体操作方式为：先将数十亿加仑的水从地下含水层缓慢抽出，进行去除污染的处理后，再将其泵回到地下。在一些被清除的危险废物已污染到其周围数英里地下水的较严重场所，找到该场所、清除地上废物、消除土壤污染和清洁地下水的资金和操作费用有时会达到几亿美元。

CERCLA 责任体制改变了环境污染责任的格局。除了联邦 CERCLA 计划和各州类似该计划所规定的实际责任外，为了避免政府对其提起行政听证程序和要求承担全部责任的诉讼，美国所有的大工业公司经常会通过自愿投入数百万美元用于清理，或提前同当局签订一份具有约束力的和解协议，来先发制人地处理其可能承担的责任。

第三节　责任保险与长尾难题

正如第四章医疗过失责任所显示的那样，责任保险面临的最大挑战之一是预测长期责任的责任范围。普通侵权责任涉及的一般是突然发生在被告身边或附近的事故，被告接下来便会在一个正常的时间范围内被提起诉讼，而打算发行或更新责任保险保单的保险人便可以根据投保人近期承担责任的情况（同时结合其他事实），来预测自己承保的责任风险的范围。然而，产品责任和环境污染责任却有所不同。这两个领域涉及的损害大多是缓慢发生的，肉眼无法识别，且在物理空间上与被告存在距离。此时，就产生了所谓索赔的"长尾性"，并引起了困扰责任保险人数十年之久的预测难题。

一　产品责任保险的产生

正如第一章所述，劳工补偿制度建立后，责任保险单逐渐被认为是一种"公共责任"保险单。这些保险单提供不久后被称为对"场所和活动"的保险保障。也就是说，该保险单承保的是保单持有人在其营业场所及其附近发生的损害责任，此即保单中描述的"场所"，以及在其他地方的"活动"中发生的损害责任。① 那么据此，这些保险单既不承保被保险人营业场所以外发生的与产品相关的损害责任，也不承保被保险人在营业场所以外实施的活动结束后发生的损害责任。

对承保范围施加这些限制的理由有时是，被排除的那部分保险没有市场需求。早期，根据相对性规则，产品的生产者不必承担过失侵权责任，即便是后来，由于证明过失的困难，生产者承担过失侵权责任的情形也极少。至于已经结束的活动，人们的普遍看法是，当被告结束房屋建设或修理这类工作后，原告将很难证明被告的过失以及活动与损害之间的因果关系。②

笔者对这些解释略有怀疑。如果产品责任和已结束活动引发的风险的确不存在，那么当然没有理由为其承保。但随着时间的推移，产生这些责任的风险的确存在，而且日渐增加。在20世纪，和食品生产者一样，产品零售商极早就开始面临因违反适于销售的默示保证义务所引发的损害责任。这些风险可能太过微不足道，以至于对其承保所产生的运行成本，将会导致保费高到使保险对保单持有人而言不再具有吸引力。或许，这才是对早期缺乏产品责任保险的部分正确解释。

但笔者认为，更完整的解释在于逆向选择及其导致的保费厘定困难。保单持有人自然会面临不同水平的产品风险和已结束活动的风险。一些可能几乎没有面临此类风险，一些面临的风险水平可能只是适度的，而另一些面临的可能是庞大的此类风险。如果产品责任和已结束活动的责任自动被公众责任保险承保的话，那么为了避免逆向选择，保险人就需要将所有的保费都调整至与每一位保单持有人风险程度适应的水平。而这种做法的成本很容易就会超过从极少的高风险保单持有人处赚取的利润，这些保单持有人由于实际面临着大量的产品责任风险和已结束活动的责任风险，因而会被收取远高于平均水平的保费。

此外，公众责任保险是在如今被我们称为"损害事故基础"之上承保的。也就是说，只要人身损害或财产损失发生于保险期间内，无论主张

---

① Roger C. Henderson, "Insurance Protection for Products Liability and Completed Operations-What Every Lawyer Should Know," 50 *Nebraska Law Review* 415, 416 (1971).

② Id.

人身损害或财产损失责任的诉讼在何时被提起,公众责任保险都会对其进行赔付。因此,场所/活动引发的责任和产品/已结束活动引发的责任可能会迥然相异。前者属于短尾责任,而后者则属于长尾责任。经营场所的使用和活动进行过程中引发的损害很可能会立即被保单持有人所注意。例如,当有人在商店中滑倒,或路人被某建筑物二楼掉下的板子砸伤时,保单持有人或其代理人往往就在现场或附近。被告即使不在现场,也可能很快就会收到事故的报告。而且,这些情形下的索赔请求权都会罹于自损害发生时起算的诉讼时效。此外,保险人还可以准确地评估保单持有人的经营场所或实施活动场所的风险水平,并将之纳入"场所和活动"保险费的厘定基础之中。

相比之下,就已脱离生产者控制的产品,和在已复归第三方所有的场所实施的已经结束的活动而言,对其所引发之责任风险的评估就需要一种完全不同的计算方法。这些风险引起的损害立即被报告给保单持有人及其保险人的可能性较小。因此,当一个保单年度结束时,对于被保险人该年的产品或已结束的活动引起的损害,保险人可能并无可被用于确定总体损害水平的依据。只有在可适用的诉讼时效期间经过进而使受害人的索赔请求权消灭后,过去保单项下的赔付请求才有可能被完全消除。因此,当保险人打算为下一年度的产品保险和已结束活动的保险厘定保费时,其掌握的与保单持有人近期损失情况相关的可靠数据,可能就会比场所/活动保险中掌握的要少。

基于以上原因,保险人不再为所有保单持有人提供产品保险和已结束活动的保险,而是采取了一种更加节约成本的做法,它们开始将这种保险从标准保险单中去除,作为附加险销售给那些明示其需要这种保险的少数保单持有人。因此,对这些相对少数保单持有人的风险评估,其成本就变得更加低廉。这是最初所发生的情况,但却贯穿了标准保险的发展始末。1940年,销售公众责任保险的财产/意外伤害保险人聚集到一起,制定了第一份现代企业责任保险,并将之命名为综合一般责任(Comprehensive General Liability,CGL)保险(以下简称CGL保险)。现代的CGL保险[1986年被重命名为"商业一般责任"(Commercial General Liability)保险]所提供的场所/活动责任保险和产品/已结束活动责任保险,依然是分开且相互独立的,尽管许多保单持有人两种保险都会购买。相比之下,单独的产品责任保险的购买量要低得多,但依然有保险公司提供。

这一简短历史使我们认识到，特雷纳法官期待的产品责任保险在Escola案的时代的确已经存在，其可作为CGL保险的附加险被购买。但它却是一种保险人相对较难定价的保险，因为同场所和活动索赔相比，产品和已结束活动的索赔更加具有长尾性。在法院采纳了特雷纳法官的意见并大大扩张了产品责任范围后的20世纪最后几十年里，索赔的长尾性被证明是讨论产品责任和产品责任保险的主要因素。

二 对长尾责任的承保

责任保险人的长尾责任风险是因保险赔付"触发"这一保险概念所致，其作用在前一章的医疗过失责任领域已有详述。无论被保险人对于人身损害或财产损失的责任是在何时被真正追究的，"损害事故基础"型的CGL保险，都会被保险期间内发生的人身损害或财产损失所触发或激活。当然，由于诉讼时效限定了起诉期间，索赔的长尾程度因而取决于可适用的诉讼时效。侵权法成文法上的诉讼时效通常规定，诉权终止于损害发生的几年之后，一般在两年到六年，具体期限随成文法规定的不同而异。但随着时间的推移，经由司法裁判和立法修改，这种固定诉讼时效期间的例外被引入了侵权法成文法。在笔者看来，两项最重要的例外分别是对于未成年人的例外和对于之后发现的损害的例外。

尽管对未成年人规定例外这一做法是不言自明的，但其依然无比重要。在许多州，诉讼时效的期间直到未成年人成年才可起算。故此，产品责任保险人一直都无法安心，因为在产品投入市场后超过21年的时间里，可能都不断会有未成年时受到损害的人向保单持有人提出索赔。与此类似的是，许多法院都认为，且立法也已规定，无论受害人是否是未成年人，起诉期间都是从受害人发现或施加合理注意后应当发现自己因诉争产品遭受损害时，开始计算。[①] 大部分情况下，这一例外并未给保险人制造任何难题，因为产品相关的损害一般都是由突然和剧烈的或至少是受害人不会注意不到的事件所造成。此时，诉讼时效便会立即起算。

然而，接触药物和化学品所导致的却可能不是损害而是疾病。在流行病学或其他医学研究确定接触和患病存在因果关系之前，疾病患者可能无

---

① See Michael D. Green, "The Paradox of Statutes of Limitations in Toxic Substances Litigation," 76 *California Law Review* 965 (1988).

法将其所患疾病归因于与某种药物或化学品的接触。一些法院认为，诉讼时效期间自原告知道或应当知道这种因果关系时起算。此外，一些疾病还有多年的潜伏期。身体所遭受的损害可能早已悄然发生，但有时却要等到疾病首次开始引发有形损害时才会显现。比如，因接触石棉所导致的衬砌肺胸膜加厚，以及因子宫中的己烯雌酚（DES）所导致的阴道腺癌。当向致病产品生产者提起之诉讼的诉讼时效期间直到疾病显现才开始起算时，保险人会发现自己需要承担多年前销售之保险的赔付责任。保险承保的是保险期间内发生的人身损害责任，但主张人身损害责任的诉讼却可能直到损害发生多年以后才会被提起。

20世纪50年代，发生了一些主张接触危险产品或物质导致的是疾病而非突然损害的诉讼，保单持有人随之开始对自己在诉讼中承担的责任主张保险赔偿。之后，保险人找到了一种避免赔偿以前销售之保单项下的长尾责任的方法。保险人试图作出的抗辩，系以承保"意外事故导致"之损害责任的CGL保单文本为基础。保险人主张，"意外事故"这一术语指的是持续时间短的事件。因此，他们认为，即使长期接触药物或化学品导致的疾病是意外发生的，损害也并非是"意外事故导致的"。

20世纪50年代，该问题的判例法在发展中逐渐产生分歧，尽管保单持有人似乎正在逐步取得胜利。① 然而，50年代末，伦敦保险市场在这场争议中发现了机会，并开始采取行动，行动不久后引起了对"意外事故"这一术语之含义的讨论。伦敦的保险人开始向美国的保单持有人销售CGL保险，并宣称该保险不仅承保意外事故导致的损害责任，也承保其所指称的"损害事故"导致的损害责任。他们将"损害事故"定义为，"一种事故，包括有害的环境接触"。因此，伦敦的保险单开始明确地为保单持有人长期事件之责任承保，而这种保险正是保单持有人一直以来认为或至少希望自己应从美国的保险人处得到的。

伦敦CGL保险的吸引力促使许多美国保险人也开始在其保单中增加损害事故赔付的宣传。后来，这种竞争随着1966年标准CGL保单的修改而告终，保单的修改将"损害事故"导致的损害责任纳入了保单承保范围之内。就此而言，1966年保单修改的主要作用，无疑是确认了CGL保

---

① See, e. g., Beryllium Corp. v. American Mutual Liability Ins. Co., 223 F. 2d 71（3d Cir. 1955）.

单要广泛地为长尾责任承保。而这正是从基于意外事故（accident-based）的承保转变为基于损害事故（occurrence-based）的承保的全部意义。

然而，就在新的 CGL"损害事故基础"型保单实行后的短短几年之内，保险人发现，由于预测经济和法律变化中出现了更多的新困难，准确厘定保费变得越来越困难。① 影响民事责任的经济因素越来越不稳定；侵权法和环境责任法的变更也愈加频繁；法院在解释明显的限制性保险条款时似乎比以前更加主动积极；宏观经济也经历了导致保险人投资风险提高的剧烈波动。下文将对这些原因加以解释，也正是由于这些原因，1966年的保单修改在某种程度上表明，保险人将要开始面临爆炸性的长尾责任赔付。

（一）外源性经济变化

1966 年 CGL 保单修改之后的变化维度之一，涉及影响侵权索赔数量和索赔金额的经济发展。此时，出现了越来越多的新产品。药物数量的增加尤其明显，但消费品的总体数量也有所增加。由于无法充分了解新产品可能导致之损害的性质、频率和严重性，损害的成本因而变得更加难以预测。

与此同时，医疗服务的发展也在加速推进。正如之前章节所表明的那样：更多的人拥有了私人健康保险；美国联邦医疗保险制度和联邦医疗补助制度使更多的老年和贫困人口得到了公共保险；使医疗行为更加有效但通常也更加昂贵的医疗技术也被逐渐引进。因为医疗费用是所有侵权赔偿的重要组成部分，所以 CGL 保险人可以合理预测其风险会随其保单持有人责任之增加而提高这一特征。但赔付风险究竟提高多少，却很难预测。

（二）责任的变化

变化的第二个维度发生于民事责任制度之中。《1965 年侵权法重述》第 402A 条导致的产品责任规则变化，以及规定可赔偿之损害和集体诉讼程序的规则变化，都给风险预测带来了挑战。例如，随着集体诉讼和其他集合式诉讼程序的建立，曾经不值得提起的多数人遭受轻微或一般损害的诉讼，开始变得更加简便易行。联邦集体诉讼规则就是在 1966 年确立的。

---

① 对这些不同风险之性质的细致梳理，see Tom Baker, "Insuring Liability Risks," 29 *Geneva Papers* 128 (2004).

与此同时，受害方的起诉意愿似乎也在改变。①

由于这些原因，产品责任诉讼在20世纪70年代开始增加。对于各州产品责任诉讼的情况，一直以来都没有非常可靠的数据可供参考。不过，关于联邦诉讼的数据是更具体系性的。联邦法院的产品责任诉讼1976—1986年增加了4倍。这些诉讼大都涉及石棉。1986年，石棉诉讼占所有联邦产品责任诉讼的44%。另外，还有很多诉讼是针对药物和医疗产品的被告提起的，特别是那些涉及达康盾和本涤汀的诉讼。

尽管20世纪70年代晚期及80年代早期，诉讼的第一次雪崩式增加处于最不稳定状态，但诉讼数量还是继续波动并因此击溃了保险人预测损失的努力。1986—1988年，联邦诉讼再次增加了28%，虽然这一增加完全是石棉诉讼导致的。1989年，一起联邦诉讼的最低裁决赔偿金额从1万美元增加到了5万美元，且诉讼数量也相应减少。但在此之后，产品责任诉讼的数量在不同年份却有所差异。非石棉诉讼的数量在1997年高达近25000起，在2001年跌至了自1992年以来的最低点（不到7000起），但在2003年却又急剧增长到19000起以上。或许，这些波动是由重要的大规模侵权诉讼导致的，此类诉讼通常涉及食物、消炎药和乳房填充物等产品。虽然石棉诉讼的数量每年各有不同，但其在诉讼中依然占有很大比例。②

关于近30年来是否在某个时点发生了诉讼"爆炸"，又或者是否仅仅是石棉诉讼大幅增加而其他诉讼只是适当增加，相关文献中长期存在争议。③ 由于没有各州的可靠数据，想要完全解决这项争议是不可能的。仅仅从联邦诉讼来看，石棉诉讼无疑一直是产品责任诉讼的主要形式。诉讼爆炸观点的批评者在说明标准和零星的产品损害案件只是小幅增加时，似乎是正确的。但偶尔发生的、难以预测的大规模产品责任案件，或涉及成百上千甚至更多索赔人的案件，依然处于一种不稳定的状态。所有的事实

---

① Id. at 131-139.

② 102nd Cong., First Sess., Hearings before the Subcommittee on the Consumer of the Committee on Commerce, Science, and Transportation, U. S. Senate 63-64 (September 12 and 19, 1991) (testimony of Deborah R. Hensler).

③ See, e.g., W. Kip Viscusi, *Reforming Products Liability* 14-31 (Cambridge, Mass., 1991); Marc Galanter, "Real World Torts: An Antidote to Anecdote," 55 *Maryland Law Review* 1093 (1996).

都表明，此类大规模侵权案件会继续发生。所以，尽管曾经发生过一次普遍的诉讼爆炸这一说法稍微具有误导性，但近30年来没有发生过任何不寻常现象的说法也同样具有误导性。不寻常但又具有灾难性的大规模侵权诉讼，现在已经成了每个企业和每个保险人都必须预测到的事项。

除了这些始于20世纪70年代的产品责任范围的变化外，保险人还开始经历前文已经提到的环境污染责任的变化。这些变化在某些方面的影响甚至更加严重。在产品责任领域，保险人至少已经知道了保单持有人会面临其设计的出险保单项下的产品责任风险，尽管这种责任的范围后来被证明比保险人之前预测的更大。但1980年制定的CERCLA却突然规定了一种普通法上从未听说过的责任。如今，保险人必须要预测其在CERCLA制定后销售的保单项下将来的CERCLA责任，而这是一项在许多方面更多是推测而非精算的工作。另外，保险人不久后发现，由于CERCLA责任具有追溯性，它们会面临CERCLA制定前早已销售的保单项下的责任。因保单期限所致，保险人收取的保费通常并没有反映保单持有人发生环境污染责任的任何重要风险。

（三）保险法的变化

与此同时，CGL保险人也面临着逐渐增加的第三维度的变化风险。20世纪70年代末80年代初，保险人发现，法院在解释CGL保单时，更倾向于支持保险赔付。作为保险法变化中最为突出的一个例子，这令保险人相当不安，因为它涉及一个典型的长尾问题：对CGL保单中"污染免责"条款的解释。

1966年向以损害事故为基础的赔付的转变已经明确，污染导致的损害责任处于CGL保险的承保范围之内。对于如今明显被"损害事故"定义所涵盖的"有害的环境接触"，污染是其主要体现。然而，此后仅仅几年时间里，就诞生了现代的环保运动，并发生了一系列的环境灾难，美国国会也因而制订了污染控制的方案。保险人会发现，主张环境污染损害责任的民事诉讼开始急剧增加，而且自己还因为在CGL保单中承保这一责任而成为索赔的对象。

为了消除这一威胁，CGL保单1973年的修改加入了一项免责条款，该条款排除了对污染损害责任的赔偿，除非污染物的排放是"突然和意外的"。这一得到允许的污染免责条款实际上是损害事故基础型保险的倒退，它至少部分体现了向几年前刚被替代的意外事故基础型保险的回归。

保险人认为,"突然"排放的要求将缓慢发生的污染责任排除在了承保范围之外。但是,20世纪80年代早期,一些法院认为,"sudden"一词存在歧义,它可能是指"意外的"（abrupt）,也可能是指"出乎意料的"（unexpected）,因此应对其作出不利于其起草者即保险人的解释。①

这一歧义利益解释规则,或"不利拟约者"（contra proferentem）规则,后来成为保单持有人在保险赔付战争中的主要武器。部分由于CGL保单条款基本上是标准化和不可协商的,所以如果一项保单条款具有两种合理解释,法院就会根据基于歧义解释规则作出支持保险赔付的解释。另外,一些法院通过采用不同的方式也实现了相同的结果,这些法院援引一种"规范的禁反言规则"（regulatory estoppel）否定了保险人主张"突然和意外"排放要求的权利,因为当污染免责条款一开始被批准时,保险人向州保险监理官提交了一份书面说明,保证该免责条款并不会明显限制标准损害事故基础型保单中已有限制之外的保险责任。② 当然,该免责条款的真正目的一直都是限制承保范围。

法院对污染免责条款的判决击垮了保险人的自信,保险人一直以来都相信其有能力通过保单条款来限制自己于CGL保单项下的赔付义务。事实上,许多法院主张,免责条款中的"突然的"（sudden）一词也可被解释为"逐渐的"（gradual）。在CERCLA责任的赔付威胁下,保险人的担忧成倍增加。很快,CERCLA的清理费用就明显达到了几千亿美元。由于诉争污染损害有时发生在保险期间内,1941—1980年销售的CGL保险就潜在地承保了CERCLA清理责任。也正因如此,保险业可能会由于承担全部清理费用中的大部分而陷入困境。而且,由于CERCLA场所的泄漏涉及的大都是污染物的缓慢排放,污染免责条款可能无法适用于CERCLA责任的赔付请求,这也是保险人的极大担忧。

20世纪80年代的司法判决在其他方面对保险人的赔付义务也持宽松解释的立场。尽管保险人在赔付中也赢得了一些胜利,但其在整体上还是

---

① See, e.g., Jackson Township Municipal Utilities Authority v. Hartford Accident and Indemnity Company, 451 A. 2d 990 (N. J. Super. 1982).

② See, e.g., Morton International, Inc. v. General Acc. Ins. Co., 629 A. 2d 831 (N. J. 1993). 关于污染免责条款史详细的探讨, see American States Ins. Co. v. Koloms, 687 N. E. 2d 72 (Ill. 1997), and Kenneth S. Abraham, *Environmental Liability Insurance Law* 145–163 (Englewood Cliffs, N. J., 1991).

未能脱离法院的约束。① 例如，法院主张，每一份在人身损害或财产损失持续多年发生的期间内有效的 CGL 保单，都可以因损害事故而被触发，并可能对保单持有人的损害责任作出赔付。后来证明，损害持续多年的情形远远多于预期。或许是该司法意见最重要的应用，石棉被认为自索赔人首次接触石棉纤维那年就开始导致索赔人损害，但并不仅限于当年。相当多的法院认为，在与石棉有关的疾病显现之前，每年都会发生人身损害，甚至在停止接触石棉后也依然会发生损害，因为即使原告已经停止吸收更多的石棉纤维，其肺部已有的石棉纤维也会持续导致损害。②

"多年度触发"的判决意味着，所有在侵权诉讼原告接触石棉后处于有效状态的 CGL 保险，都有可能要为其保单持有人的相应侵权责任承担赔付责任。因此，对于任何特定的保单持有人来说，CGL 保单项下相对有限的承保范围都有可能转化为价值上亿美元的保险。更重要的是，保险业整体的有限责任变成了潜在的灾难性责任。非常有可能发生的结果是，自 30 多年前发生的第一起石棉诉讼到现在，保险业对石棉这一类诉讼的赔付总额最终将会超过 2000 亿美元，该数额是最近任何一年所销售之 CGL 保险保费总额的相当多倍。③

CERCLA 责任、石棉责任和其他大规模侵权责任的出现，对保险人而言是一个分水岭。保险人之前对此类责任的预测极少，并认为，保险单排除或限制了这类责任，或者至少没有为其提供数额巨大的赔付。保险人面临的责任给保险业造成了严重的财务负担。与此同时，对于自己是否有能力预测其他民事责任将来会如何发展，以及对于保险人为限制 CGL 保单承保范围所设计的条款，法院会如何解释，保险人也极大地失去了信心。

(四) 投资风险的变化

保险人面临的最后一项影响因素来自宏观经济。其中，20 世纪 70 年代末 80 年代初发生的石油危机，引发了两位数的通货膨胀率，进而使保险人不得不面临比之前更加不稳定的财务形势。在任何长尾承保情形中，保费的投资收入都是主要影响因素，因为在赔付损害赔偿金和抗辩费用之前，

---

① See Kenneth S. Abraham, "The Maze of Mega-Coverage Litigation," 97 *Columbia Law Review* 2102 (1997).

② See, e.g., Keene Corp. v. Ins. Co. of N. America, 667 F. 2d 1034 (D. C. Cir. 1981).

③ Stephen J. Carroll et al., *Asbestos Litigation* 105-106 (Santa Monica, Calif., 2005).

保费被保险人持有了相当长的一段时间。通货膨胀在 80 年代早期得到了控制,但之前的经历已使保险人明白,在计算保费时必须考虑未来的投资情况,未来的投资情况同过去相比要不稳定得多,或者至少看起来如此。

由于以上原因,随着时间的推移,产品责任保险保费的大幅提高并未令人感到奇怪。保险服务办公室(the Insurance Service Office, ISO)的产品责任保险保费参考费率,以及财产/意外伤害保险业的统计保费费率和保单预备保费费率,在此期间都有显著增长,这至少在一定程度上是对以上不同预测难题的回应。这些费率在 1974—1976 年增长了 195%,1976—1983 年保持相对稳定,1983—1988 年增长了 105%,之后又在 1988—1990 年降低了 27%。同更加稳定的过去相比,保险人未来的赔付和投资情况都变得不确定得多。

三 二十世纪八十年代中期的危机和长尾性的减弱

对于 CGL 保险人即将面临的挑战,以及其认为保险业也将很快面临的挑战,至少作为部分回应,起草大多数标准财产和意外伤害保险单的保险服务办公室,开始了 1973 年标准 CGL 保单的修改工作。修改过程中所发生的事情最后成为进入美国最高法院审理的 Hartford Fire v. California 案的主题,在该案中,19 个州指控一群保险人试图非法操纵保险服务办公室的保单起草过程。[①] 最高法院将此案发回了重审,该案后来以和解结案。但是最高法院判决意见中的观点,以及我们如今确切掌握的保险市场当时的行为,可以使我们大概了解这些表象背后所发生的事情。

20 世纪 80 年代早期,CGL 保险市场处于软周期。为了能以两位数的利率投资,保险人渴求获得尽可能多的保费,并实施了被称为"现金流承保"的行为。CERCLA 的制定和开始出现的大规模侵权责任诉讼对保险人将会产生的影响,尚未被充分意识到,至少未被所有的市场参与者认识到。然而,保险服务办公室内部的一群保险人,由于担忧自己在 CGL 保单项下的长尾责任风险范围,试图以某种方式修改 CGL 保单以限制这种风险。他们提议,通过将 CGL 保险由损害事故引发的赔付转变为索赔请求引发的赔付,并消除其中所有针对污染事件的赔付,来减轻索赔的长尾性。

在"损害事故基础"型保险中,无论主张损害责任的诉讼是在保险

---

① 509 U. S. 764 (1993).

售出多久之后被提起，只要损害发生在保险期间，保单就会立即被触发或激活。因此，保单提供赔付的潜在期间会非常长，且该期间只受受害人向保单持有人提起诉讼之诉讼时效的限制。相比之下，笔者在第四章中提到的同"损害事故基础"型保险不同的"索赔基础"型保险则是，受害人只有在保险期间内向保单持有人提出索赔时，保单才会被触发。这样一来，"索赔基础"型保险就将长尾责任引起的将来索赔之不确定风险，从保险人处转移给了保单持有人。与此相类似，由于缓慢、无形的污染（比如，废物储存场所的废物泄漏）责任是长尾责任的主要形式，因此真正的绝对污染免责条款可以将这一风险从CGL保单的承保范围中排除。

最终，在1986年的CGL保单修改中，保险业通过保险服务办公室只愿意接受多项修改提议中的一项，即将有时被称为"绝对"污染免责条款的条款加入保单之中。保险服务办公室并没有以"索赔基础"型保单替代"损害事故基础"型保单，尽管它也开始允许保险公司同时销售"索赔基础"型保单。商业保单持有人一开始并不是很接受这种新的"索赔基础"型保险，但在此之后，CGL"索赔基础"型保险变得很常见。

然而，几乎同时发生且同等重要的发展是20世纪80年代中期的保险"危机"。1985年到1986年的一段时期，也正是新的CGL保险刚刚推行时，许多种类的CGL保险（以及其他保险，如医疗过失责任保险）的保费都急速提高，有时甚至提高到原来的两倍多。有段时间里，一些保单持有人甚至无法以任何价格购买到CGL保险。发生这一危机的原因很复杂，主要包括：（1）由于利率已从80年代初的历史最高点陡然降低，可用于抵消承保损失的投资收入变少；（2）保险人更清楚地认识到，大规模侵权责任和产品责任索赔的发生频率和赔偿金额近年来一直增加；（3）即将实施的《1986年税收改革法》（*the Tax Reform Act of 1986*）导致保险人不得不通过限制未来短时间内销售保险的数量来增强准备金，[①] 这种会计

[①] 关于该危机的文献非常多。See, e.g., Kenneth S. Abraham, "Making Scene of the Liability Insurance Crisis," 48 *Ohio State Law Journal* 399 (1987); George L. Priest, "The Current Insurance Crisis and Modern Tort Law," 96 *Yale Law Journal* 1521 (1987); Symposium, "Perspectives on the Insurance Crisis," 5 *Yale Journal on Regulation* 367 (1988); Kyle D. Logue, "Toward a Tax-Based Explanation of the Liability Insurance Crisis," 82 *Virginia Law Review* 895 (1996). 危机前发表的具有预见性的作品是 Richard A. Epstein, "Products Liability as an Insurance Market," 14 *Journal of Legal Studies* 645 (1985)。

变化暂时地限制了保险供给，因而相应地提高了保费。

和20世纪70年代中期引起侵权法改革的医疗过失责任危机一样，这次危机也引起了改革。而且和之前的危机一样，这次危机也存在一项例外，即通过的主要改革涉及的都只是损害赔偿的数额，而非责任本身。将近一半的州确立了非经济损失赔偿的最高限额，数量稍微少一些的州废除了平行来源规则，即禁止已经得到第一方保险赔付的原告再从被告处得到损害赔偿。正如笔者在第四章中所言，这两项改革对侵权赔偿的影响不大，但也很明显，大约在15%的数额范围之内。然而，它们对侵权诉讼或责任保险保费的长期发展，却几乎没有影响。

此次危机之后通过的另一项改革更为明确地解决了长尾问题。目前，几乎有一半的州存在适用于产品责任的有效的"时效法"（statutes of repose）。这些法规可以通过两种方式使提起产品责任诉讼的权利消灭，而且不受诉讼时效法中任何例外规定的限制。第一种方式是特定期限的时效限制，它消灭的是产品售出特定年限后的诉权，一般是15—20年。第二种是使用寿命的时效限制，它消灭的是产品使用寿命终止后的诉权，使用寿命根据个案中的产品具体确定。① 虽然尚无证据证明这些法规已对诉讼频率产生了任何重要影响，但其已经产生或即将产生的影响依然是不确定的。

即使不考虑侵权法改革，站在近25年以后的今天来看，也会很清楚地发现，此次危机标志着保单持有人与保险人关系史上的一个重要时刻。笔者在第四章叙述的20世纪70年代中期的危机仅限于医疗过失责任保险。但这次危机的波及范围则更广，它对大部分商业保单持有人都有影响。《时代》杂志1986年3月24日的封面故事"抱歉，美国，你的保险已被取消"，得到了商界的普遍关注。在此之前的CGL保险市场中，企业保单持有人和其主要保险人之间保持持续性的商业关系是一种常态。保险单每年也会因可控的保费增长而更新。无疑，到了80年代，这种模式不会再像之前那样稳定，但此次危机则将其彻底摧毁了。由于在数年的时间里，保单始终没有更新或仅是因为前所未有的保费增长而更新，互助的商业关系经常就会因此转变为对立关系。CERCLA和大规模侵权责任开始在

---

① David G. Owen, "Special Defenses in Modern Products Liability Law," 70 *Missouri Law Review* 1, 45 (2005).

保单持有人和保险人之间制造分裂，整个环境因而为即将发生的改变做好了充分准备。总之，此次危机以一种波澜壮阔的方式结束了原来的局面。

第四节 不信任和"高额索赔"默示免责的新时代

尽管危机在几年内得到了减轻，CGL 保险的保费趋于平稳甚至有所降低，但企业保险的环境却再也无法回到从前。购买保险的企业不再相信，其将来能够轻易买到保费增长可以预期的保险。因此，在接下来的几年里，保单持有人做了两件在责任保险领域具有重要连锁效应的事情。首先，保单持有人逐渐开始提高其 CGL 保险单中的自负额（the Self-insured Retentions，SIRs）或免赔额。1973 年，仅有约 6% 的商业责任损失系由企业自保。2003 年，该数字上升到了约 32%。[①] 该行为有助于限制保费数额，特别是因为保单持有人通常会自付费用对自负额以下的索赔进行抗辩。当然，在更高的自负额之下，保单持有人也不得不面临更高的赔偿和抗辩索赔请求的费用，但他们对保险人的依赖也更小了。

此次危机的第二项影响是，随着保单规律更新的模式被破坏，保单持有人不再忠诚于自己之前一直合作的保险人，而开始更加积极地从市场中挑选保险。随着保险周期推进到 20 世纪 80 年代末期，保单持有人更为积极挑选保险的行为使市场更具竞争性，并促进了保费增加较为平稳的持久软周期的到来。

然而，双方信任的消失所带来的潜在影响并不仅限于保单更新的可能性。一旦保单持有人和保险人之间不再保持重要的商业关系，那么撕破脸皮处于敌对状态，对双方而言将不再是一种成本。长期观察发现，信任的消失使保险人更倾向于否认边缘索赔，也使保单持有人更倾向于提起保险赔付诉讼。自 20 世纪 80 年代中期以来，保险赔付的环境明显比之前更加好讼。而且，因为保单持有人购买的是自负额更高的保险，所以当其提出一起是否在保单承保范围之内存疑的索赔请求时，该索赔请求更有可能会是一起值得双方争执一番的高额索赔请求。

事实上，一些保单持有人的律师将保险人否认高额损失赔付的这种倾

[①] Towers-Perrin Tillinghast, *U. S. Tort Costs:* 2004 *Update* appendix 4(2005), www.towersperrin.com.

向戏称为"高额索赔"免责。随着保费持续走低以及保险人与被保险人之间信任的消失，硬周期接踵而至。一些保险人不赔付边缘索赔，并依然赚取着令其满意的利润。保险人否认边缘索赔的情形似乎越来越多，尤其是高额索赔。保险因此变得更不值得信赖，保单持有人也更加不重视保险。是否提起保险赔付的诉讼，经常取决于冷冰冰的风险与损害赔偿金的计算，而非持续性的商业关系。

与此同时，保险人也越来越难于提供信赖。[①] 为了保持市场份额，保险人在确定保费时，不得不与其竞争者保持一致，而且一旦他们按照这种方式确定了保费，盈利的压力就会使否认边缘索赔变得极富吸引力。在这种保费低于其应然水平的情况下，由于保险购买者无法区分信赖度高和信赖度低的保险人，便会产生逆向选择的难题。这样一来，由于之前收取的保费过低，所有的保险人都被迫要否认比其本欲否认的更多的索赔请求。

显而易见，在与长尾责任保险赔付有关的索赔中，高额索赔的赔付困难是最大的。长尾索赔触发的是索赔提出十年或更久之前销售之保险所提供的保险赔付。而十多年前销售保险的保险人现在依然向提出索赔的保单持有人销售保险的可能性很小，因此其赔付边缘索赔请求的动机也更弱。对于收到旧保单项下长尾索赔请求的保险人而言，处理该索赔请求就如同从早已暗淡的星辰中寻找光亮一般。光亮是真实的，但其所代表的东西却不是。旧 CGL 保单项下长尾索赔的保险赔付责任可能是真实的，但该保单却不再代表双方现在的关系。所以，依靠对保单条款的解释，双方为可能涉及的上百万美元的争议所做的准备也更加充分。

第五节　侵权诉讼和保险索赔之间的进退维谷

如今，大规模侵权责任诉讼与其可能引发的责任保险索赔之间的关系，经常给保单持有人制造一种两难之境。重大的产品责任诉讼、大规模侵权责任诉讼和环境污染责任诉讼涉及原告、被告以及被告的保险人等多方主体，而它们相互之间全都处于一种对立状态。由于多年后发生的人身损害或财产损失也有可能会被主张赔偿，所以销售承保多年责任之保单的

[①] Richard E. Stewart and Barbara D. Stewart, "The Loss of the Certainty Effect," 4 *Risk Management and Insurance Review* 229 (2001).

保险人就很可能需要承担潜在的赔付责任。但鉴于针对赔付的抗辩理由可能不同，这些保险人也并不必然具有相同利益。因此，除了基本的侵权或环境污染责任诉讼，保单持有人与其保险人也会被卷入一种多层纠纷之中，该纠纷要么同基本诉讼一同被法院审理，要么需要等待基本诉讼程序下一步的处理。[①]

基本产品责任、大型侵权责任或环境污染责任诉讼在进行的过程中，经常会有一些新的发现，这些发现不仅可能影响原告于侵权诉讼中所获赔偿的金额，还有可能影响被保险人被告于保险赔付诉讼中所获赔偿的金额。最重要的是，侵权诉讼原告会努力寻找一种确凿证据，以证明被告意识到了其产品或行为有可能会给产品使用者或受到行为影响者造成损害。证明被告认识到了这种风险并有意使他人遭受这种风险，而非仅仅是被告本应认识到这种风险的证据，使原告索赔的价值成倍提高。如果被告知道自己造成的风险是不合理的，其承担责任的可能性就更大，而且有可能要承担更多的损害赔偿责任，以及潜在的惩罚性损害赔偿责任。

然而，侵权诉讼原告对确凿证据的搜寻，却给作为保单持有人的被告及其保险人之间制造了一种利益上的分裂。原告的侵权诉讼完全败诉，是被告及其保险人的共同利益所在。但CGL保单总是包含一种免责条款，该条款排除了被保险人"希望或追求"（即故意）之人身损害或财产损失引发的责任保险赔偿。所以，如果原告没有败诉，被保险人的利益就是，只为自己的过失承担责任。这样的裁决可以支持被保险人的保险索赔请求。相比之下，保险人的利益是，原告要么完全败诉，要么胜诉到被保险人要为其希望或追求之损害的发生而负责的程度。因此，拒绝与原告和解的被保险人不仅要面临承担侵权责任的风险，而且根据侵权责任裁决结果

[①] 有关保险人和保单持有人在特定大规模侵权诉讼中之关系的文献极少。下文中的相关内容，系以笔者本人20年来的保险赔付诉讼咨询顾问经历为基础，这些诉讼与大规模侵权诉讼和其他类似诉讼有关，笔者代表的大都是（尽管不全是）保单持有人。关于保险人在大规模侵权诉讼中扮演的角色，过去的研究参见 Stephen J. Carroll, *Asbestos Litigation* xxvi（Santa Monica, Calif., 2005）; Michael D. Green, *Bendectin and Birth Defects: The Challenges of Mass Toxic Substances Litigation* 207（Philadelphia, 1996）; Peter H. Schuck, *Agent Orange on Trial: Mass Toxic Disasters in the Courts* 155（Cambridge, Mass., 1987）; and Richard B. Sobol, *Bending the Law: The Story of the Dalkon Shield Bankruptcy* 116-117（Chicago, 1991）。

的不同，还有可能面临同时被剥夺承保该责任的责任保险赔偿的风险。①

因为这一原因，在包括惩罚性损害赔偿（一般完全不被保险承保）在内的高额赔偿责任风险，和不利的陪审团裁决剥夺保单持有人责任保险赔偿之风险的双重影响下，保单持有人逐渐产生了在大规模侵权诉讼中和解的动机。和解因此变得更富吸引力。保险人可能会参与协商，并被鼓励促进和解达成。但即使保险人拒绝如此，保单持有人也可以继续战斗，因为保单持有人在和解中的保险赔偿请求依然存在。

然而，获取保险赔偿的道路上存在诸多障碍。对于以前保单项下的赔付请求，保险人可以自由地提出任何抗辩，包括取决于基本侵权诉讼中事实问题的抗辩，而这些事实问题在基本侵权诉讼中既可能已经得到决断，也可能尚未得到决断。例如，即使保单持有人已被判决承担过失责任或严格责任，保险人由于并非基本诉讼当事人，且经常不受基本诉讼判决的约束，也可能会主张保单持有人不享有保险赔偿请求权，因为保单持有人在销售可能引起责任的产品或参与可能引起责任的活动中，"希望或追求"了人身损害或财产损失的发生。

希望或追求这一抗辩不仅预防了道德风险，也间接检查了保险人最难处理的长尾情形中的逆向选择问题。在实施风险活动时希望或追求损害发生的保单持有人，更有可能在申请购买保险时就已知道了这些风险。然而，通过证明保单持有人在申购保险时误述了相关事实来避免保险赔偿，可能要比通过证明保单持有人希望造成损害来避免保险赔偿更加困难，特别是投保发生在几十年前的情形。因此，产品责任、大型侵权责任和环境污染责任诉讼中潜在责任的长尾性，使希望或追求损害发生这一抗辩事由在这些场合更加引人注目。也正是由于如此，保险赔偿诉讼的双方有时看起来是错位的。保单持有人提供的是支持保险赔付的证据，然而保险人却通过证明保单持有人希望损害发生，试图再次证明产品或环境污染责任诉

---

① 对于侵权诉讼的裁决对保险赔付的影响，各州规定各不相同，而且部分取决于保险人是在真正抗辩还是仅仅是为了增加被保险人抗辩的成本。如果某个或某些主要保险人并没有真正在抗辩，只是为了增加被保险人的抗辩成本，那么就会和大部分大规模侵权诉讼中通常发生的情形一样，被保险人（在保险赔偿诉讼中）更有可能受到希望或追求损害的陪审团裁决的拘束。而且，即使某个或某些主要保险人是在真正抗辩，并由于禁反言的规定，不得在保单持有人的保险赔偿请求中，将故意导致损害责任的判决作为抗辩理由，该禁反言的规定也不必然会对其他没有抗辩义务的保险人产生约束力。

讼中的一切。

　　总之，高额保险赔偿诉讼的赔付额和不确定性，使其对诉讼双方均具有高风险性，尤其是对保单持有人而言。提供多年保险保障的多数保险人可能承担赔付责任的事实，对保单持有人的影响具有两面性。从理论上说，保单持有人至少有可能得到所有保险赔付。但是，参与其中的保险人越多，赔付问题就会越多样和复杂，保单持有人就会越难牵制保险人。在此类诉讼中，保险人至少可以分担一部分诉讼费用，但保单持有人必须要预付全部诉讼费用，而且根据美国的律师费规定，即使保单持有人胜诉，保险人应当承担赔付责任，律师费也没有得到赔付的希望。

　　因此，在当代背景下，当成为重大产品责任诉讼、大规模侵权责任诉讼或环境污染责任诉讼的被告时，考虑购买 CGL 保险的保单持有人对于能否获得保险赔付，都持有很大的怀疑。责任保险有时是一种投机性的投资活动，它的确有可能带来巨额的投资回报，但在向保单持有人提供针对灾难性法律责任的充分财务保障时，它又并不总是可以被依赖。许多情况下，为几亿美元的赔偿责任购买保险的保单持有人，购买的仅仅是保险赔偿请求权和将来提起保险赔偿请求的诉权。因此，60 多年前特雷纳法官在 Escola 案中对产品责任扩张理由的阐释，有一半是正确的。生产者可以为责任承保，但其在被追究责任时能否获得保险赔偿，在许多案件中都是一个具有开放性的问题。最初至少部分是为了利用被告在获取保险方面的优势而设计的某些侵权责任，现在却被发现其主要设计理由之一也产生了争议。

第六章 责任与保险，何者在先？

一个世纪前，过失是意外人身损害责任认定的首要基础。当时的确存在少量的严格责任，例如，劳工补偿作为当时最典型的严格责任制度，很快就在全国得到推行。但是在侵权法体系之内，过失这项标准仍旧属于指导性原则。

吊诡的是，侵权法在经过一个世纪的重大改变后，以上描述对它而言依然是正确的。严格责任可能稍有扩张，有12个州通过确立机动车无过失制度为过失标准创设了限制性的例外。但是在绝大多数涉及意外人身损害或财产损失的案件中，归责基础依然是过失。

对这种现象的解释无疑是，尽管归责基础没有改变，但其适用范围却扩大了。过失责任的适用范围发生了改变，这种改变是任何一个生活在20世纪初的人都始料未及的。之前的章节提到了这些改变：如今几乎普及的交通工具，在当时因扩张而引发了机动车侵权责任的指数式增长；医疗过失诉讼大量增加；在废除相对性规则后，对生产者规定了产品缺陷责任。伴随着这些基本以过失为基础的诉由的增加，索赔请求的严重程度，即受害人在过失侵权诉讼中可能获得的损害赔偿金额，也有所增加。

然而，机动车侵权责任、医疗过失责任和产品责任的这些发展仅仅是故事的一部分。除了这些领域诉讼数量和赔偿金额的增加外，明显可以看到，一个世纪前的过失侵权法和现在的过失侵权法存在巨大差异。可以说，在20世纪初的普遍无责任背景之下，过失侵权法只是零散地规定了一些人身损害和财产损失的侵权责任，而在21世纪初时，它则已经转为将有责任规定为一种常态，无责任规定为一种例外。[①]

作为美国法学会定期出版的有影响力的侵权法回顾文件，《第三次侵

---

① 对这一转变的过程和历史背景的深刻讲述，see Robert L. Rabin, "The Historical Development of the Fault Principle: A Reinterpretation," 15 *George Law Review* 925 (1981)。

权法重述》[The Restatement of Torts (Third)]清晰地描述了21世纪的侵权法:

(a) 当行为人的行为具有引发他人人身损害的风险时,行为人通常须负有合理的注意义务。

(b) 在例外情形下,当某项明确相反的原则或政策使在特定类型案件中否定或限制责任为正当时,法院可能会判决被告无注意义务,或者修改该一般性的合理注意义务。[1]

因此,现在就有了一项不得因过失导致他人人身损害的一般性义务,其例外情形则是"无义务"避免过失,此时,行为人对其过失导致的人身损害便无须承担责任。

相比之下,100年前的过失侵权法则充斥着无义务规则(no-duty rules),以至于将这些规则称为常态的例外是具有误导性的。因此,对当时侵权法的客观公正描述毋宁是,在某些情况下追究过失责任,在其他情况下没有无过失的义务。过失侵权法在20世纪的发展史大都涉及许多无义务规则的逐步废除,以及这些规则的替代品,这些替代规则规定了《第三次侵权法重述》所描述的一般性注意义务。

20世纪伟大的侵权法学者威廉·劳埃德·普罗瑟(William L. Prosser)认为,保险对于侵权责任的发展几乎没有影响,对于无义务规则的减少或消除则更是如此。普罗瑟试图要从"理性旁观者"的角度发表见解,其评论道,"保险对侵权法的影响极其微小",而且"使被告只需支付相对较少的保费便可以并确实从所有责任中解脱出来的制度,在侵权诉讼判决中被提及和承认的次数竟然如此之少,的确令人惊讶"。[2]

笔者在之前的章节中研究过一些特定种类的过失责任,在表明这些过失责任的发展先于承保这些责任的保险的推行时,普罗瑟是完全正确的。

---

[1] *Restatement of the Law Torts: Liability for Physical Harm* §7, Proposed Financial Draft no. 1 (Philadelphia, April 6, 2005). 这种对法律的陈述也有其批评者,批评者认为,认识到义务在逻辑上先于过失责任而存在是很重要的,这不仅是一项原则,有时也是出于现实的目的。对此的讨论和相关问题, see Symposium, "The John W. Wade Conference on the Third Restatement of Torts, September 15-16, 2000," 54 *Vanderbilt Law Review* 639-1465 (2001). 对于重述所阐述之内容的最显著的反驳, see John C. P. Goldberg and Benjamin C. Zipursky, "The *Restatement* (*Third*) and the Place of Duty in Negligence Law," id. at 657。

[2] W. Page Keeton et al., *Prosser and Keeton on Torts* 589 (St. Paul, Minn., 5th ed. 1984).

这些章节显示：雇主责任的出现导致了第一份责任保险的产生，机动车的出现和过失驾驶责任的确立导致了机动车责任保险的产生，产品责任的出现则导致了产品责任保险的发展。而笔者想要证明的是，承保这些责任的保险一旦出现，就会增强受害人的求偿意愿，而且在这些责任已被确立的情况下，还会促进责任范围的扩大。不过，这些领域里责任和保险之间令人一目了然的关系就是，侵权责任出现在先，承保这些侵权责任的保险出现在后。

本章研究的是侵权责任和保险之间的一种反向联系，这种联系与普罗瑟的看法相悖。对此，首要的证据就是，过失责任的无义务限制曾经存在过，但现在却被极大放宽，以至于几乎完全让位于过失责任。一般目的的责任保险正是一种可以承保潜在新责任类型的保险，而笔者本章将要研究的责任，就是出现于一般目的的责任保险已经存在之后的责任类型。事实上，在新型的"普通"个人责任保险于第二次世界大战后出现时，法院才开始慎重考虑无义务规则的废除问题。笔者认为，在这些情况下，正是因为保险的缺位，才阻却了早该发生的法律变化。一旦人们可以获得个人责任保险，促进无义务规则废除的因素就可以发挥作用。因此，对于这些领域的责任扩张而言，虽然保险的可获得性不是充分条件，但却是必要条件。

法院只是偶尔承认，承保其所确立的新责任的保险的可获得性影响了它们的判决。但是正如笔者所试图展现的，判决的谱系通常强烈地反映了这一影响，而且，在许多情形下，法院对其确立的特定责任所作的限制，正是其努力使这些新型责任同承保这些责任的保险的范围相适应的体现。这些都清晰地证成了笔者的观点，即责任的确立后于责任保险的产生。

第一节　普通个人责任保险的发展

普通商业责任保险的发展早于普通个人责任保险，因此也为个人保责任保险的发展奠定了基础。笔者在第一章曾提到过雇主责任保险和之后的公众责任保险，在它们产生后的前几年里，商业责任保险承保的主要是具体风险。被承保的风险有一部分具有相当程度的一般性，而另一部分则非常具体。例如，建筑物的承包人可以购买承包人公众责任保险，但拥有电梯的保单持有人则需要购买电梯公众责任保险，经营剧院的保单持有人则需要购买剧院责任保险，等等。即使是现在，有些保险在某些方面承保的依然是具体风险。例如，由于机动车责任保险和产品责任保险承保的风险过于独特，因此它们依然属于独立类型的保险。然而，这种承保具体风险之做法的缺点后来变得非常明显。因此，财产/意外伤害保险业通过其费率研究机构，发展出了综合性普通责任（the Comprehensive General Liability, CGL）保险（以下简称CGL保险），从而可以通过一张保单承保不同风险引发的责任。

这就是1941年首次销售给企业的标准CGL保险单，其在上一章里曾被反复提及，自诞生之日起，其便总是出现在产品责任和环境污染责任保险赔偿争议当中。该保险在两层含义上提供"普通"责任保险。首先，CGL保险的承保风险具有一般性。从1941年起，CGL保险就开始承保人身损害和财产损失的责任，而不考虑责任具体是由何种风险引发。当然，它也一直都有特定的具体风险除外条款，例如，它从来都不承保机动车侵权责任。① 但是，该保险明确提供的承保范围一直以来（现在也是）都绝对不会取决于引发保单持有人责任的特定风险。

其次，CGL保险的承保范围同样具有一般性。承保范围并不取决于作为保单持有人责任基础的特定法律规则或诉由。相反，如果因为保单承保的是"法律规定的责任"、保单持有人的"法律责任"，或者保单使保险人有义务赔付被保险人的"法定损害赔偿责任"，保险单的其他条款可以得到适用，那么在任何人身损害或财产损失与责任具有因果关系的情况下，因保险期间内的法律变化而产生的索赔请求都可以得到赔付。

例如，如果某一法域首次对爆炸事故导致的损害规定了严格责任，那么之前已有的CGL保险就会自动承保这一责任，即使在保单发售时爆炸事故的严格责任尚未存在。这样一来，就无须为适应法律的改变而不断修改或变更保险条款。基于同样的理由，当新型责任产生时，也无须为承保新型责任而修改责任保险单的承保范围条款，这些责任通常会被自动涵盖在承保范围之内。仅在保险人不想承保某种新型责任时，才需要修改保单条款；在其他情况下，对新型责任的承保实际上都是自动的。对于那些长期购买CGL保险的商业保单持有人来说，这种做法收效甚佳。

---

① Williard J. Obrist, *The New Comprehensive General Liability Insurance Policy* (Milwaukee, 1966).

然而，20世纪40年代，销售给个人的个人保险却只具有第二层含义上的一般性，即个人保险单提供的责任保险虽不取决于确立保单持有人责任的具体法律规则，但其承保范围却仅限于具体风险。例如，承保因住宅使用所生责任的保险尽管非常易于获得，但却仅承保与特定财产有关的损害责任。因此，对于其他风险所引发的责任，就不得不通过另行购买其他保险单独承保。机动车侵权责任保险无疑必须单独购买。然而，运动责任保险也同样如此，例如，打棒球或高尔夫球的人对其运动过程中产生的责任，若想得到保险承保，就必须单独购买保险。而且，正是因为这种承保具体风险的保险必须被单独购买，它才会在很大程度上遭受逆向选择的影响。决定购买这些具体保险的人遭受承保损失的风险会比一般水平高，否则他们就几乎没有理由购买这种保险。个人责任保险的分散性和承保风险具体化这两项特征，以及随之产生的逆向选择威胁，在很大程度上阻止了个人侵权责任保险市场更强劲的发展。

此外，由于监管限制，保险业并不能轻易地发展综合性和一般性的个人保险。最重要之处在于，责任保险不能和财产保险被合并在同一份保单里销售。但这对企业保险市场则几乎没有影响，因为大部分企业无论如何都会既购买财产保险也购买CGL保险。而在个人保险市场中，则极少有人愿意购买很多责任保险。这样一来，对综合承保的监管限制就变得事关重大了。

例如，房屋所有人可能只购买火灾保险，或者被对其房屋享有抵押权的银行要求购买火灾保险，却不购买任何责任保险。责任保险和承保住宅财产的火灾保险之间不存在任何搭售关系，这就意味着是否购买个人责任保险，完全由个人自由决定。即使是那些通常会购买机动车侵权责任保险的人，他们也并不需要购买任何其他种类的责任保险。因此，除机动车侵权责任保险外，其他个人责任保险的销量都非常之低。但是，对于那些在发生侵权责任时拥有值得保护的财产的美国人来说，他们是需要责任保险的，如果保险人可以获得这一人群所组成的市场，其就会得到一个巨大的个人责任保险市场。

为了利用这一潜在市场，保险人需要做两件事情。第一，他们需要以企业保单持有人已经购买了将近十年的CGL保险为模板，开发普通个人责任保险。这样的话，潜在的保单持有人就不能再选择只购买承保其具体责任风险的保险，购买广泛性和一般性的责任保险因此就会成为必然。这种做法将会在很大程度上解决保险人在具体风险保单中面临的逆向选择难题。

20世纪40年代中期，保险公司采取了第一步行动，其直接仿照企业CGL保险，开发并销售了综合性个人责任（the Comprehensive Personal Liability, CPL）保险（以下简称CPL保险）。[①] 就承保风险而言，CPL保险承保的是一般风险而非具体风险。但是，战争期间对其他问题的关注，以及大多数人根本就不存在任何购买CPL保单的强烈理由，共同使得将个人责任保险整合到一份保单中后，也并没有显著增加CPL保险的需求。

因此，为了充分利用潜在市场，保险人需要做的第二件事情是，找到一种能够使普通的个人和家庭比当时更加主动地购买CPL保险的方法。毫无疑问，普通个人成为非机动车侵权诉讼被告的风险如果极大增加，就可以为这种保险创造需求。但一直以来，这一情形都没有发生过，而且也明显不可能发生。第二次世界大战之后，侵权法反而是一个较为稳定的法律部门。和那些发生某种具体责任的可能性实际极高的极少数高风险者一样，极度谨慎的风险厌恶者可能会愿意购买CPL保险，但大多数普通人都并不愿意购买非机动车侵权责任保险。

为了解决这个难题以及有效创造个人责任保险的需求，保险人所采取的行动成效斐然。首先，自1949年开始，保险人就获得了纽约州对综合承保的法律限制和监管限制的废除，而纽约州的监管体制一直以来都是其他州效仿的范本。[②] 自此，责任保险和财产保险可以在一份保单中由同一保险人一并销售。这是一项就其本身而言迟来已久的改变，因为以上限制是早期反竞争的产物，而在那时，对于保险人偿付能力的担忧或许使这些限制得到了正当化。

随着对不同种类的保险合并到一份保单的限制被废除之后，保险人将CPL保险纳入住宅财产保险单之中，并以一份保单销售这样两种保险。这是保险业的一项重要行动，因为此时对于越来越多的人而言，购买住宅财产保险以及现在与其一同销售的个人责任保险，实际上已经成了一项强

[①] 本段和之后几段的内容，引自John Eugene Pierce, *The Development of Comprehensive Insurance for the Household* 106-121, 296-298 (Homewood, Ⅰ11., 1958)。

[②] Hugh Harbison, "Legal Environment for All Lines Insurance," in Dan M. McGill (ed.), *All Lines Insurance* 25 (Philadelphia, 1960).

制行为。随着退伍军人从第二次世界大战中归来，战后的住宅开始大量增加，住宅财产保险的需求也随之提高。与地方储蓄和贷款机构提供的传统上无保险承保的抵押贷款不同的是，美国退伍军人管理局（the Veterans Administration）和联邦住宅管理局（the Federal Housing Administration）在提供抵押贷款时会要求房屋所有人必须购买住宅财产保险。被抵押的住宅在1950年有1700万处，在1959年则有4600万处。这些住宅的所有人可能都购买了有责任保险成分的个人保险。[①] 房屋抵押贷款人非常支持责任保险和财产保险的搭售，因为责任保险保障了其债务人的偿付能力，从而使债务人能够按期归还抵押贷款，而且还使其能在因侵权责任而负债时避免丧失对抵押房屋的赎回权。[②]

通过在房屋所有人实际被强制要求购买的住宅财产保险中，提供与之前可选择购买的CPL保险一样的责任保险，保险人可以销售非常多的个人责任保险。它们可以将这种保险销售给所有人，或者所有明确选择不排除责任保险的人（一段时间里，一些州是允许排除责任保险的）。而且，一旦不需要或认为自己不需要个人责任保险的人必须购买个人责任保险时，保险人在销售可选择购买的CPL保单时所面临的逆向选择问题就不复存在了。避免逆向选择的方法其实就是，通过强制要求购买保险来消除一切选择。而这正是保险人和房屋抵押贷款人共同实现的结果。

住宅财产保险此时已经扩张成了"火灾与附加"保险，承保风暴、冰雹和盗窃这些附加的危险；很快，它将会演变成为"一切险"保险，即承保被排除的危险以外的一切危险。当个人责任保险被附加于标准火灾与附加保险中后，后者成为最终的"房屋所有人保险"的全部条件便得以具备。当这一刻在不久后到来时，房屋所有人保险中的责任保险部分，就可以被用于承保因无义务规则的改变所带来的侵权责任的扩张，而这种责任扩张也使普通人面临的责任风险比以前更高。

---

① U. S. Department of Commerce, *Statistical Abstract of the United States* table 571, p. 455 (Washington, D. C., 1960).

② See Stephen C. Yeazell, "Re-financing Civil Litigation," 51 *DePaul Law Review* 183, 188 (2001).

第二节　个人责任保险与无义务规则的瓦解

在房屋所有人责任保险广为实行之后，20世纪中期过失侵权法的主要发展之一就是，在此之前就已存在的一系列无义务规则和豁免权规则的废除。尽管随着时间的推移，这些规则的缺陷逐渐显现出来，不仅法院有时会对此作出承认，评论员有时也会提出批评，但这些规则却始终岿然不动，屹立不倒。

在笔者看来，这些规则之所以存续这么久而难以废止，一个之前未得到广泛认可的部分解释是：无义务规则的废除或修改有一个隐含前提，即如果无义务规则要被废除，或要被一种允许在特定场合下追究责任的规则所替代，那么被追究责任的普通个人必须要能够有保险来承保这种新型责任。20世纪的前几十年，企业一般都已经拥有或已经能够拥有CGL保险。但是，大多数过失侵权规则的本质是，通过责任来对企业和个人产生威慑效应，因为这些规则规定了一般性的合理注意义务。

然而，在包含个人责任保险的房屋所有人保险出现之前，大部分普通人都不可能得到一般责任保险的保障。允许追究原本会被无义务规则所排除的责任，将会使相当多的普通人遭受灾难性的或者至少是相当大的财务损失风险。所以，似乎直到承保这些责任的个人保险出现，并且覆盖面相对广泛或者至少较为容易获取之时，法院才为废除无义务规则做好了准备。

此外，许多有关人身损害责任的无义务规则限制，要么会被同时保留，要么会被一起废除。尽管这些规则就规范本身而言是各自独立的，但其实具有一种重要的相似性。在保留无义务规则的做法中，每一项规则都不考虑对损害的合理的可预见性，而这正是对于一系列特定风险没有义务避免过失这一说法的含义所在。而当无义务规则的限制被废除时，任何一项新规则都要以某种方式将可预见性作为责任的基础。而法院一旦开始废除一项无义务规则，就会进入一种完全不受控制的状态，并且会发现，在废除任何一项特定的无义务规则之后，都很难停止下来。例如，在没有最终废除或修改过失导致精神损害责任的无义务限制前，很难单独废除对土地所有人的无义务保护，因为废除某项保护的理由往往也可以适用于其他情形。如果对一项不合理损害风险的可预见性是过失责任的检验标准，那么只有在例外情形（比如《第三次侵权法重述》所描述的情形）才会存在"没有义务避免过失"。法院的确可以简单地作出前后不一的判决，或者，即使在能够预见损害的案件中，也可以援引特殊的理由来限制责任。① 但是，在损害的可预见性被视为追究责任的合适基础这一层面上，所有的无义务规则都存在一个相似的缺陷。

一旦可预见性的完整逻辑被放开，更多的侵权责任就有可能得到确立，然而当有保险承保大部分的责任之时，法院却仍然不愿意着手废除无义务规则。无论法院可能已经多么乐意对拥有保险的机构和企业追究新责任，对普通个人追究大量无保险承保的责任都是另一回事。而且，对无义务限制的废除会被同等地适用于企业和个人，并不存在逻辑上的方法可对二者作出区分。因此，包含个人责任保险的房屋所有人保险的推行，填补了责任保险结构中的最后一项主要缺口，并且使法院在接下来20年里废除了许多对责任的无义务限制。此后，侵权责任的运行背景条件之一也发生了改变。

该现象存在一些例证。在本章接下来的内容中，笔者会讨论四项：土地所有人的侵权责任；儿童的特殊注意义务标准；家庭成员和慈善机构豁免权；"纯粹"精神损害责任，即非由于人身损害给原告造成的精神痛苦的责任。前三项例证以直接的方式支持了笔者的观点。这些领域中的旧的无义务规则持续的时间，与大多数普通个人没有承保这些规则所排除之责任的保险的时间相同；当这些保险可以获得并普遍推行时，无义务规则也被大量修改或废除。最后一项涉及过失导致精神损害的例证则更为复杂。在该领域中，法院对无义务规则的修正极其有限，这一事实可被用于反驳笔者的观点。然而，笔者试图说明的是，侵权法律规则和责任保险的相互作用，至少为该领域现在的法律状况提供了部分解释。

一　土地致害的侵权责任

19世纪时，美国发展出了一系列规制土地所有人责任的独特规则。当有人在土地所有人的土地之上遭受损害时，土地所有人需要对之承担责任。进入土地的人可被分为三类：侵入者、被许可进入者和被邀请进入

---

① 对无义务和类似案件中的这些理由的讨论，see James A. Henderson, Jr., "Expanding the Negligence Concept: Retreat from the Rule of Law," 51 *Indiana Law Journal* 476 (1976)。

者。土地所有人对这三类人所负的注意义务依次递增。对于侵入者，只有当土地所有人对侵入者的安全持放任和故意态度而实施了某种行为时，侵入者才能对其在土地上遭受的人身损害获得所有人的赔偿。所有人不能故意伤害侵入者或对其设置隐蔽的陷阱。但是，所有人对造成侵入者损害的危险环境未作补救或修复时，无须承担责任。这就意味着，土地所有人拥有保留危险状态的自由。

被许可进入者，是指为了自己的目的或利益而非所有人的经济利益，被邀请进入土地的人。这种进入者主要是所有人的社交客人，以及包括被土地所有人明示或默示许可进入土地者在内的人，例如被允许从土地上抄近路的人。仅在所有人未提示土地存在隐藏危险时，被许可进入者才能得到所有人赔偿。事实上，所有人仅负有使土地对被许可进入者的安全程度达到对自己应有的安全程度的义务，而不负有使土地达到合理安全程度的义务，即其对被许可进入者不承担一般过失责任。

最后，被邀请进入者要么是像顾客这样的商业拜访者，要么是得到一般性邀请而有权进入土地的社会公众成员，例如在公共场地里观看棒球比赛的人，或者在火车站接亲友的人。对于这种进入者，若所有人未能使土地达到合理安全的程度，并因此使进入者遭受人身损害，就要承担责任。

因此，所有人对被邀请进入者承担过失侵权的责任，但对侵入者和被许可进入者不负有应避免过失的义务，即不承担过失侵权责任。尽管所有人对后两者也负有一些注意义务，但并非合理注意义务。然而，随着时间的推移，这项规则产生了两项重要的例外。其一，当土地所有人在土地上发现了侵入者时，就须对其承担合理的注意义务。其二，在"诱人滋扰"（attractive nuisance）规则之下，当儿童侵入者因不能意识到某一状态（吸引力）的危险而被吸引到土地上时，所有人对此要尽到实际预见的合理注意义务，在某些州是能够预见的合理注意义务。但是，除了这些例外，对不同进入者的这种形式区分被维持的时间，远远超过了20世纪30年代兴起的法律现实主义的持续期间，而且在该期间刚刚开始时，产品责任的扩张就已经发生了。

这些与土地所有人侵权责任有关的无义务规则和限制义务规则的主要作用是为了保护私人而非企业，认识到这一点是非常重要的。尽管企业也有可能和私人一样，会有人侵入其土地，但是无论适用何种规则，涉及侵入者的侵权诉讼都非常罕见。所以，实际发生的诉讼主要涉及的是对被许可进入者和被邀请进入者的区分。企业和私人在这方面存在一些差异。企业没有社交客人，所有经过允许进入其土地的人都是被邀请进入者，企业对他们负有合理注意义务。而私人则刚好相反，私人的商业拜访者一般很少，其拜访者大都是社交客人。因此，当对私人的土地所有人侵权责任之范围进行限制时，被许可进入者和被邀请进入者的区分并不会对企业责任产生明显影响。

在许多情况下，社交客人起诉主人过失侵权是没有任何意义的，因为主人一般无法履行过高赔偿金额的判决。所以，改变区分被许可进入者和被邀请进入者这一规则的压力就很小。而且，即便在主人确实有些资产的场合，判决主人承担责任也可能会产生剥夺其家人的积蓄甚至是住宅的破坏性后果。那么，当主人不承担责任时，客人就必须自己负担损害的费用。但是，追究责任其实也只是简单地将费用从一个个人风险负担者转移给另一个，并没有太多减少事故发生的效果。

但过失侵权法实际已经规定了，在土地致害的侵权责任中，土地所有人是更好的风险承担者。对于在其土地上遭受损害的顾客和其他被邀请进入者，企业总是要承担责任。根据第一章所述，自19世纪80年代开始，企业的所有人便可以购买承保这种责任的保险，开始是公众责任保险，后来则是CGL保险。之后，到了20世纪早期，当人们进入某人土地的行为是恰当的，或者至少可被理解时，若土地所有人有可能即将或实际可以为其责任承保，土地所有人侵权责任的规则实际就可以提供对于过失侵权的赔偿请求权，但是，若所有人是没有保险的普通个人，便不必承担该规则所规定的责任。

土地所有人须承担责任的上述例外规则似乎也有与保险相同的作用，它使企业承担责任，使个人得到了保护。理论上，私人可以在其土地上保持一种可被认定为"诱人滋扰"的状态。然而，适用该规则的案件主要涉及的却都是企业被告，尤其是铁路公司。而且，大多数重要的上诉案件涉及的也都是企业而非个人。[1] 因此，虽然对被发现的侵入者要承担合理注意义务这一要求可能会使私人承受和企业一样的负担，但这在实际中并不经常发生。

总之，尽管从侵权法理论的角度观之，在20世纪三四十年代，废除

---

[1] See, e.g., cases cited in Keeton et al., *Prosser and Keeton on Torts*, 396-399.

土地致害的侵权责任规则一直都是一件无关紧要的事情,但该规则还是存续了相当长的一段时间。在当时开始走上舞台的法律现实主义者看来,主要适用于社交客人的被许可进入者这一类别几乎没有保留的必要,该类别只是法律形式主义的残留而已。但是,新的规则会使房屋所有人承担责任,而他们当中则极少有人拥有承保这种责任的保险。所以一旦承保这种责任的保险得到普及,法院克服其一贯的保守作风,并废除无义务规则和限制义务规则也就只是时间的问题了。该类别的侵权责任规则在加利福尼亚州的一起案件中得到了废除。在这起具有标志性的案件中,被告南希·克里斯琴(Nancy Christian)事实上只是名义被告。当罗伯特·雷宾(Robert Rabin)教授30多年后对其进行跟踪调查时,她根本就不知道这起诉讼中究竟发生了什么,她只是提供了审前笔录证言,之后就把其他所有事务交由其责任保险人全权处理了。[1] 保险人才是真正的利益方,在诉讼中实施了抗辩行为。但在案件进入加利福尼亚州最高法院之前,保险人一直都没有胜诉。

加利福尼亚州最高法院在该案中废除了对被许可进入者的土地致害侵权责任规则,也因此成为首个废除该规则的法院。[2] 大约有一半的州效仿了加利福尼亚州,尽管许多州还是单独保留了对侵入者的责任规则。[3] 由于一些文化和哲学上的原因,比如,对侵入者只承担较低的注意义务在伦理道德上一直是深入人心的,这几个类别的区分被保留了相当长的时间,而且现在依然被许多州所保留。但在笔者看来,促进这一僵硬的区分存续如此之久的因素之一是,直到20世纪50年代,一般的房屋所有人才开始拥有承保对社交客人所负责任的保险。在这种保险被人们广泛购买,且法院了解到这一事实之前,废除被邀请进入者和被许可进入者的区分都会产生某种不良后果,而个人责任保险的可获得性则恰好消除了这一后果。随着被提起诉讼的普通个人也可以获得责任保险,法院对于废除原有的限制义务规则,就不会再像之前那样愧疚不安。因此,责任保险的可获得性使

---

[1] See Robert L. Rabin, "*Rowland v. Christian*: Hallmark of an Expansionary Era," in Robert L. Rabin and Stephen D. Sugarman (eds.), Torts Stories 89 (New York, 2003). 事实上,克里斯琴只是一间公寓的租客,但她购买了保障其承租房屋的承租人保险,这种保险包含个人责任保险,而且这里的个人责任保险与房屋所有人保险提供的个人责任保险相似。

[2] Rowland v. Christian, 443 P. 2d 561 (Cal. 1968).

[3] See Dan B. Dobbs, *The Law of Torts* § 237, at 615-620 (St. Paul, Minn., 2000).

法院得到了解放，从而可以自由地遵循那些可能早已存在的法理倾向和责任逻辑。

二 儿童的注意义务标准

自从过失责任首次作为独立的诉由出现后，合理注意义务的标准就开始适用于成年被告。如果他们未能尽到一个理性人在争议情形下本应尽到的注意义务，就需要承担责任。根据该标准，年老的、体弱的、一般智识水平以下的人也必须符合最低限度的合理注意义务标准，否则就要承担过失责任。善意不能被作为抗辩理由，缺乏理性的人在相同情况下谨慎行事所必要的足够的智力、判断力或经验，同样不能被作为抗辩理由。在大部分法域，如果未能遵守这一客观标准，即使是精神病人也要承担责任。

普通法规定儿童也可能具有过失。但对儿童过失的判定与成人不同。7岁以下的儿童被认为不会具有过失。7岁以上的儿童则适用半客观的、专门适用于儿童的注意义务标准。儿童被告只需承担与其年龄、智力和经验水平相近的儿童应当承担的注意义务。事实上，儿童必须要达到其能够达到的谨慎程度，但也仅此而已。

无论儿童被告实施的行为是抓子游戏、驾驶汽车还是开枪射击，适用的都只是儿童的注意义务标准。如果一个八岁的儿童设法拿到了其父母的汽车钥匙，并且驾驶的安全程度和人们所期待的儿童驾驶程度相同，那么他就不具有过失。如果一个九岁的儿童在大街上发现了一盒火柴，并用该火柴在邻居的车库里放火，那么就要以和他一样智力和经验的九岁儿童应当具有的注意程度，来判断其是否具有过失。

然而，即使儿童未能遵守应适用的注意义务标准，起诉儿童过失侵权也没有太大意义。因为极少有儿童拥有个人财产，儿童的父母对其子女的侵权行为也不承担责任（现在的成文法规定依然如此）。从过去到现在，父母都只对自己在监护子女方面的过失承担责任，但子女实施的导致损害的行为通常都不是父母监护过失的结果。因为儿童可能会不按常理出牌，而且父母也无法每次都能阻止他们伤害别人。

由于儿童几乎没有任何财产，限制儿童过失责任的特殊规则在实践中几乎没有发挥作用。即使儿童承担的是客观的、成人标准的注意义务，大部分原告也无法从儿童被告处得到判决的赔偿。因此，大部分原告可能也就懒得再去起诉儿童了。客观的成人标准对一些人要求的注意程度比其本人能达到的程度更高,而且避免了对每一被告的注意程度进行调查的高昂成本。这样的结果就是,通常比儿童拥有更多财产的成人,承担过失责任的风险也更高,尽管许多成人往往没有保险,且同样无法履行损害赔偿的判决。

然而,到了20世纪50年代,这种状况开始发生根本的改变。根据第三章所述,机动车侵权责任保险承保机动车的所有人及其家人。大多数驾驶人现在都拥有这种保险,而且这种保险从60年代开始就被许多州规定为强制责任保险。而根据前文,提供一般个人责任保险的房屋所有人保险恰好也在此时开始实行。通过抵押贷款购买房屋的家庭的所有成员,包括儿童在内,都有可能得到这种保险的保障。

因此,当法院随后开始考虑儿童注意义务标准的适用性时,环境已经发生了改变。现在,对儿童适用何种标准会产生实际的差别,因为大部分儿童不再是没有能力履行判决的人。1961年Dellwo v. Pearson案的判决首次表明,当儿童实施法院所称的"成人活动"时,适用成人的注意义务标准,该判决的影响十分深远。[①] 操作汽车、船只或飞机的行为适用该项规则,但滑雪和玩沙子的活动则一般不适用。7岁以下的儿童无法具有过失这一规则依然很普遍,但这样的儿童也极少会实施成人的活动。对于7岁以上的儿童,适用何种标准如今则会有所不同。保险的可获得性并不是划分适用成人标准和儿童标准的活动的依据,否则几乎所有的活动都要适用成人的注意义务标准。事实上,房屋所有人保险承保的更多的是因滑雪或在街道上踢球而产生的责任,而非驾驶机动船所产生的责任,后者通常要购买单独的保险。更准确地说,房屋所有人保险的广泛推行,使法院能够开始考虑在成人活动与儿童活动之间划出一条界线,因为这条界线划在何处如今已经颇为重要。总之,责任保险使这个问题变得现实而有意义。

此外,即使是在依然适用儿童标准的案件中,房屋所有人保险的推行也会产生影响。由于违反儿童注意义务标准所产生的责任由房屋所有人保险承保,违反儿童标准的儿童通常就不会再没有能力履行判决。而且,当儿童对其实施的儿童活动不具有过失但又造成了危险时,其父母的监护过失责任也是由同一份房屋所有人责任保险承保。因此,机动车侵权责任保险和房屋所有人保险的推行,尤其是后者,使得与儿童相关之事故的整体

---

① 107 N. W. 2d 859(Minn. 1961).

责任环境实现了意义重大的重构。现在，法院由于知道了个人责任保险有可能承保其认为合适的所有水平和种类的责任，或许也就解决了儿童及其父母的责任范围问题。

三 豁免权的废除

与以上类似的一个过程引发了某些普通法上的责任豁免权的废除，其中最突出的是家庭成员豁免权。与无义务规则相比，豁免权从技术上来说，免除的是一种本应存在但又由于行为人的身份而得到豁免的责任。但就实际功能而言，侵权责任的豁免权和无义务规则其实并无二致。

普通法上存在配偶之间以及父母对子女的侵权责任豁免权。这些豁免权兼具理论与现实基础。支持性别歧视的普通法上的形而上学理论排除了配偶之间的责任，因为丈夫和妻子在许多方面被认为具有相同的法律身份，他们是"一体的"。而且，在任何情况下，追究配偶之间或父母对子女的侵权责任，通常都只会导致财产在家庭内部无意义的转移。另外，即便个人财产的区分是有意义的，且不会导致诉讼因此无意义，这也会造成对家庭安宁的极大破坏。

20世纪50年代，概括的家庭成员豁免权这一主张出现了漏洞。配偶双方明显是独立的个体，且通常都拥有独立的利益和财产，家庭安宁也并不总是会被家庭内部的诉讼所破坏。而且，家庭成员责任保险在当时也已经存在。一些法院在机动车侵权责任保险和房屋所有人保险普遍实行之前就废除了这些豁免权，但这种废除行为却直到50年代才开始大步跃进，此时承保这些责任的个人责任保险已经十分普遍。对豁免权的废除有时出自法院，有时出自立法机关。[①] 责任保险的可获得性意味着追究责任引起的不仅仅是家庭内部的财产转移，由于支付判决赔偿的是家庭的责任保险人，是否追究责任因此将会产生不同的结果。

与此有关的证明是，一些豁免权的废除最初仅适用于机动车侵权责任，

---

① 废除配偶之间豁免权的案件有 Klein v. Klein, 376 P. 2d. 70（Cal. 1962）and Brown v. Grosser, 262 S. W. 2d 480（Ky. 1953）。废除父母对子女豁免权的案件有 Gibson v. Gibson, 479 P. 2d 648（Cal. 1971）, Gelbman v. Gelbman, 245 N. E. 2d 192（N. Y. 1969）, and Groller v. White, 122 N. W. 2d 193（Wis. 1963）。在机动车侵权案件中废除了父母豁免权的成文法仅有 1975 North Carolina Laws c. 685 § 1 [codified at N. C. Gen. Stat. § 1–539.21（1981）] and 1967 Conn. Pub. Acts 596 § 1 [codified at Conn. Gen. Stat. Ann. § 52-572c（1981）]。

而在该责任领域，正好有机动车侵权责任保险为家庭成员被告提供保护。在这种情形下，家庭和谐被破坏的可能性最低，财产的转移也不会没有意义，因为保险会为损失提供真正的赔偿。由于担心被保险人可能会通过欺诈诉讼实现这一目的，保险人有时会反对废除家庭成员豁免权。当保险人的反对失败时，他们就会试图在责任保险保单中加入家庭成员免责条款。而这些免责条款经常会被认定为违反公共政策，尽管并非总是如此。①

家庭成员豁免权在一些州依然存在，而在其他州则存在重要的例外。例如因父母施以正常管教而致损害的场合，保留豁免权依然是一种普遍的做法。但是从整体上而言，豁免权正在走向衰落。而且，家庭成员责任保险的可获得性，也促进了法院对该问题的直接处理。

豁免权的放宽或废除与责任保险的可获得性之间的密切关联，也得到了关于非营利机构之实践经验的进一步诠释。根据笔者在第四章中对医院责任的讨论，20世纪中期以前，慈善机构一直都享有侵权责任的豁免权。这种豁免权的理由是，慈善机构的财产应当被用于慈善目的。但是，随着慈善机构本身变成了大型企业，例如，红十字会和哈佛大学都是当时著名的"慈善机构"，这一理由便不再那么有说服力了。此时，这种豁免权开始被司法判决和成文法规定废除，而这至少部分是因为慈善机构购买责任保险的能力有所增强。② 责任保险的可获得性经常会清楚地出现在对废除慈善机构豁免权的讨论当中，而且事实上，有时仅在慈善机构拥有责任保险时，这种豁免权才会被废除。虽然新责任规则最初的适用主体主要是医院，但它其实适用于所有的非营利机构。

因此，随着时间的推移，各种非营利机构都要面临的责任威胁，促使这些机构在购买责任保险方面更加谨慎，而它们通常也的确是这样做的。然而，自愿为非营利机构工作的个人也有可能要为其行为导致的损害承担责任。多种形式的房屋所有人保险承保了非营利机构志愿者的志愿服务所产生的非机动车侵权责任，机动车侵权责任保险则承保了志愿服务中产生

---

① See, e. g., Meyer v. State Farm Mutual Automobile Insurance Company, 689 P. 2d 585 (Colo. 1984); Jennings v. Government Employees Insurance Company, 488 A. 2d 166 (Md. 1985); Mutual of Enumclaw Insurance Company v. Wiscomb, 643 P. 2d 441 (Wash. 1982).

② 关于这一点，具有影响力的案件是 Wendt v. Servite Fathers, 76 N. E. 2d 342 (Ill. App. 1947), and President and Directors of Georgetown College v. Hughes, 130 F. 2d 810 (D. C. Cir. 1942)。

的机动车侵权责任,因为这两种保险当中均不包含相关的免责条款。然而,这些志愿者却经常担心他们的这些责任和其他责任能否得到保险保障,而且,如果因与志愿服务相关的事故导致损害而被起诉,他们也总是不愿意承担责任保险保费急剧增加的风险,这些都是可以理解的。例如,最重要的一点就体现为,当志愿者因违反非营利机构的董事义务而造成纯粹经济损失时,对于因此产生的不同于人身损害或财产损失责任的纯粹经济损失责任,房屋所有人保险和机动车侵权责任保险都不会为之提供保险保障。

随着20世纪80年代对营利性企业的董事和高管提起的诉讼不断增加,承保这种责任的新型保险——董监高责任保险(D & O liability insurance)诞生了。非营利机构的志愿者董事和高管通常在营利性企业拥有全职工作,因此其对于志愿工作的责任风险,会感到麻烦和敏感。自然,他们希望确保自己可以得到针对这种责任风险的保护。而且,当非营利机构的董事或高管因为办公场所内的行为被追究责任而寻求机构补偿时,非营利机构本身也想保护自己的财产。因此,这些机构开始购买董监高责任保险来承保董事个人的责任风险,以及机构对董事的补偿责任的风险。

然而,对于非营利机构,尤其是像少年棒球联盟(Little League)和社区改善协会(community improvement association)这样的小型非营利机构而言,这种保险的费用经常高得令人难以承受。[1] 即便是对于大规模的非营利机构,为购买这种保险而必须支出的大笔金额,也会使之遭受不利影响。而且,董监高责任保险每年的价格也大不相同,因为它同样会受到笔者在第四章和第五章提到的保险周期的影响。对于试图作出长期财务规划的机构来说,董监高责任保险保费的大幅意外增长这一威胁,无疑具有相当程度的干扰性。

作为回应,一些州要么制定了非营利机构志愿者责任豁免权的成文法,要么制定了降低非营利机构志愿者注意义务标准的成文法,使志愿者

---

[1] 对于保费对非营利机构之影响的讨论, see Charles Robert Tremper, "Compensation for Harm from Charitable Activity," 76 *Cornell Law Review* 401 (1991); Jeffrey D. Kahn, "Organizations' Liability for Torts of Volunteers," 133 *University of Pennsylvania Law Review* 1433 (1985)。

只需为自己重大过失或故意导致的损害负责。① 1997 年，美国国会也通过了志愿者保护的成文法，该法保留了非营利机构志愿者的机动车侵权责任，但是只允许对志愿者的故意或重大过失行为提起诉讼。② 责任保险的保费水平和可获得性对志愿者责任范围的影响在此表现得极为明显。至少部分是由于董监高责任保险潜在的高昂费用，本会被其承保的责任才得到了部分豁免；但由于人们可以以可控的价格获得机动车侵权责任保险，故机动车侵权责任得以保留。

此后，随着保险的一般可获得性的大小和保费水平的高低，非营利领域的侵权责任豁免时增时减。对于一些小型非营利机构而言，如果想要正常运转，承保其志愿者潜在责任的保险仅在理论上可被获得，可能还不足够。如果这些机构因为预算问题而负担不起保险，那么很明显它们会有足够的政治影响力使志愿者获得至少部分的侵权责任豁免权。作为一项公共政策的问题，这种安排无论是否有意义，无疑都展现了责任保险的实际可获得性和侵权责任豁免范围之间的密切关联。

四 过失导致精神损害的责任

笔者的最后一项例证反映了侵权法和保险之间一种更为复杂的联系。在这种情形下，责任产生在先，而且对于大部分责任而言，之后都没有出现保险为之提供保障。但至少部分由此所致，责任也从未扩张到其原本被预期达到的程度。

长期以来，对于人身损害导致的精神痛苦或心理创伤的痛苦，侵权法都规定了损害赔偿。因此，因身体上的伤痛、近亲属死亡，和损害导致的生活乐趣的丧失而经受的"痛苦与创伤"，一般都可以得到损害赔偿。而相比之下，对于过失引起的、非人身损害导致的，或有时被称为非"依附于"人身损害的精神痛苦请求赔偿的权利，则一直以来都受到了极度的限制。

---

① See, e.g., Arkansas Volunteer Immunity Act, 1987 Ark. Acts 390 § 2 [codified at Ark. Code. Ann. § § 16-6-101-105 (1987)]; 1987 Iowa Acts Ch. 212 § 19 [codified at Iowa Code Ann. § 613.19 (1987)]; 1987 Mont. Laws Ch. 437 § 1 [codified at Mont. Code Ann. § 27-1-732 (1987)].

② 42 U.S.C. § 14503.

在传统规则之下,仅在不当处置尸体或错误报道爱人死亡的场合,上述精神痛苦的损害赔偿才能够实现,除此之外的其他情形则适用无义务规则。但在20世纪的早些年里,在一些与原告的身体接触没有导致其实际人身损害,却导致了其精神痛苦的案件中,法院开始认可一项附加的一般性例外。这一所谓的"接触"规则尽管具有任意性,但却一直存续到了20世纪中期。在差一点就发生接触的情形下不存在任何赔偿问题,但只要发生了一些身体接触,赔偿就不会再受到限制。[1] 在法院看来,这一界限明晰的规则的合理性主要在于,它们担心,该开放性规则由于允许对被告过失行为可预见的全部精神痛苦予以赔偿,将会开启诉讼闸门,并且有可能会将欺诈性索赔引入侵权法体系中。

然而,有趣的是,接触规则在可赔偿和不可赔偿的损害之间所划的界限,与赔付和可能赔付此类索赔请求的责任保险的承保范围高度吻合。公众责任保险、CGL保险和机动车侵权责任保险在20世纪前50年里对绝大多数责任提供了保险保障,但是当接触规则占据主导地位时,它们却都明显将承保范围限制在了人身损害或财产损失所致的侵权责任之内。而且,保单条款中的人身损害仅指有形的身体损害,不包括心理或精神的损害。因此,即使接触造成的只是最低限度的人身损害,就其所导致的精神损害责任而言,也都可以获得保险保障,但没有实际接触而导致的精神损害责任则明显得不到任何保险保障。

非损害性的身体接触导致的精神损害责任可以得到保险保障,是否是因为它是因人身损害所致的这个问题从未被完全解决;但是,根据大多数州的法律,单独的精神损害责任明显不符合责任保险单中的人身损害要求。[2] 此外,对于那些将非人身损害导致的精神损害责任也包含在承保范围内的保险而言,保险人为其设定价格也远远更加困难。人身损害的要求因而使计算将来的责任情况,以及保险人潜在赔偿责任的范围更加切实可行。

---

[1] 对接触规则之任意性嗤之以鼻的经典看法,see Bosley v. Andrews, 142 A. 2d 263 (Pa. 1958) (Musmanno, J., dissenting)。

[2] See, e. g., Philadelphia Contributorship Ins. Co. v. Shapiro, 798 A. 2d 781 (Pa. 2002). 然而,一些州却已经认为,心理或精神上的痛苦是属于承保"人身损害、伤痛或疾病"责任的保单条款含义射程之内的。See, e. g., Lavanant v. General Accident Ins. Co. of America, 595 N. E. 2d 819 (N. Y. 1992)。

在精神损害责任的下一步发展中，一些法院主张，即使被告同原告没有实际的身体接触，只要被告因过失使原告处于人身危险当中，并且使原告由于担忧个人安全而产生了精神痛苦，原告就可以得到精神损害赔偿。[1] 该领域最后一项责任扩张的程度稍微有些大，但只是发生在少数州。这些州认为，原告不仅可以在由于被告的过失而担忧个人安全的有限情形下得到赔偿，在其处于人身危险状态之外，依然因被告行为遭受了精神痛苦的有限情形下，也可以得到赔偿。对这一诉由的限制往往涉及以下方面：(1) 原告担忧第三人的安全；(2) 当第三人因被告的过失处于危险当中时，原告距此很近，或目睹了这一场景；(3) 处于危险中的第三人与原告关系密切。[2]

因此，这项责任扩张并未给过失导致精神损害创设一般性的诉由。而且，和之前的危险状态那项责任扩张一样，这项新的诉由也要求被告的过失行为要有造成他人人身损害的风险。在危险状态规则之下，处于危险状态的必须是原告的个人安全。而在此项责任扩张之下，处于危险状态的则必须是与原告关系密切的人，而且原告必须目睹或几乎目睹了所发生的一切。有一些案件并不以被告因过失导致某人处于危险状态作为决定性的判罚标准，但即使这些案件也通常要求被告对某人的某种不法行为导致了另一人遭受精神痛苦。[3]

在笔者之前提到的保险条款的基础之上，从过去到现在，标准的企业保险和机动车侵权责任保险都不承保接触规则以外所扩张的责任。[4] 因此，笔者无法宣称，危险状态规则或只有少数州确立的扩张后的该规则是为了利用可获得的保险而精心设计的。恰恰相反的是，如果原告处于危险状态但没有遭受人身损害，那么根据标准责任保单条款，被告对原告精神损害的责任就不是"因为"人身损害而产生。这种责任由于仅仅是因原

---

[1] See American Law Institute, *Restatement (Second) of the Law of Torts*, §313 (2) (St. Paul, Minn., 1965).

[2] See, e.g., Thing v. La Chusa, 771 P. 2d 814 (Cal. 1989).

[3] See, e.g., Molien v. Kaiser Foundation Hospitals, 616 P. 2d 813 (Cal. 1980) (当医生误诊患者患有性病，并过失地告知患者的配偶患者患有性病时，对于自己因此遭受的精神痛苦，患者的配偶可以起诉医生)。

[4] 关于当时的标准房屋所有人保险单和机动车侵权责任保险单的相关规定，see Kenneth S. Abraham, *Insurance Law & Regulation* 190, 646 (New York, 4th ed. 2005)。

告对其人身损害的担忧而产生,因而不在保险承保范围之内。如果原告目睹了自己的孩子处于危险之中,且孩子和自己都没有遭受人身损害,这一说法也同样成立。但通过对标准保单条款进行稍微有些特别的主观解读,笔者认为,如果孩子受到了人身损害,且原告因此遭受了精神损害,造成原告精神损害的责任将属于保险承保范围之内。这是因为,根据标准保单条款,虽然遭受人身损害的是孩子而非原告,但此处的精神损害责任可以说至少部分是"因为"人身损害而发生的。但这一点十分深奥难解,极少有人也极少有上诉法院的法官能够意识到这一点。

据此,从总体上而言,没有责任保险承保近来扩张的过失导致精神损害的责任,似乎可被可理解为笔者观点的反例。现代的土地所有人侵权责任、儿童侵权责任、家庭成员侵权责任,都是在承保这些责任的所有人责任保险得到推行后,才得以确立。而相比之下,发生最晚的精神损害责任的扩张,却在有责任保险为其提供保障之前就已得到了确立,而且在大部分情况下,即使是在这些扩张发生之后,承保新责任的责任保险也并没有出现。事实上,现在只有某些奢侈的责任保险才承保精神损害责任,大部分标准保险依然不承保,而且,承保这种责任的奢侈保险也是在新责任确立之后才出现的。笔者的观点是,无义务规则的废除只会发生在有责任保险承保新义务之后。因此,在某种程度上,整个精神损害责任领域的发展情况使笔者的观点陷入困窘。

但是,这只是看待该现象的一种方式。从另一种意义上来说,该领域的责任扩张是在无义务规则的基础上所进行的极其有限和渐进的扩张,而这恰好证明了保险对放宽无义务规则的重要性。就其他无义务规则的变动而言,仅在有保险为新责任承保的情况下,它们才会被彻底或明确地废除,比如慈善机构豁免权。而相比之下,排除过失所致精神损害赔偿的规则其实并未被彻底废除。但是,责任一直都被谨慎地限制着,只有在非常罕见的情形下被告才会被追究责任,即被告因过失制造了导致某人人身损害的风险,同时却对或还对附近的与此人关系密切之人造成了精神损害。在没有人身损害风险的场合,并不存在一般性的过失导致精神损害的责任。在某种有限的程度上的确存在的,是对过失导致人身损害之风险行为的某种额外可预见后果的责任。总之,法院一直以来都极度不愿意将精神损害责任在其传统范围外扩张太多。

对于法院的这种态度有很多种解释,包括一开始就非常明显的,法院对于无限制的精神损害责任将会引起大量欺诈诉讼的担忧。[1] 但是，尽管许多法院已经表达了对精神损害赔偿任意性限制的失望，它们也依然没有像对待其他新的无义务限制那样对待这一限制。在其他无义务规则已被基本废除很长一段时间后，对精神损害责任所采取的克制得多的做法依然存在。

笔者想说明的是，对于该领域的缓慢改革进程，除了其他法律和政策因素外，承保精神损害责任的保险的缺位，也产生了间接的影响。如果标准责任保险承保了精神损害责任，法院可能就不会像其已经表现出的那样，那么不愿意扩张责任了。笔者的意思并不是法院已经开始以各种方式，有意识地思考责任保险是否承保精神损害责任的问题。但是，如果标准责任保险的确承保了精神损害责任，法院就不会获取不到这一信息。一方面，法官认识的保险人经常雇佣的律师，会在寻求精神损害赔偿的诉讼中作出抗辩；另一方面，原告的律师毫无疑问也已经找到了使法官注意到被告拥有保险的方法。这样一来，法官就会意识到，大量扩张责任后对个人被告所判处的赔偿责任，并不会没有保险保障。但是所有的这些都没有得到法院的关注，因为事实并非如此。

进一步说，如果承保精神损害责任的保险一直以来都可被正常地获得，就可能会有更多向普通个人提起的寻求精神损害赔偿的诉讼。然而，由于这种保险的缺位，提起这种诉讼的动机就低得多了，因为大多数被告都没有能力履行判决。而且，提起的诉讼越多，法院考虑多种多样事实情形的机会就越多，而无义务规则的废除就有可能发生在这些情形中。

总之，笔者认为，精神损害责任保险的缺位，至少是通过这些方式，导致了该领域侵权责任扩张的缓慢。在这一领域中，责任保险的缺位就如同狗不能叫唤。法院从未对其有过特别关注，但责任保险如若存在，就有

---

[1] 对该领域之责任整体发展进程的记述有 Barry J. Koopmann, "A Rule of Which Procrustes Would Be Proud: An Analysis of the Physical Injury Requirement in Negligent Infliction of Emotional Distress Claims under Iowa Law," 51 *Drake Law Review* 361 (2003); Christina Hull Eikhoff, "Out With the Old: Georgia Struggles with Its Dated Approach to the Tort of Negligent Infliction of Emotional Distress," 34 *Georgia Law Review* 349 (1999); Leslie Benton Sandor and Carol Berry, "Recovery for Negligent Infliction of Emotional Distress Attendant to Economic Loss: A Reassessment," 37 *Arizona Law Review* 1247 (1995); and Martha Chamallas with Linda Kerber, "Women, Mothers, and the Law of Fright: A History," 88 *Michigan Law Review* 814 (1990).

可能产生非常重要的影响。

第三节　影响的一般性本质

个人责任保险的出现，促进了之前适用无义务规则的责任的改变，笔者已为此提供了三项例证；个人责任保险的缺位，可能抑制了责任的改变，笔者也为此提供了一项例证。在本章的最后一节中，笔者对于自己所主张的保险的可获得性对这些法律改变的影响方式，以及其他笔者尚未主张的内容，将作出更加详细的阐述。

笔者的看法是，笔者所讨论的无义务规则的修改或废除，其理论和现实理由在20世纪的一段时期里一直在累积：被许可进入者和被邀请进入者的区分被认为是形式主义的做法，且不符合通常的道德情感；对受害人所获之赔偿的关切，主张至少部分扩张儿童过失责任；概括的家庭成员豁免权和慈善机构豁免权，不再被作为促进家庭安宁和慈善机构目的实现的必要条件。然而，这些领域的责任扩张将会对无保险个人产生的影响，是其潜在的消极副作用之一，这种消极副作用导致了司法保守作风，以及法院后来不愿意废除每一个领域的无义务规则。可是，一旦责任扩张的障碍被消除，促进法律改变的因素便可以没有限制地发挥作用。总之，笔者认为，在这些情形下，责任保险的可获得性是确立责任的必要条件，但非充分条件。

因此，笔者并不认为，在这些情形下，法院改变长期存在的无义务规则仅仅是因为之前没有保险，而最近出现了保险。相反，某些别的无义务规则几乎一点都未被修改，即使废除这些无义务规则后产生的责任，明显可以被已有的保险承保。"无救助义务"规则便是一项例证。如果救助义务存在，房屋所有人保险和CGL保险明显会承保过失违反救助义务导致的人身损害的责任，但这一事实并未促使法官修改该传统规则。排斥救助义务的侵权法原则和政策是如此具有影响力，以至于无救助义务这一强大的规则至今依然有效，尽管在该领域也可提出规定救助义务的有说服力的主张。[1]

但是，笔者认为，就以上四项已被修改的无义务规则而言，笔者对其

---

[1]　See Ernest J. Weinrib, "The Case for a Duty to Rescue," 90 *Yale Law Journal* 247 (1980).

演进过程的分析说明,当其他引起改变的必要条件得到满足时,保险的可获得性确实能够影响此类规则的修改或废除。在这些情形下,责任与保险的影响结构与笔者在前几章中提到的情形形成了对比。就后者而言,新责任首先产生,在此之后才发展出承保新责任的保险。例如,在产品责任的扩张中,法院的假设是,如果确立了缺陷产品的损害责任,承保这种责任的保险就会进一步发展。事实上,在严格责任的发展过程中,此类保险将来的可获得性是法律改变的直接原因。产品生产者更有能力获得保险,是支持法律改变的一个极为重要的理由。在 50 年前的劳工补偿制度中,该说法也是成立的,但不是对于法院,而是对于立法机关。例如,第二章里提到,纽约温赖特委员会(New York's Wainwright Commission)曾于 1910 年强调,雇员没有而且实际上也无法购买到承保工伤风险的保险。雇主更好购买此类保险的事实,正是支持确立劳工补偿制度的重要理由。立法机关相信,如果确立了劳工补偿制度,承保该制度创设的新责任的保险就会出现。立法机关是正确的。在这些领域中,为了给受害人提供获得保险来源的途径,潜在被告预期的损失分散能力是重要支持理由。在这些领域中创设新的责任,至少部分是为了将侵权损害赔偿转变成对受害人而言等同于保险的制度。

相比之下,法院放宽无义务规则和豁免权规则的目的则是,在它们认为符合侵权法的内在逻辑,且为既有的意思明确的保单条款所要求的场合追究侵权责任。保险的缺位则正好阻碍了这种逻辑和保单条款的充分发展与执行。在这种情况下,法院并不会因为对"一旦产生新的责任,就会出现承保这些责任的保险"的期待,而对规则作出修改。可以说在某种程度上,可能产生对个人具有沉重负担甚至毁灭性打击的判决,是导致司法保守主义的一个背景条件。而为个人遭受的这种判决提供保障的保险的实行,则消解了这一保守主义。一旦最潜在的被告可以获得责任保险,法院就可以自由地权衡影响规则保留或修改的各项其他因素,而无须再受到之前因缺乏普通个人责任保险所造成之障碍的影响。

对于笔者所调查情形中保险的可获得性,法院究竟有怎样的思考,现在的我们在很大程度上是无法得知的。然而,由于当时的法官曾经是律师,如果他们已经阅读过自己所购买的房屋所有人保险单,是一点也不让人奇怪的。他们经过阅读可以知道,该保险单会为被起诉的责任提供保障。而且,即使是那些没有阅读过自己的房屋所有人保险单,也不知道该保险承保哪些责任的法官，也很有可能会对自己和同事说，"我们创设的责任会由保险提供保障"。这一假设在20年前是不准确的，但在20世纪50年代则是准确的。因此，尽管相关的判决意见没有提到过保险的可获得性这一事实，但这并不代表保险的可获得性没有影响力。

与罗伯特·雷宾创造性命名的"帮助型侵权行为"（enabling torts）有关，该过程发生了一种变化。[1] 有时对次要侵权人追究责任，至少部分是因为在某些情况下，主要侵权人很可能没有保险或保险不足。例如，公寓的所有人可能因过失未使公寓达到足够安全的状态，导致公寓承租人受到了入侵者的袭击；[2] 或精神病医生可能未能通知警察，第三人正处于遭受其患者损害的危险之中。[3] 这些情形下无义务规则的放宽，使像房屋所有人或精神病医生这样的次要侵权人，要为主要侵权人的行为后果承担责任。在许多的这种"帮助型侵权行为"的场合，次要侵权人是更具有社会责任感和经济能力的个人或企业，同主要侵权人相比，他们拥有责任保险，并得到责任保险赔付的可能性要大得多，因为保单中的故意损害免责条款并不适用于对过失帮助行为的保险赔偿请求。因此，对某些帮助型侵权行为的责任扩张，其实是利用了为之前被无义务规则所保护的行为人提供保障的责任保险。

有趣的是，除了极少数例外，保险的可获得性对无义务规则之发展过程的影响，一直以来都是单向的。新型保险的推行可能有助于促进责任的扩张速度。但是，即使这种保险后来变得不再那么容易获得，或者昂贵许多，法院也依然会继续承认扩张后的责任的效力。责任的扩张有种"潘多拉盒子被打开"的特征，即它通常是不可逆的，而这至少是普通法的判决所致。由此就需要立法对责任进行否定或限制。普通法责任的不断扩张，至少部分是由其影响责任保险的方式造成的，成文法对精神损害规定的一般性最高赔偿限额，以及立法上对非营利机构志愿者豁免权的规定，都是立法对扩张的普通法责任进行限制的例证。承保这些责任之保险的保费增加，对于已有的规定这些责任的普通法规则的范围，并没有明显的影响；如果这些规则依然有效，那么只有立法机关作出的责任限制才能够修

---

[1] Robert L. Rabin, "Enabling Torts," 49 *De Paul Law Review* 435 (1999).

[2] Kline v. 1500 Massachusetts Avenue Apartment Corp., 439 F. 2d 477 (D. C. Cir. 1970).

[3] Tarasoff v. Regents of the University of California, 551 P. 2d 334 (Cal. 1976).

改这些规则。

　　作为总结，笔者想要说明的是，普罗瑟认为保险对侵权责任的发展几乎没有影响，这一看法实际上是非常值得质疑的。在法院很少把保险的可获得性作为责任扩张的基础这一点上，普罗瑟无疑是正确的。但是正如特雷纳在其对 Escola 案的支持意见中所表现的那样，当法院为了寻求承保某种责任的保险而创设某种责任时，其持有的其实是一种开放性的态度。

　　在笔者本章所研究的领域中所发生的一切其实是更加微妙的。责任保险的不可获得性这一重要背景条件，已经发生了改变。妨碍规则逻辑和司法决策按照正常轨迹发展的限制得到了清除，二者如今可以在无须法院考虑或参考保险的情况下，自由地发挥作用。除机动车侵权责任外，旧的责任体系转变成了新的责任体系。在旧的责任体系中，对普通个人追究侵权责任要么是无意义的，要么具有潜在的破坏性；而在新的责任体系中，责任保险人可能承担了大部分的责任。而新的责任体系正是我们现在所了解的过失侵权法的运行状态。

第七章　平行来源规则、大规模侵权责任和"9·11"事件的重要意义

2001年9月11日，美国发生了恐怖袭击事件。同其给人类社会与历史进程造成的影响相比，该事件的法律影响显得暗淡许多。此次事件中，有两千多人遇难，人数更多的遗属遭受了人身或精神损害，或同时遭受了两种损害。作为对此次事件的回应，一场在全球具有深远影响的持续性"反恐之战"吹响了号角。

但"9·11"事件的法律影响其实也同样重大。为避免美国航空公司被提起数十亿美元的侵权诉讼，美国联邦政府出资设立了一项用于赔偿"9·11"事件受害人及其家人的基金。这项受害人赔偿基金（Victim Compensation Fund，VCF）试图向受害人提供一种赔偿，其金额大致相当于受害人起诉航空公司所能获得的胜诉赔偿。但存在的一项例外是：VCF提供的赔偿中会扣除人寿保险金，而在侵权赔偿中，人寿保险金则不会被扣除。这种赔偿方法引起了一项重要的争议，即什么是合理的赔偿，以及如何确定合理的赔偿。

VCF为袭击事件中2880名遇难者的遗属，以及袭击事件和之后救援行动中的2680名受害者，提供了总计超过70亿美元的赔偿。[1] 随着VCF赔偿的推进，在某种层面上产生了一项关于"9·11"事件受害人应否获得政府赔偿的公共讨论，因为其他恐怖袭击事件的受害人，例如，1995年发生的俄克拉荷马（Oklahoma）市爆炸事件，就没有得到过这种赔偿。

然而，从另一层面而言，讨论其实与是否该向受害人及其家属提供赔偿无关，其真正关注的是确定合理赔偿的合适方法。而且，虽然VCF赔偿的确定方法是讨论的直接焦点，但讨论中提出的问题却有着更广泛的隐

---

[1] Kenneth R. FeInberg, 1 *Financial Report of the Special Master for the September 11th Victim Compensation Fund of* 2001 1 (Washington, D. C., 2004).

含意义,即受害人可得到的其他赔偿来源在 VCF 这一与侵权赔偿相似的做法,或者在侵权赔偿中应当扮演怎样的角色?处理方式一直以来就不同于其他赔偿来源的人寿保险金,是应当继续得到特殊处理,还是应当得到与健康保险和失能保险相同的处理?对 VCF 赔偿的讨论使这些问题显现了出来,但这些问题至今依然存在,并未仅仅因为讨论的结束就烟消云散。随着侵权法和保险体系的发展,依然需要在侵权损害赔偿和侵权赔偿权利人能够获得的多种多样的第一方保险赔偿之间,建立一种恰当的协调关系。

第一节 大规模侵权责任和"9·11"事件

或许令人惊讶,"9·11"事件后,VCF 所处理的局面与大规模侵权案件及其相似案件中出现的问题存在诸多相似之处。在 VCF 之前,并不是没有出现过与 VCF 提供的赔偿额一样高的侵权赔偿。例如,笔者在第五章所讨论的大规模侵权诉讼、产品责任诉讼和环境污染责任诉讼中,一直以来都经常出现高达数亿元的侵权赔偿;在这些案件中,侵权赔偿超过 10 亿美元的情形也并非极其罕见;而石棉侵权诉讼自数十年前出现后,其侵权赔偿总额累计已超过了 700 亿美元。[1]

除了 VCF 支付的赔偿总额未超出"大规模侵权案件之常态"的赔偿范围这一事实,以及其独特之处外,"9·11"事件在其他方面也明显与传统的大规模侵权案件相似。首先,威慑效应在这两种情形下都很有限,或根本就不存在。无论其他因素可被认为对 VCF 条款产生了或本应产生怎样的影响,对未来恐怖袭击的威慑作用都不在这些因素之内。潜在恐怖分子在未来实施的行为,或者美国政府在未来采取预防措施的程度,会受到再次发生恐怖袭击时可能要设立另一 VCF 的影响,是一件让人很难想象的事。与此相似,大规模侵权责任所产生的威慑效应也是不存在的,即便存在,这种威慑效应也只是推测性的。正如笔者在第五章中所述,由于这些责任涉及的大都是长期性的潜在损害,对于可能引发其在未来承担损害责任的不确定性风险,与从只具有长期风险的活动中获得的更易量化的现时利益,潜在的被告有多少动机对二者进

---

[1] Stephen J. Carroll, *Asbestos Litigation* xxvi. (Santa Monica, Calif., 2005).

行比较，是不确定的。

其次，几乎同样是威慑效应极小这一原因所致，通常认为，在这两种情形下，矫正正义和民事补偿的重要性也更低。在VCF的场合之下，被告对其向受害人实施的不法行为，无须承担矫正或补偿的责任。恐怖分子既没有被起诉，也无须承担赔偿责任，向受害人提供赔偿的是美国政府。美国公民与美国政府对受害人及其家人承担的任何义务都不是基于矫正正义和民事补偿，而是基于政治和道德上的价值目标。同样地，至少在损害具有长期潜在性的大规模侵权案件中，矫正正义和民事补偿两项价值目标的重要性，要比在常规侵权案件和其他非潜在损害型大规模侵权案件中的少得多。长期潜在损害案件中的公司被告，就如同忒修斯的船一样，如果忒修斯的船上的木板被逐渐替换，直至全部由新的木板组成，那么这艘船与原来那艘船之关系的问题就会变得困惑难解。极端情形下，在公司当下被追究长期损害责任时，其股东可能没有一个曾在数十年前公司发生侵权行为时持有过公司股票。在这种情形下，无论可以怎样的理由追究公司被告的责任，例如公司现在的股东因为股份溢价而获得了财富的不正当增加，其理由都不会是公司现在的股东对受害人实施了不法行为。

最后，正是因为威慑效应和矫正正义在"9·11"事件和大规模侵权案件中都没有发挥与其在常规侵权案件中同等重要的作用，在思考处理此类案件引发之问题的恰当方法时，侵权赔偿与保险等其他赔偿来源之间的关系才占据了更加重要的地位。一项索赔对未来当事方的激励或索赔人与被告之间的公平正义的可能影响越小，对于以最好的方式向受害人提供赔偿的思考自然就越多。而这种分析方式不可避免地会将其他潜在的赔偿来源纳入考虑范围。因此，在"9·11"事件和大规模侵权案件中，对赔偿因素的考虑通常会占主导地位。在思考如何妥善解决这些情形中出现的问题时，侵权赔偿之平行赔偿来源所扮演的角色就成了必须考虑的因素。

在导言中，笔者简要讨论了非侵权赔偿来源的范围和可获得性。而在本章，则是时候对之再次加以讨论。因为正是在本章所描述的情形中，这些赔偿来源与侵权赔偿之间的关系才需要得到最为严肃的思考。而事实上，正是在思考平行来源规则在侵权诉讼中应当扮演何种角色的过程中，关于侵权法之目标的一些最深刻的问题才得以显现。

第二节　对赔偿体系的另一检视

为了对受害人的损害、疾病和死亡作出赔偿，美国每年在侵权赔偿和劳工补偿，以及健康保险、人寿保险和失能保险上的总支出约为1.7万亿美元。其中，侵权赔偿金额高达1750亿美元，约占总赔偿金额的10%。上述所有赔偿来源支付给受害人的净赔偿总额（区别于赔偿加运行成本的总支出）每年约为1.1万亿美元，而侵权诉讼扣除律师费后提供的净赔偿总额最高为900亿美元，约占对损害、疾病和死亡支付的净赔偿总额的8%。[①] 这些数字每年都会增长，但各自比例则几乎保持不变。

在思考侵权责任的恰当形态和范围时，该体系的两项重要实践特点经常被忽略。它们分别是：（1）分配赔偿责任时，对各赔偿来源运行成本的比较；（2）当可以获得一种以上赔偿来源时，不同赔偿来源之间的协调方式。

一　运行成本

根据前文数字可以很清楚地发现，侵权损害赔偿在针对人身损害、疾病和死亡的总赔偿中只占很小一部分。而且，侵权损害赔偿还是一种相对无效率的赔偿方式。在侵权损害赔偿的所有支出中，受害人获得的净赔偿额只占不到50%，其余支出大都流向了原被告律师、保险公司以及运行费用。而相比之下，其他赔偿来源为受害人提供的净赔偿额比例则高得多，大部分都超过了总支出的75%。换言之，向受害人支付一美元侵权赔偿所耗费的运行成本，大约是向受害人支付一美元劳工补偿或第一方保险金的两倍。

然而，从整体观之，侵权法在向受害人提供赔偿方面没有效率这一说法，并不一定是在批评侵权法。同其他赔偿方式相比，侵权损害赔偿对不法行为的矫正或补救功能更显著，其威慑效应也更强。引发损害的事件有很多，仅在谨慎识别出那些具有责任追究正当性的事件后，侵权法才能实现以上目标。该过程需要详细的审前准备和发现，而且在某些情况下还需

[①] See Kenneth S. Abraham, "Twenty-First Century Insurance and Loss Distribution in Tort Law," in M. Stuart Madden (ed.), *Exploring Tort Law* 91 (New York, 2005).

要陪审团对过错、因果关系和损害等事项作出正式裁决。同其他赔偿来源采用的接近于文书程序的运行方式相比，这些工作的运行成本要高得多。此外，其他赔偿方式中，只有劳工补偿在将威慑作为制度目标方面，与侵权法存在些细微相似之处。但劳工补偿是通过追究雇主几乎绝对的预定赔偿金责任来实现威慑目标的，同侵权赔偿的计算相比，该过程的成本较低。因此，劳工补偿避免了侵权损害赔偿中的一部分较高运行成本。

二 赔偿来源之间的协调

我们的赔偿"系统"虽然广泛，但却不成体系。事实上，它的发展是通过许多不同的机制实现的，而且十分混乱。历史上，侵权责任大多系由法院确立，尽管晚近以来其基本被以州为基础的立法修改所覆盖。其他的赔偿来源，比如劳工补偿、联邦医疗保险和联邦医疗补助，都有立法上的渊源。而像人寿保险、健康保险和失能保险这些赔偿来源，则是由市场作用产生，并通过私人合同而非司法判决或议会立法的方式得到执行。

考虑到各种赔偿来源的不同确立方式，它们之间可能发生重叠或重复，就不会令人奇怪了。例如，在对同一医疗费用、预期收入或死亡进行赔偿时，可能同时存在两种或以上赔偿来源。不同赔偿来源之间的协调方法或许极其复杂，又或者在有些情形下不进行协调。[1]

然而，在笔者看来，真正重要的问题其实与这些来源间诸多关系中的一组关系有关：当侵权损害赔偿与损害、疾病或死亡可获得的其他赔偿来源重复时，该如何对二者加以协调。协调的方式不仅影响着侵权法目标的实现，还反映了赔偿"体系"深层结构中的一个重要部分。

我们可以通过了解侵权损害赔偿与其他赔偿来源在一起典型和相对简单人身损害事故中的互动方式，来对该问题加以理解。首先，由于侵权损害赔偿从被提出到被解决需要耗费一定的时间，非侵权损害赔偿来源对受害人的赔偿因而一般会早于侵权损害赔偿。例如，在受害人提起侵权赔偿请求时，其大部分医疗费用很可能已经得到了健康保险的赔付，如果是工伤则可能已经得到了劳工补偿的支付；预期收入也可能已经得到了失能保

---

[1] See Kenneth S. Abraham and Lance Liebman, "Private Insurance, Social Insurance, and Tort Reform: Toward a New Vision of Compensation for Illness and Injury," 93 *Columbia Law Review* 75, 94-98 (1993).

险、劳工补偿或基于工作的病假的至少部分补偿。如果受害人已经因侵权行为而死亡，那么其遗属可能已经得到了人寿保险金和其他死亡赔偿。因此，在绝大多数情形下，侵权法必须要有一项规则规定，对于那些还会获得侵权损害赔偿的受害人，应如何处理其已经获得或将会获得的其他赔偿。这就是一般所称的"平行来源"或"平行赔偿"规则，该规则明确了侵权赔偿在其所处的更大的赔偿体系中所扮演的角色。

两种平行来源规则。在传统的普通法平行来源规则之下，健康保险和失能保险这些平行来源已经或将会向原告提供赔偿的证据，在侵权诉讼中并不能得到采纳。因此，原告可以得到至少是其损失大约两倍的赔偿，赔偿分别来自其第一方保险和侵权诉讼被告。传统的平行来源规则之所以采纳该做法，是为了确保被告对其侵权行为导致的损失承担全部责任，或者使潜在被告受到承担全部责任的威慑。若被告无须对自己所致的损害承担全部责任，其在对损害采取预防措施方面就会投入不足。然而，虽然这一做法可以更有效地鼓励潜在被告采取最佳的损害预防措施，但其也存在过度赔偿受害人的风险。

20世纪80年代起，少数州通过成文法实行了一种可以解决过度赔偿风险问题的做法。该做法从侵权诉讼被告本应向原告作出的赔偿中，扣除了原告已经或将会从其他来源获得的赔偿。同传统的平行来源规则相比，少数州制定的这一规则排除了对同一损失的重复赔偿，但其也引发了一种对潜在加害人威慑不足的更高风险，因为加害人的预期净赔偿责任会比传统规则下轻。

以上对于侵权赔偿与其平行赔偿来源的两种协调方式之差异的标准描述是正确的，但并不全面。尽管传统做法乍一看可能导致重复赔偿，但最终却不一定如此。代位权的制度设计可以避免传统规则下的超额赔偿问题。根据代位权的规则，一方若已经对另一方的损失作出赔偿，就可以获得（"代位取得"）另一方从导致损失的第三方处获取赔偿的权利。例如，在传统规则下，如果健康保险的保单持有人因侵权人的行为支出了医疗费用，健康保险人就可以代位取得保单持有人对侵权人的损害赔偿请求权。这种代位权系由健康保险和失能保险单中的合同条款，以及劳工补偿和联邦医疗保险的成文法所规定。当不存在约定或法定的代位权时，普通法规则有时也会规定代位权。

但这些赔偿来源之代位权的典型行使方式并非由保险人实际起诉侵权

人,而是要求保单持有人从其得到的侵权赔偿中对这些来源进行补偿,保险人按比例应负担的原告律师费经常不包括在内。代位权按其设计在实践中的适用结果是:(1)侵权诉讼被告对其造成的损失承担了全部责任,而没有扣除任何平行来源提供的赔偿,这样就避免了侵权责任威慑效应的牺牲;(2)原告补偿平行来源后得到的净赔偿,并没有使之超额获偿;(3)第一方保险的保费会略有降低,由于保险人可以期待从侵权赔偿中获得其所支付保险金的部分补偿,那么从长远看,它们在制定保费时,就可以将预期的补偿考虑在内。

不幸的是,代位权的实际运作情况经常与此不符。原因之一在于,为了从侵权损害赔偿中获得实际补偿,第一方保险人或其他赔偿来源需要付出极大的努力。首先,健康保险或失能保险人必须确认在自己支付保险金的保单持有人中,是谁遭受了可能系由侵权行为导致的损害。其次,对于保单持有人为该损害而提起的任何侵权赔偿诉讼,保险人都必须全程跟踪监视其过程。这两项工作都需要耗费保险人成本不菲的努力。例如,为了在此类诉讼结束时获得补偿,健康保险人必须在一开始就询问每一个请求支付保险金的人,他们的损害是如何发生的,是否涉及第三方,以及是否已经提起侵权索赔或侵权诉讼。在有理由认为最后可能可以获得补偿的情形下,保险人接收的信息必须要么是毋庸置疑的,要么是已得到证实的,而且之后还必须有经常持续数年或更久的跟踪监视。最后,保险人必须要么参与和解程序,要么参与裁决程序,要么在成文法允许的情况下对侵权赔偿申请留置。仅在潜在的补偿数额值得保险人付出如此巨大投入的案件中,保险人才有可能进行上述跟踪监视。在未被保险人跟踪监视的案件中,受害人或许可以同时保留保险金和侵权损害赔偿。

此外,由于大部分侵权案件都是以和解结案的,代位权也经常因此而存在问题。和解通常是按照低于受害人全部损失的数额确定赔偿金额。此时,如果保险人依然有权从和解赔偿中获得完全补偿,受害人得到的可能就只是部分赔偿。由此观之,允许保险人从侵权和解赔偿中获得自动和完全补偿的后果并不仅仅是防止了过度赔偿,其同时还导致了对受害人赔偿的不足。

对此的解决方案是,仅在已支付的保险金与侵权和解赔偿之和超过受害人损失的情形下,才允许保险人享有代位权,而且,代位权的行使仅以防止过度赔偿为限。这就是著名的"完全赔偿"规则（"make-whole" rule）。[①] 另一种解决方案是"比例"规则（"pro-rata" rule），即在受害人没有获得完全赔偿时，根据和解赔偿金额与受害人损失总额的比例，允许保险人获得部分补偿。[②] 比如，根据该方案，若和解赔偿金额占受害人损失总额的60%，那么平行来源也只能获得其支付赔偿金的60%的补偿，且不包括获得和解赔偿所必要的其应按比例分担的原告律师费。

从理论上说，这两种解决方案都比允许保险人从不足额和解赔偿中得到完全补偿更有意义。但是，在实践中，"完全赔偿"规则和"比例"规则的应用难度却都比保险人获得完全补偿的做法更高。究其原因在于，这两种做法的推行以原告损害总额的确定为前提。完全赔偿规则在原告得到超过其损害总额的赔偿之前，会排除保险人的代位权；比例规则为保险人提供的是保险人对受害人之赔偿的部分补偿，而该部分补偿是以原告的损害总额为分母计算得出的。然而，无须确定原告的损害总额，除了是和解的主要优点之一外，还是和解的一个必要特征。因此，为了使完全赔偿规则或比例规则得以实行，有必要确立某种和解后的裁决程序。根据这两项规则，在当事人为避免对责任和损害的司法裁决而进行和解之后，依然必须通过某种方式对损害加以裁决，尽管这有时只是一种流水线式的总结性程序。

在和解后会适用完全赔偿规则或比例规则的法域，为避免此种"后和解"复杂事项，其最终权利和责任与侵权案件的处理具有重要利害关系的当事人——原告及其第一方保险人、被告及其责任保险人，发展出了一种用于解决从和解赔偿中获得补偿这一问题的、非正式的、和解前的方法。至少在涉及高额损失的案件中，原告的一个或多个保险人会参与到和解谈判当中。确立保险人补偿份额的不是和解后的裁决程序，而是和解前的谈判过程。仅在该问题得到解决后，和解才会发生，如此一来，原被告和解后就无须再处理其他问题。在某些场合出现了一种非正式的"1/3规

[①] See Duncan v. Integon General Ins. Co., 482 S. E. 2d 325 (Ga. 1997); Johnny C. Parker, "The Made Whole Doctrine: Unraveling the Enigma Wrapped in the Mystery of Insurance Subrogation," 70 *Missouri Law Review* 723 (2005); Elaine M. Rinaldi, "Apportionment of Recovery between Insured and Insurer in a Subrogation Case," 34 *Tort & Insurance Practice Journal* 803 (1994).

[②] See Associated Hospital Service of Philadelphia v. Pustilnik, 396 A. 2d 1332 (Pa. Super. 1979).

则",其规定,当存在高额损失时,原告、原告律师、原告的一个或多个保险人各自获得和解赔偿金额的1/3。[1]

这样的结果就是,除了我们在之前章节中看到的,因其他原因导致遭受相对高额损失的原告,其损失获赔比例一般低于遭受低额损失的原告外,代位权制度中的补偿又进一步加剧了这种差异。在较小的案件中,保险人可能得不到补偿,因为其没有跟踪原告的索赔进程,且没有参与在其不知情的情况下发生的和解。对于那些和解的是相对低额索赔请求的索赔人而言,这可能会使之获得几近完全的赔偿,但对于那些必须要用其和解赔偿补偿保险人的高额索赔人而言,这却没有任何作用。

代位权在现实中有时未能产生其理论实施效果的最后一项原因在于,某些情形下的侵权和解赔偿或判决赔偿针对的是持久性损害。此时,侵权赔偿部分取决于原告将来的预期损害,如将来的医疗费用和预期收入。但是对于这些未来的支出,原告可能也同时拥有保险提供的部分保障。严格来说,为了在和解时确定对原告第一方保险人的补偿数额,不仅要计算侵权损害赔偿与平行来源已提供的赔偿相重复的部分,还要计算其与平行来源将要提供的赔偿相重复的部分。否则,原告就会获得超额赔偿。但是,这些计算的确定和执行要比笔者之前提到的某些做法复杂得多,因为其中会涉及对某些保险人尚未提供的赔偿的"补偿"。因此,除最重大的案件外,该问题一般会被整个忽略。

在笔者看来,以上内容说明,在侵权法得以运行的现实世界里,协调侵权赔偿与平行赔偿来源的多数做法和少数做法,都无法令人完全满意。虽然多数做法使侵权法的威慑效应得到了最大限度的保留,但这却是通过剥夺一些高额索赔原告获取完全赔偿的一切可能性,允许一些较低额索赔原告获得超额赔偿,或者使和解程序复杂至远超必要限度的方式而实现的。少数做法避免了这些缺点中的一部分,但也在一定程度上牺牲了侵权法潜在的威慑效应。因此,在威慑效应不是那么重要的场合,例如在"9·11"事件和大部分大规模侵权案件中,少数做法会被认为更具吸引力。

---

[1] Tom Baker, "Blood Money, New Money, and the Moral Economy of Tort Law in Action," 35 *Law & Society Review* 272 (2001).

三 人寿保险的特殊情况

在笔者刚刚描述的所有情形中,人寿保险得到的是一种不同的例外对待。和其他第一方保险来源一样,根据多数做法所采用的平行来源规则,在死者遗属提起的非法致人死亡诉讼中,被告提出的死者遗属已获得人寿保险金的证据不会得到法院认可。因此,人寿保险金和其他保险金一样,都不会从受害人遗属因受害人死亡而获得的任何侵权赔偿中被扣除。然而,人寿保险和其他保险来源的根本不同之处在于,无论是通过合同条款,还是规定诸如遗属利益之社会保障的法定赔偿来源的成文法,抑或是普通法规则,人寿保险人都不享有从受害人侵权赔偿中获得补偿的代位权或其他权利。此外,即使是在已经废除传统平行来源规则,并代之以允许从侵权赔偿中扣除其他保险赔偿的新平行来源规则的少数法域,人寿保险金也不会从侵权赔偿中得到扣除。这样的结果就是,在所有法域,受害人的人寿保险受益人都可以在受害人死亡时获得人寿保险金,同时还可以保留因受害人死亡而获得的全部侵权赔偿。在这些情形中,实际上存在某种程度的自动和强制重复赔偿。

对于人寿保险得到的特殊对待,笔者的解释部分是正式的,部分则出于现实。无论正确与否,这种解释至少在判例法或学者的论述中都难觅踪迹。事实上,司法意见或学者论述中几乎从未提及侵权法对人寿保险的处理方式,更不必说对这种处理方式的深入分析了。

人寿保险的主要目的和作用一般是,在家庭经济支柱如夫(妻)或父(母)死亡后,以赔付的保险金代替家庭因此丧失的收入。事实上,人寿保险在19世纪中期的增长可被归结为人寿保险销售人员的努力,他们说服人们相信,自己在死亡后也负有供养家人的道德义务。[1] 在该理念下,人寿保险发挥的是一种类似于失能保险的收入替代作用,只是后者的作用是替代因受伤而丧失的预期收入,而非因死亡而丧失的预期收入。考虑到二者的这种相似性,就很难理解,为何在死者受益人获取侵权赔偿的场合,对人寿保险的处理方式总是和失能保险不同。既然原告的失能保险

---

[1] See Viviana A. Rotman Zeliser, *Morals & Markets: The Development of Life Insurance in the United States* 94-101 (New York, 1979); Tom Baker, "On the Genealogy of Moral Hazard," 75 *Texas Law Review* 237 (1996).

人享有从原告的侵权赔偿中获得补偿的权利,那么为何不能通过赋予人寿保险人从死者及其受益人的非法致死侵权赔偿中获得补偿的权利,来使其代位取得死者及其受益人的侵权赔偿请求权呢?

该问题似乎极少出现,但对于人寿保险人未被赋予法定代位权这一情况,正式解释如下。法院一直以来都认为,只有在损失填补型保险中,才存在"衡平法上的"代位权或成文法上的代位权。损失填补型保险承保的是某项具体的金钱损失。火灾保险和健康保险由于填补的都是具体数额的金钱损失,因而都属于损失填补型保险。而相比之下,人寿保险并非为某项具体金钱损失提供补偿,当被保险人死亡时,其不考虑该事件所造成的具体损失数额,提供的是一笔事先约定的固定金额的保险金。由于人寿保险提供的不是对具体损失的补偿,处理此类问题的法院因而认为,人寿保险只是一种投资手段或减轻痛苦的方式,而非损失填补型保险。[①] 无论对于人寿保险本质的这种思考方式是否正确,处理该问题的少数法院认为人寿保险没有资格获得司法创制的代位权,至少都是基于这一理由。

然而,人寿保险人本可通过在保单条款中规定代位求偿权的方式来克服这一司法障碍,并通过实际行使条款规定的代位权来检验条款的合法性。人寿保险的投资和抚慰属性是否会妨碍保险人的这种努力是不清楚的,但人寿保险人大可一试,遗憾的是,其从未进行过这种尝试。因此,我们必须为此找到一种基于现实的解释。

对此,笔者的解释是,尝试创设约定代位权在政治上和衡平法层面对人寿保险人不利。历史上,非法致人死亡的侵权赔偿是受到限制的。一方面,赔偿金额有时会受到相对低的数额限制;另一方面,在名义上只有经济损失才能得到赔偿,根据对非法致死成文法的解释,遗属因关系亲密之人死亡而遭受的精神痛苦这一非经济损失,不在侵权赔偿范围之内。但几乎毋庸置疑的是,陪审团有时会以赔偿经济损失的名义裁决被告赔偿原告的非经济损失,而法院一般也会对此假装视而不见。然而,对于受害人的遗属因受害人死亡而遭受的精神痛苦,成文法通常却明文禁止了侵权损害

[①] 事实上,在 20 世纪初时,即便是对于承保医疗服务并直接向医生支付医疗费用的健康保险而言,其是否属于损失填补型保险,并且是否因此在即使保险合同未规定保险代位权条款的情况下,也存在衡平法上的代位求偿权,同样是一个开放性的问题。See, e.g., Michigan Medical Service v. Sharpe, 64 N.W. 2d 713 (1954).

赔偿。随着时间的推移，规定侵权损害赔偿最高限额的各州逐渐提高了最高限额，最终甚至取消了最高限额。另外，仅在名义上得到了遵守的对于精神痛苦之非经济损害赔偿的禁止性规定，最后也得到了废除。在此期间，任何一个想要行使合同代位权的保险人，都需要从死者遗属获得的侵权损害赔偿中获得补偿，而该侵权损害赔偿在一开始又经常被认为数额过低，是一种不完全赔偿，因此，实施这种行为可能会影响人寿保险人的形象。

但是，即使是在非法致死侵权赔偿的限制被取消，以及赔偿金额的水平大幅提高之后，人寿保险人依然从未在保单中创设过约定代位权，亦从未检验过该权利在法庭上的合法性。笔者认为，这可能是因为人寿保险人一直以来都不希望背负从遗孀和孤儿的侵权损害赔偿中寻求补偿的负面名声。不知为何，人寿保险人寻求补偿的行为，看起来像是无情侵夺死亡之父（母）或夫（妻）留给其家人的扶养金，而健康保险人对其为受害人支付的医疗费用寻求补偿的行为，却并不会使人产生相同的联想。于是，人寿保险人就一直在这种无补偿权的规则下生存着，而且并不试图通过合同约定来规避这一规则。人寿保险的运行成本因此也略高于其他保险，但这一略高的原因却从未被提起过。

另外，可以认为，大多数家庭经济支柱并没有购买足够的人寿保险，以保障其被扶养人在其死亡后能得到足够的收入损失填补。[①] 由于包括非法致死诉讼在内的大部分侵权诉讼最后都是以妥协式的和解形式结案，而侵权和解赔偿本身又是不完全的赔偿，因此，不赋予人寿保险人代位补偿权，可以抵消人寿保险购买不足这一现实。非法致死诉讼中的侵权和解赔偿，因而"补足"了受害人遗属获得的或由其本人购买，或由他人为其购买的不足额人寿保险金。

对于这一解释所面临的困境，在笔者看来可能正确的是，其背后的原理在很大程度上也可适用于处理方式不同于人寿保险的其他平行赔偿来源。人们对其他种类保险的购买可以说也是不足的。低额费用医疗的健康保险覆盖率过高，高额费用医疗的健康保险覆盖率则不足；大部分人都没有足够的承保六个月以上伤残的保险，而在这种情况下任何年龄的人都有

---

① See Kyle D. Logue, "The Current Life Insurance Crisis: How the Law Should Respond," 32 *Cumberland Law Review* 1 (2001).

可能面临死亡风险。而且，几乎所有的侵权索赔都会因为和解而妥协让步，和解支付给原告的赔偿低于原告的实际损失，特别是原告律师还会得到每一笔和解赔偿中的1/3。

尽管当（没有死亡的）侵权行为受害人遭受的损失未得到完全的侵权损害赔偿时，不赋予保险人补偿权的做法可以增加受害人可获得的赔偿金额，但人寿保险人以外的其他第一方保险人却还是享有从侵权赔偿中获得补偿的权利。如果要保持一致的话，要么须以避免超额赔偿为原则，规定人寿保险也适用标准的代位权规则，要么须考虑不完全赔偿的普遍情况，否定所有第一方保险人的代位权。以此观之，以同其他保险不同的方式对待人寿保险，正是一种不一致的做法。

有趣的是，在笔者于本章开头提到的"9·11"事件后设立的VCF中，对人寿保险的处理方式开始与其他保险趋于一致。VCF在其本会向索赔人支付的赔偿中，扣除了包括人寿保险金在内的所有平行赔偿来源。这种做法既凸显了侵权损害赔偿中对人寿保险的特殊处理，又凸显了侵权赔偿与其他平行赔偿来源之现行协调方法的基础假设，因而值得研究。

第三节 "9·11"基金

美国国会设立的VCF，引发了公众对于VCF采用的赔偿确定方法，和"9·11"事件受害人应否得到特别赔偿的争议。争议不仅牵涉赔偿恐怖袭击受害人的法律规定，还预示着困扰涉及成千索赔人和数亿或数十亿美元之侵权诉讼的根本难题。逐渐地，对于此类规模和范围的侵权诉讼的解决，开始无法有效服务于侵权法的传统目标。相反，它们为一种特别解决方式的创设提供了机会，这种解决方式不仅承认原被告及其律师的利益，还承认被告雇员及债权人的利益，以及依赖被告运行的当地经济中的利害关系人，和被告潜在购买人的利益。

在这类情形中，侵权赔偿或VCF都只是为侵权事故受害人提供赔偿的体系的一部分。除侵权赔偿以外，体系的另一主要组成部分是第一方保险。因此，即使在VCF已经成为遥远的记忆后，"9·11"事件引起的赔偿和责任问题也依然会在侵权法理论中引起反响。

一 VCF 的运行框架

设立 VCF 的主要动因是美国航空公司在"9·11"事件后面临的处境。[①] 很明显，航空业要恢复到"9·11"事件之前的水平需要相当长的一段时间，这一方面是由于公众对乘坐飞机更加恐惧，另一方面是因为恐怖袭击给经济造成了冲击。航空公司认为，因其未能阻止飞机在"9·11"事件中被劫持而被追究侵权责任的这一持续性威胁，会给其生存和经营造成一种额外的挥之不去的阴影，许多航空公司甚至可能会因此走入绝境。

之后，航空公司以"为了避免可能的经济风险，自己需要从侵权责任中获得保护"为由，成功说服国会在"9·11"事件后不到两周的时间里通过了维护航空公司稳定的立法，该法免除了航空公司对"9·11"事件之损害后果的侵权责任，但这仅限于超出航空公司责任保险保障范围的部分。航空公司依然有可能承担侵权责任，但绝不会因其在"9·11"事件中具有过失的判决，而自掏腰包支付侵权赔偿。

这种特别的做法并不瞩目，因为人们的关注大都集中在了 VCF 的其他特点之上。航空公司所得到的事实上的责任豁免，明显反映了国会和利益相关方对航空公司责任保险所赋予的意义。责任保险承保范围内的侵权责任，会使损失首先在单个航空公司之外得到分散，接着在航空公司责任保险之再保险的层面上得到分散，最终在全球金融市场上得到分散。此时，侵权责任被保险所包含，航空公司的侵权责任到最后其实就是保险赔付责任。

但原告律师主张，简单地免除航空公司未被承保的所有责任是不合理的，必须要为"9·11"事件的受害人及其家人提供替代性的损失赔偿来源。该主张得到了认可。于是，因此而通过的立法中就包含了提供替代性赔偿来源的规定。根据该法设立的 VCF 对选择不起诉航空公司或其他潜在被告的人提供自动赔偿，同时也依然允许受害人对恐怖分子及相关责任主体提起侵权诉讼。

放弃提起侵权诉讼的受害人及其家人适用赔偿的特别管理人（Special

[①] 与设立和运行 VCF 有关的一系列问题的深入分析，see Symposium, "After Disaster: The September 11 Compensation Fund and the Future of Civil Justice," 53 *De Paul Law Review* 205 (2003)。

Master)制度。针对"9·11"事件的特别立法规定,由特别管理人确定索赔人遭受经济损失和非经济损失的程度,并"根据索赔人遭受的损害、索赔事实和索赔人的个人情况",裁定赔偿金数额。[1] 依据特别管理人发布的规则,经济损失根据个案计算,受害人遭受的精神痛苦和遗属经历的悲痛以及其他非经济损失,则被假定为每个受害人25万美元,每个活着的配偶或被扶养人10万美元,但这种假定可被推翻。

关于多少受害人及其家人会选择接受VCF赔偿,多少人会选择提起侵权诉讼,是无法确定的。可是,获得自动赔偿的吸引力,以及通过侵权诉讼获得航空公司赔偿的预期困难,最后VCF赔偿还是逐渐占据了主流。超过97%的死亡受害人的家人通过选择接受VCF赔偿,放弃了侵权赔偿请求权。VCF对受害人及其家人提供了70亿美元的赔偿,每个死亡受害人家庭得到的平均赔偿超过了200万美元。[2]

在大部分情况下,这种赔偿可能会被称作"影子"侵权损害赔偿。[3] VCF提供的赔偿仿照的是受害人在侵权赔偿中可获得的赔偿类型,虽然其对非经济损失的平均赔偿数额无疑低于胜诉侵权索赔人能够得到的赔偿。当然,和侵权损害赔偿相比,VCF赔偿是自动的,索赔人无须证明自己本可在侵权诉讼中胜诉。

不过,VCF赔偿与侵权损害赔偿在一个重要方面是完全不同的。立法规定,特别管理人要在其本会支付的赔偿金中,扣除索赔人因"9·11"空难已经或将会获得的平行来源赔偿数额。特别管理人将该规定理解为(这在大多数观察者看来是正确的),扣除健康保险、失能保险、人寿保险、养老金和死亡抚恤金计划提供的赔偿,但不包括养老金计划中个人负担的份额或人寿保险中死者支付的保费。[4] 因此,向VCF受益人支付的人寿保险金数额,在减去死者已支付的保费数额之后,就从受益人获得的VCF赔偿金中被扣除了出去。减去死者个人负担份额后的养老金同样得到了扣除。作为对政治现实的妥协,对受益人的慈善捐款与取决于未来事件之发生的未来平行来源赔偿(如以受益人没有再婚为支付条件的社

---

[1] Pub. L. No. 107-42, 115 Stat. 230 [codified at 49 U.S.C. §40101], §405 (b)(1).

[2] Feinberg, 1 *Financial Report of the Special Master*, 52-55, 100.

[3] 104 C.F.R. §104.44.

[4] Id., §104.47 (a).

会保障型遗属救济金）一样，不在立法规定的扣除范围之内，尽管该做法破坏了对各种平行来源之处理方式的一致性。

二 损失、需求和赔偿原则

侵权损害赔偿针对的是受害人已经遭受的损失，与受害人是否存在对赔偿的需求无关。如果笔者过失地伤害了一位亿万富翁，他/她就有权对因此遭受的损失主张赔偿，而无论其是否真正需要这笔赔偿。相似地，笔者即使得到损害赔偿也依然不足以过上满意生活的事实，对笔者的侵权赔偿请求权同样没有任何影响。

侵权法对健康保险和失能保险这类平行来源的处理，在很大程度上与赔偿损失时不考虑需求的原则一致。在传统规则下，原告可以得到来自这些来源的所有赔偿，但通常负有从侵权赔偿金中返还这些赔偿的义务。在一些州采纳的修改后的规则下，侵权损害赔偿中会扣除这些来源提供的赔偿。任何一种方式，都不会对损失提供超额赔偿。而且，正如前文所述，鉴于大多数人可获得的人寿保险数量不足，以及非法致死案件中的原告必须向其律师支付1/3侵权损害赔偿数额的事实，侵权案件中对人寿保险的处理方式并不必然会与赔偿损失时不考虑需求的原则相抵牾。

然而，"9·11"事件受害人的家人，不仅将VCF视作一种损失赔偿机制，至少还在一定程度上将之视为一种解决其需求的机制。许多人认为，VCF有义务提供足以使其在"9·11"事件后过上满意生活的赔偿金。于是，VCF在提供赔偿时扣除人寿保险金、养老金和死亡抚恤金的做法，成为整个机制最具争议的特点，就一点也不令人奇怪了。消防员这类救援人员的工资水平尽管一般，但其却能从雇主处获得巨额的死亡抚恤金。若将该死亡抚恤金从VCF赔偿金中扣除，一些受害人的家人因此就只能获得相对低额的赔偿。此外，将人寿保险金从赔偿金中扣除，会使那些在购买人寿保险方面较为积极的人得不到奖励。因为对于那些选择购买人寿保险或从事提供高额死亡抚恤金工作的人而言，其家人的生活状况同其他没有选择这样做的人的家人相比，并没有得到改善。在这些情形下，拥有人寿保险或死亡抚恤金，并没有使他们获得任何好处。

这些批评的合理性在很大程度上取决于如何看待VCF的功能。一种观点认为，作为对侵权损害赔偿的替代，VCF本应像侵权损害赔偿那样，被设计为对经济损失和非经济损失提供几乎完全的赔偿（考虑到侵权诉讼并非百分之百能够胜诉,允许其实际赔偿金额与胜诉侵权赔偿存在些微出入)。但是,就VCF赔偿金中扣除了人寿保险金、死亡抚恤金和养老金的层面而言,VCF未能成为侵权损害赔偿的大致替代物,亦即其未能以与侵权损害赔偿相同的方式填补损失。

另一种观点认为,VCF的功能并不一定是赔偿全部损失,而仅仅是提供一种安全保障,以确保"9·11"事件受害人家人的基本经济需求得以满足。在某种意义上,这是一种更加克制的观点。但是在另一种意义上,这种观点则是更加激进的,因为除损失之外,它还将需求作为赔偿标准。一旦将需求纳入赔偿标准,VCF采取的赔偿方法将招致的批评,就会更加难以估计。一方面,对于较富裕的受害人的家人而言,从对其提供的赔偿金中扣除人寿保险金和死亡抚恤金,至少是对确定合适赔偿金水平的相关因素是需求而非损失这一观点的部分体现。但另一方面,对于像消防员这样的较低收入受害人的家人而言,从对其提供的赔偿金中扣除这类保险金和抚恤金,则并未体现出对需求这一因素的考量。因为在这种情况下,扣除行为可能会使这类索赔人只能得到数额相对较低的赔偿金,而且即使加上人寿保险金以及其他类似补偿金,可能也并不足以满足此类索赔人未来的经济需求。

这种情形之所以发生,是因为受害人家人可获得的人寿保险金,只是对其家庭财富非常粗略的赔偿,对于救援人员而言,死亡抚恤金并非对其家庭财富的赔偿,而是对其职业风险的赔偿。确保赔偿金水平与需求相关的唯一方式是,在调查受害人家庭的经济状况后作出赔偿,而仅仅通过在VCF赔偿金中扣除人寿保险金和死亡抚恤金并不可能使之实现。

然而,探索需求在确定合理赔偿中可能扮演之角色的另一维度是,参考VCF或任何其他协调机制分配赔偿责任的方式。在VCF赔偿金或侵权赔偿金中扣除平行来源赔偿,会将主要的赔偿责任分配给这些平行赔偿来源;而允许平行来源在重复赔偿后获得补偿,则会将主要的赔偿责任分配给VCF赔偿或侵权赔偿。例如,当从侵权赔偿中扣除健康保险金时,对医疗费用承担主要责任的就是健康保险,侵权赔偿承担的只是次要责任,且只对穷尽健康保险赔付后依然存在的赔偿差额承担责任。相似地,从VCF赔偿金中扣除人寿保险金,会将主要的赔偿责任分配给人寿保险,使VCF仅承担次要的赔偿责任。而相比之下,当保险人在侵权案件中支付了保险金,而后又从侵权赔偿中获得补偿时,承担主要责任的就是侵权赔偿，保险则仅对赔偿差额承担责任。

那么，问题在之后就演变成了，侵权赔偿和类似 VCF 这样的项目是否应承担主要赔偿责任，或者健康保险、失能保险和人寿保险是否应承担主要赔偿责任。一方面，从威慑效应和矫正正义的角度而言，一般应当令责任源承担主要责任，以使责任方将其全部活动成本内化，并对受害人承担全部责任；另一方面，从主要考虑确保赔偿的角度而言，应当由第一方保险承担主要责任，因为它们的运行成本比侵权赔偿低得多。

采用最节约成本的责任分配方式，还意味着受害人可获得的赔偿更多，其需求得到满足的可能性因此也越大。故此，因恐怖分子或航空公司未被追究经济责任而不具有威慑效应或矫正正义之目标的 VCF，令包括人寿保险在内的第一方保险承担主要责任，就一点也不让人奇怪了。这种做法固然使联邦基金为受害人提供赔偿成为可能，但也仅限于已有赔偿来源赔偿不足的部分。

尽管 VCF 的资金供应是高效和无限的，但在涉及私人被告造成大规模损害的侵权案件中，上述做法却几乎无法得到认可。因为在需要威慑效应和矫正正义的场合，我们总是希望继续由侵权损害赔偿承担主要的赔偿责任，尽管它是一种相对无效率的赔偿方式。然而，如果像传统的、多数做法下的平行来源规则那样，继续由侵权赔偿承担主要责任，第一方保险承担次要责任，则可能会使本可由第一方保险承担主要赔偿责任的损失，只能得到有限的侵权赔偿。而少数做法则仅在第一方保险对损失的赔偿不足时，才会由侵权赔偿对不足部分承担责任。

笔者认为，以上两种选择之间的核心价值冲突，是关于 VCF 对平行来源处理方式之讨论的最终源头所在。因此，对于侵权法体系之讨论的长远意义可能是，它强调了我们在其他保险赔偿来源已经具备的场合下应如何分配有限的侵权损害赔偿这一问题。而在丝毫不考虑需求满足在以上选择中应扮演之角色的情况下，是很难通过以上方式来思考问题的。

第四节 侵权法在保险体系中的未来

近几十年来，大规模侵权案件已经成为侵权法体系的一个明显特征。与侵权损害赔偿和保险赔付之关系相关的一系列问题，凸显出这种关系在大规模侵权案件中的最高程度的重要性。侵权法体系在某种程度上已经被分割成了两个部分。第一部分是由偶然、零星的损害构成的一般体系。第二部分是由大规模灾难性损失构成的特别体系。作为侵权法体系主要价值的威慑效应和矫正正义，在后一体系中的重要性通常低于前者。侵权责任的威慑效应开始受到现实的制约。当对行为人所追究的责任未超过其责任净值时，侵权责任并未产生额外的威慑力。而且，在涉及长尾责任的案件中，如果受到大规模侵权责任主要影响的被告股东，在被告实施最终导致损害发生的行为时，与被告甚至可能连利害关系都没有，那么威慑效应和矫正正义的作用实际已经大打折扣。

因此，大规模灾难性损失要比零星损失的场合更适于考虑对受害人的最佳赔偿方式，但对于考虑侵权责任的矫正和威慑功能而言，则恰好相反。在大规模灾难性损失的场合，通常而言，可获得的基金为受害人提供的赔偿金额几乎不可避免是固定的，尽管金额本身相对较高。由于在现实中不可能对成百上千起案件都作出裁决，妥协式的和解因此就成了常态。主持和解的律师和法院不能忽视原被告不是唯一利益方的事实。被告的雇员、商事债权人、卖方和顾客，以及被告营业地的纳税人等，对被告将来的存续状态都具有利害关系。如果原告的要求太过苛刻，或自愿的妥协由于其他原因而不可行的话，被告就可以通过公司重整寻求对责任的限制。通过这种方式，被告能够获得一种司法强制的和解。而且，如果当事方可以接受和解赔偿金额低于被告责任保险的最高承保责任限额，那么该和解赔偿很可能会由被告的责任保险人支付。

也正是在这一背景下，在笔者看来其价值取向存在问题的、对精神损害设置统一最高赔偿限额之做法的正当性，得到了最能令人信服（尽管依然有可能存在争议）的解释。这种最高限额会不成比例地使遭受最严重损害的受害人和遭受长期或永久损失的人承受负担，而使遭受损害较轻的人对其精神损害获得完全赔偿。如果认为有必要的话，像其他人所提议的那样，通过某种根据实际情况上下浮动的方法来确定精神损害赔偿，将会是一种更加公平的做法。[①] 但是，在优先赔偿有形经济损失，而非无形

[①] See, e.g., James F. Blumstein, Randall R. Bovbjerg, and Frank A. Sloan, "Beyond Tort Reform: Developing Better Tools for Assessing Damages for Personal Injury," 8 *Yale Journal on Regulation* 171 (1991); Randall R. Bovbjerg, Frank A. Sloan, and James F. Blumstein, "Valuing Life and Limb in Tort: Scheduling 'Pain and Suffering'," 83 *Northwestern University Law Review* 908 (1989).

非经济损失的情况下,像 VCF 那样对精神损害赔偿设置一种低到令人无法接受且稍微有些恣意的最高限额,可能会有助于使受害人的经济损失更易获得有限的侵权赔偿。

"9·11"事件的赔偿经验因此成了我们将来可能面临之难题的预示。一些大规模事故或与之相关的灾难事件的危害范围和程度可能会相当之大,以至于对其导致的损失采取普通的侵权赔偿方法可能是行不通的。在大规模灾难性损失体系中,侵权损害赔偿可能无法发挥与之在一般事故体系中相同的作用。在这一体系里,我们可能需要更有意识地把侵权损害赔偿视为整个赔偿体系的特征之一,并把侵权损害赔偿和其他可获得的赔偿来源同等对待。我们拥有的第一方保险越多,就可能越想限制对侵权损害赔偿的过多关注。

在侵权损害赔偿只是损害、疾病和死亡之众多赔偿来源之一的赔偿体系中,侵权法的事故预防和矫正正义目标,与损失分散和赔偿功能之间存在不可避免的紧张关系。对已经或将要被其他保险来源赔偿的损失追究侵权责任,是将有限的赔偿资源分配给了那些对赔偿的需求可能比无保险者更低的人。

侵权法目标之间的紧张关系,作为侵权法的核心问题,已经以不同方式得到了侵权法体系的调和,但在设立 VCF 之前,人寿保险得到的处理方式一直都不同于其他保险。VCF 以和处理索赔人其他保险相同的方式处理人寿保险的做法,开启了在侵权法体系中以这种方式处理人寿保险的可能性。同时,它也提出了一个由"已经或将会获得侵权损害赔偿时,该如何处理其他赔偿来源"这一难题所引起的关键性问题。该问题永远都无法得到掩盖或回避。当我们将侵权损害赔偿仅仅视为损害、疾病和死亡之赔偿体系的一个组成部分时,我们必须正视它在体系中所扮演的恰当角色究竟是什么。

正如前文所述,两种传统做法都存在严重缺陷,我们因而需要第三种解决难题的方法。包括笔者本人在内的一些学者,已经提议批准第一方保险的保单持有人将其侵权赔偿请求权转让给保险人,以换取更多的保险。这种做法可被称为"完全的代位权"或"无限制的保险代位权",在该做法之下,侵权行为受害人依然拥有形式上的侵权赔偿请求权,但第一方保险合同会规定,受害人获得的所有侵权赔偿都要作为依代位权而生的补偿被返还给保险人,而不仅仅限于保险人已经或将要支付给受害人的保险金。此时,原告就仅仅是名义上的原告,因为真正的利益方是原告的第一方保险人。

这种做法不仅可以保留威慑效应这一与代位权相关的传统平行来源规则的核心特征,还能使潜在的侵权索赔人将其精神损害赔偿请求权,转换成费用更低或保护范围更广的第一方保险。该做法的细节需要得到更加细致的研究,而其支持者也正在为此努力。① 该做法无疑会遭受大量的政治反对,但通过保留侵权损害赔偿的优点,令具有利害关系的机构来承担对各种赔偿来源的协调任务,以及更有效地利用与侵权损害赔偿平行运作的一系列非侵权法赔偿来源,其指向的至少是一个不同的而且可能更有希望的方向。

---

① See Kenneth S. Abraham, "Twenty-First-Century Insurance and Loss Distribution in Tort Law," in Madden (ed.), *Exploring Tort Law* 106-110; Charles Fried and David Rosenberg, *Making Tort Law* 91-92 (Cambridge, Mass., 2003); Robert Cooter and Steven D. Sugarman, "A Regulated Market in Unmatured Tort Claims: Tort Reform by Contract," in Walter Olson (ed.), *New Directions in Liability Law* 174 (New York, 1988); Jeffrey O'Connell and Janet Beck, "Overcoming Legal Barriers to the Transfer of Third-Party Tort Claims as a Means of Financing First-Party No-Fault Insurance," 58 *Washington University Law Quarterly* 55 (1979).

第八章　反复出现的主题，值得深思的局限

　　笔者在之前章节中展示和分析的侵权责任与保险之间的互动关系，在很多方面都是不言自明的。和相关法律规则一样，这种互动关系一直以来也取决于具体的情境，因而不能被简单地予以概括。例如，机动车侵权责任和保险之间的互动关系，与产品责任和保险之间的互动关系，向来就截然不同。但在笔者所分析的侵权法与保险的互动关系中，存在三项长期以来反复出现的特点值得深入研究。笔者拟在本章提炼出之前章节讨论内容的三个主题，并在更一般的水平上简要分析这些主题在侵权法与保险之现代互动关系中的作用机制，同时对于从二者互动历史中可能得出的经验进行反思。

　　第一个反复出现的主题是：责任仅在损失能够获得赔偿的背景下才会出现。侵权法一直都在寻求一种可获得的赔偿来源，它创设或扩张的是可能已经拥有保险或能够获得保险的个人和企业的责任。在既有保险无法承保新型责任时，责任保险人一般通过设计一种承保新型责任的新保险来对之作出因应。第二个主题是：保险在加害人和受害人之间扮演的是一种媒介角色，其影响了侵权诉讼行为和法院对新侵权法规则的创设。不仅保险是支付侵权判决赔偿与和解赔偿的金钱来源，而且保险人还是侵权诉讼事实上的当事人。保险人对诉讼的参与会给诉讼带来影响。第三个主题是：侵权法与保险体系各自发挥的功能出现了越来越多的重合。侵权责任越来越多地发挥着损失分散功能，而损失分散正是保险的核心目的。相应地，保险通过试图创设保单持有人预防损失的激励，也越来越多地与侵权法的威慑功能相重合，尽管这种威慑作用相对较弱。两个体系都在朝着彼此的方向发展，并趋向于重合。于是，随着时间的推移，侵权法越来越类似于保险，保险也越来越类似于侵权法。

第一节　对可获得的赔偿来源的探寻

侵权法和保险之互动关系的第一项特点贯穿了20世纪侵权法发展的始末。在此期间内，责任的平稳扩张大都是通过寻找有保险承保或经由其他方式具备偿付能力的行为人，并将之作为潜在被告来实现的。例如，产品责任的发展，以及曾经主导过失侵权法的无义务规则的瓦解，都反映了这种倾向。

根据前几章的叙述，随着侵权法的发展，曾经无须承担责任的主体在新的规则下成为潜在被告。但这些新型责任并未替换原来的责任主体。根据原来的侵权法规则要承担责任的主体现在依然须承担责任。例如，在产品责任中，原来需要承担过失责任的直接销售者现在依然须承担过失责任。不同的是，原来无须承担责任的生产者如今也要承担责任。这些新增的被告通常比原来单一的被告更有能力为责任投保。而在其他情况下，无责任或限制责任的规则则直接被规定新责任的规则所替代。例如，在土地致害侵权责任的旧规则之下，主人几乎从来不用对社交客人在其土地上遭受的损害负责。但是随着第二次世界大战后房屋建设高潮的出现，房屋所有人责任保险开始广泛实行。此时，房屋所有人得到的强大法律保护有所松动，由于保险的存在，责任规则取代了无责任规则。

但机动车侵权责任领域发生的情形则与该主题描述的情形存在一定出入。在该领域内，规定责任和潜在责任人的规则在整段时期内基本没有变化。保险的逐步扩张是为了确保责任人有保险保障。毕竟，追究无保险保障或身无分文的驾驶人之责任的判决书只是一张废纸。驾驶公共汽车和驾驶私家车的行为被纳入标准保单的承保范围，以及强制责任保险规定的最终通过，都是保险的这种发展的例证。通过这两种方式，这些情形下的被告就可以借由保险或其他方式拥有偿付能力，从而提高了应受救济的原告实际获得赔偿的机会。

由于原告律师系在风险代理的基础上接案，并由其决定起诉何人以及援用哪些法律规则，因而其一直以来都是诉讼程序赖以进行的关键。事实上，也部分是由于这一原因，在潜在被告不可能得到保险保障的情形下，侵权法从未有所扩张。与此类似，诉讼中针对有保险保障的被告提出的主张，有时也取决于保险赔偿的可获得性。例如，如果被告唯一有价值的财产是承保过失责任而非故意损害责任的保险,那么对原告及其律师来说,主张非法侵犯(battery)几乎是没有好处的,因为故意损害正是非法侵犯的要件。①

尽管推动新法律规则创设和保险发展的动因,是找到或创造一种有保险或有偿付能力的赔偿来源,但看起来很明显的是,确立新责任的法律规则一旦得到采纳,责任往往就会呈现出一种独立发展的样态。保险虽然在创设责任时具有正当性,但其在之后往往会逐渐淡出影响责任的舞台。责任创设后,规则的逻辑和概念结构有时会引起规则的扩张适用,但这与承保扩张责任的保险的可获得性无关。

对此,保险市场可以通过两种大相径庭的方式作出应对。在大多数情形下,保险市场通过将新的潜在被告或新的损失发生原因纳入承保范围,来满足人们对新责任的保险需求。根据第四章和第五章所述,医疗过失责任和传统产品责任领域正是如此。由此,责任与保险之间就形成了一种螺旋结构。当保险已经可获得或预期可获得时,责任便会被创设;当责任在理论和实践中同时扩张时,潜在被告就会购买更多的保险以保护其免遭扩张的责任威胁。而且,至少部分是由于更多责任保险的可获得性,诉讼的数量和侵权损害赔偿金与和解赔偿金的数额均有增加。因此,责任保险对其自身需求的创造也有促进作用。②

然而,责任和保险的螺旋结构有时并不是一种普遍的形式,因为保险人有时不能或不愿意为新的责任承保。例如,根据第五章所述,20世纪80年代,CERCLA规定了溯及既往的、严格的和连带的污染清理责任,联邦"超级基金"危险废物清理计划不仅没有促进环境污染责任保险的扩张,反而还导致了其近乎完全的消失。环境污染责任保险开始对保单持有人提供的污染责任保障看起来只是有限的,但对于保单的扩张性司法解释,最终导致保险业在之后签发的保单中加入了"绝对的"污染免责条款。

---

① Tom Baker, "Liability Insurance as Tort Regulation: Six Ways That Liability Insurance Shapes Tort Law in Action," 12 *Connecticut Insurance Journal* 1, 4-9 (2005); Ellen Smith Pryor, "The Stories We Tell: Intentional Harm and the Quest for Insurance Funding," 75 *Texas Law Review* 1721 (1997).

② Kent D. Syverud, "On the Demand for Liability Insurance," 72 *Texas Law Review* 1629 (1994).

保险市场对新型责任的两种不同反应表明，保险的可获得性可以引起民事责任法的修改，而后者反过来又会导致更多的保险出现。然而，矛盾的是，在某些情况下，责任的扩张不仅可能无法引起保险承保范围的扩大，甚至还有可能导致已有保险的承保范围缩小。

从这些实践中得到的经验是，民事责任的确立或扩张经常会引起责任保险的扩张，但也并非总是如此。保险人有时可能夸大了责任扩张与逆向选择、道德风险、关联损失、司法风险问题之间的因果关系。保险市场有能力承保保险人之前担忧可能会引发这些问题的风险，已经得到了显著的证明，尽管这有时可能无法使保险人实现其认为合适的利润水平。不过保险人也并非总是夸大其词，因为某些责任可能确实令保险人认为不值得为之提供私人保险。

第二节　担任媒介角色的保险

保险的作用并不仅仅是给侵权诉讼的被告提供补偿，或者赔付受害人遭受的损失。除此之外，它还在侵权诉讼原被告之间以多种形式发挥着普遍的媒介作用。这种媒介作用部分涉及信息的沟通。保险人与保单持有人之间的信息沟通经常通过保险人的代表人实现。但更重要的地方在于，由于保险人在侵权诉讼中享有实质性权利，并扮演着十分明确的角色，故保险人的存在也会影响争议的实际处理结果和侵权法潜在的发展方向。

一　影响纠纷结果和法律规则变化

责任保险人影响纠纷结果的第一种方式是：法律规则变化的可能性，受到责任保险人在侵权诉讼中所扮演的角色的影响。上诉法院在审理案件时尤其要经常面临，根据作为侵权诉讼客体的侵权行为发生时已有的法律规则作出裁判，和创设新的法律规则进行裁判之间的矛盾。法院创设的新规则"溯及既往地"适用于其正在审理的案件这一几乎普遍的惯例，促成了该矛盾的产生，因为当事人并非总能合理预见到法律规则的变更。而且，大多数无保险的个人被告，如医生、驾驶人、房主和租客，也不可能预见到潜在的法律变更并提前预测和调整自己的行为。这类主体预见不到新法制定的这一事实，无疑会减缓法律规则的变更进程，因为法院在某种程度上并不愿意对某些无保险的被告溯及既往地追究责任。

但是，当前述被告拥有责任保险时，其无法预见法律修改的影响就减弱了，因为该影响可以在保险人的保单持有人中间得到分散。法院无疑已经认识到了机动车侵权责任保险、房屋所有人责任保险、医疗过失责任保险及其他个人责任保险广泛推行的事实，并且在某些案件中，其对创设新法会对个人诉讼当事人造成不利影响的顾虑，势必还会因这一事实而减轻或消除。而且，法院当然也知道，同个人相比，责任保险人这样的企业实际更有能力预测法律的修改。在这样的环境下，法院因新规则会对在审案件当事人造成不利影响而不创设新规则的意愿就会减弱。故此，被告（尤其是个人被告）拥有保险的事实，很可能会促进法律的修改。

第二种方式是，法律规则修改的进程也可能会受到责任保险的影响，因为当其他因素相同时，原告及其律师对财产有限的被告提出索赔的可能性会更低。无索赔，自然无新规则；仅在有人提起诉讼或上诉时，才可能发生法律规则的变更。因此，原告更愿意向有保险的被告提出索赔，以及责任保险人比普通个人更有能力进行应诉和上诉，都为法律规则变更创造了更多的机会。

至少在某种程度上，法律规则变更发生的机会越多，实际发生的法律修改就越频繁。在可能的法律修改达到最大限度之前，必然要有足够多的代表不同事实情形且引起不同法律问题的上诉案件。责任保险在20世纪的推行和传播加速了此类案件的大量发生。而且，由于在20世纪，法院里发生的侵权法修改几乎都是单向性的，因此，侵权案件中责任保险人的存在也促进了侵权责任的扩张。

讽刺的是，尽管在引起侵权法修改的每一起案件中，责任保险人都会反对责任的扩张，但它们往往每次都能从责任的扩张中获益。对于未能成功实现的对法律变更的反对，责任保险人投入其中的努力越多，其责任保险的需求最终就越高。给被告造成威慑的责任范围越大，引起的责任保险就越多。于是，从长期看来，责任保险人以一种"输"的方式得到了"赢"的结果。保险人在致使责任扩张的案件中败诉，扩张后的责任则促成了一个每年2000亿美元赔偿数额的侵权法体系的产生，在该体系中，责任保险的重要性同之前相比实现了指数式的扩大。

第三种方式是，保险人的和解模式和程序明显不同于无保险保障之被告的和解，无论此时的被告是个人还是企业。正如我们在第三章所看到的和其他学者更详细的说明的那样，责任保险人采用的是一种促进流程化和解的程式主义做法。① 由于责任保险公司的工作人员有很多案件需要处理，故其在和解案件时依据的是一种被告本人不太可能采用的经验法则。相应地，责任保险人就成为和解领域的老手。他们具有长期经营和解事业所形成的声誉，而且拥有一系列可以自动分散其风险的待决索赔。相较而言，大部分被告并不经常参与和解，或者只是偶尔经历一次和解。因此，在非常规案件中，无保险保障的大企业被告可能会比责任保险人更加厌恶风险。对于那些拥有需要保护之财产的无保险被告可能选择和解的案件，责任保险人更能承担不和解的风险。

最后，也最明显的是，陪审团相信被告拥有保险，增加了陪审团追究被告责任的可能性。机动车侵权案件和医疗过失侵权案件中尤为如此。尽管陪审员们通常也知道或认为自己知道，在被告拥有保险的场合，并不能将责任保险作为裁决理由。在不一定有价值的案件中，陪审团可能并不愿意为了让令人同情的原告获得赔偿，而对个人被告课以巨大的财务负担。然而，如果是对被告的责任保险人课以这样的处罚，该陪审团的内疚感可能就会相对较低。在这种情况下，即使不修改法律，责任保险的增加也会促进侵权案件的胜诉概率及其赔偿金额的增加。

二 不断改变的互动关系

我们在第一章中看到，从一开始，责任保险人提供的就不只是对保单持有人的补偿，还有对保单持有人被提起之诉讼的免费抗辩。因此，保险人雇佣的律师就会介入被告和诉讼中发生的所有事情之间。此外，由于在这种情形下，处于风险中的金钱全部是或者至少部分是保险人的，被告与诉讼及原告的联系因而就会更加松散。在一些极端但并非罕见的案件中，要么是判决赔偿数额不会超过被告之保险的保险金额，要么是被告在所投保险之外没有其他财产，故而在上述情形之下，出于现实的目的，被告的角色仅仅是提供证言的证人。

另外，由于被告拥有责任保险，原被告之间也不存在直接的联系。原告经由其律师处理诉讼事项，而且，同原告律师交涉的是被告的责任保险人，或保险人雇佣的代表被告的律师，而非被告本人。如果原告已经得到

---

① John Fabian Witt and Samuel Isaacaroff, "The Inevitability of Aggregate Settlement: An Institutional Account of American Tort Law," 57 *Vanderbilt Law Review* 1571 (2004).

了来自其第一方保险人对其损失的部分赔付（这种现象非常普遍以至于已经变得常规化），那么原告与诉讼的联系也会有所减弱。这是因为，根据笔者在第七章介绍的约定代位权或衡平法上的代位权，对于保险人已经支付的保险金，原告负有从自己的侵权赔偿或和解赔偿中补偿保险人的义务。此时，原告只是被告或其责任保险人支付原告之健康和失能保险之保险人的中转人。

最后，被告的诉讼行为可能会受到其责任保险的影响。当责任保险人的金钱处于风险中时，它们就会主导诉讼。在大多数责任保险单项下，被告的保险人享有控制对索赔的抗辩与和解的权利。保单规定，作为对保险赔偿的交换，保单持有人在保险人实施抗辩行为时负有协助义务。尽管该规定的实施情况各有不同，但其的确产生了实际影响。一方面，对唯一高价值财产是责任保险的被告提起的诉讼，受到的抗辩要比对无保险被告提起的诉讼更为强烈。毕竟，无能力履行判决的无保险被告承担的只是理论上的财务风险，而保险人承担的却是真实的财务风险。另一方面，拥有财产同时也拥有保险保障的被告，对诉讼抗辩的投入可能会比其本人金钱直接处于风险中时更小。在这些情形下，由于被告在侵权诉讼中的风险有所降低，原告胜诉的可能性或许会略有增加。为了应对这种不易察觉的事后道德风险，保险人采用了经验费率法厘定未来保费，但是对索赔不频繁的原告而言，这种方法并不合理，而对于那些索赔频繁的原告而言，高免赔额或自负额可以产生与经验费率法相同的作用。

总之，原被告之间在法律上和在逻辑上的直接纠纷实际是通过一系列媒介而发生的，而责任保险人就是这些媒介之一。保险不仅使原被告彼此分离，还以一种重要方式使原被告与诉讼发生了分离，其在削弱当事人彼此之间联系的同时，也减弱了当事人与纠纷的利害关系。矫正正义、经济与政治责任以及民事责任的道德属性，全部都发生在了这种媒介情境中。

第三节　功能的相互重合

一个多世纪以来，侵权法和保险相互影响的最后一种主要方式是相互采纳彼此的目的和政策。在所有的功能交换情形中，损失分散和威慑功能的交换最为重要。通过越来越多地发挥损失分散功能，侵权法不仅开始依赖于潜在被告的责任保险的可获得性，实际上也越来越类似于保险。而与此相似的是，保险也逐渐发展出了根据被保险人遭受损失的可能性，分别收取不同水平保费的能力，因而促进了损失的预防。就此而言，保险也越来越类似于侵权法。

我们经由第二章了解到，20世纪初以后，几乎是在确立劳工补偿制度的同时，损失分散原理也开始被作为追究民事责任的正当基础，而损失分散同时也是保险的核心功能。严格来说，劳工补偿中存在的并非"侵权"责任，而是"责任"。据称，对雇员遭受之工伤承担责任的雇主，会将赔偿成本分摊到其产品或服务的价格中，损失因此就能在消费者群体中得到分散。之后，这种观念得到了更为广泛的思考，除劳工补偿领域外，其他各种侵权责任领域也是如此。

20世纪中期，企业责任理论渐趋发达，其主要特点之一为：人们认为，同受害人相比，对产品相关损害和其他损害承担责任的企业，更有能力将补偿损害的成本转移给消费者群体。因此，关于侵权责任合理范围之讨论长期以来都至少在部分程度上取决于，潜在的伤者或受害人是否以及在何种情况下更有能力通过购买保险或其他方式来分散损失风险。于是，损失分散能力就成了对侵权责任合理范围之主流分析的考虑因素之一。

反过来，侵权法的威慑功能也逐渐被保险所吸纳。由于两项原因，保险人试图根据保单持有人的风险程度收取保费。首先，这种做法有助于防范逆向选择。所谓逆向选择，是指风险程度高于平均水平的人，倾向于购买与其风险程度不成比例的保险。其次，这种做法有助于防范道德风险。所谓道德风险，是指被保险人对避免损失施加注意之激励的降低。这是因为未来的保费往往会反映之前的损失经历，或者损失经历至少可被用于预测未来的风险。为了防范道德风险，保险人还经常在保险单中规定免赔额和共保条款。尽管保险为被保险人的损失风险提供了保障，但费率厘定、免赔额和共保条款通过为被保险人提供最小化其损失的激励，也促进了威慑效应的发挥。

保险人除了采用以上手段降低事前道德风险，即损失发生前的风险外，还会通过一些手段来降低事后道德风险。根据我们的了解，保险人面临的主要威胁有时就是事后道德风险。例如，尽管拥有健康保险很少会提高保单持有人生病或受伤的可能，但是一旦保单持有人生病或受伤，健康保险就会给保单持有人制造一种消费超过必要限度之医疗服务的激励。健康保险中出现的管理式医疗，谨慎地控制了可保医疗服务的数量，正是用于应对这种激励的一种尝试。可以说，现代的管理式医疗代表了一种防止医疗服务"过度消费"的努力。

总之，侵权法已将损失分散作为其目标之一，保险也将损失预防纳入了其结构体系之内。从理论上而言，两体系之间的这种交叉融合本是一件有利无弊之益事。无论是侵权法还是保险，二者从来都不是一个纯粹或完美的体系。在适当的情形下，两体系的功能重合在实现体系各自的目标方面，会比严格的功能区分更有效率，这已得到某些事实的证明。但功能重合所发挥的并非完全是积极作用，其对体系的结构特点同时也产生了其他影响。事实证明，由于笔者接下来将会叙述的一些原因，在一些不同的情形下，两个体系都未能非常有效地发挥另一体系的功能。

一 作为保险的侵权法：通过确立责任分散损失

侵权法通常不是一种低成本的损失分散工具。它基本以过失为归责事由，事实认定为其必要程序，且高度取决于个案具体情形，因而是一种非常昂贵的损失保险。笔者已经在前几章中的几处提到，平均而言，侵权法对受害人的支出不足其总支出的1/2。在某些领域，如医疗过失责任和产品责任领域，侵权法对受害人的支出甚至只占其总支出的1/3。除受害人外，支出的对象还有律师、责任保险人和诉讼费用。与此形成强烈对比的是，健康保险和失能保险等第一方保险对受害人的支出比例要高出许多，通常高于80%，这是因为大部分保险索赔无须经过诉讼，而且第一方保险的运行成本也比侵权法低得多。

侵权法在控制事后道德风险方面，也远远不如保险有效率，因为侵权诉讼原告不同于健康保险和失能保险的保单持有人，他们无须受管理式医疗标准、共保条款、免赔额条款这类可用于防范道德风险的合同条款的限制。恰恰相反的是，根据我们在之前章节中的了解，侵权诉讼原告接受的医疗服务越多，其暂停工作的时间就越长，陪审团对其裁决的损害赔偿金也就越高，而且原告本人对此无须负担任何额外的成本。由于健康保险正变得越来越普遍，这种乘数效应未来对侵权诉讼成本的影响可能会比现在更大。

由于其他原因，侵权法也并不是非常有效的保险机制。其中一个原因是，在某些场合，侵权法可能会提高逆向选择的风险。在产品责任和医疗过失责任领域中，购买者和销售者之间存在直接或间接的合同关系。因此，销售者所提供的产品或服务的价格中，就会包含销售者对购买者或其他在购买者获得产品后受到产品影响的人，应承担的潜在侵权责任的成本。然而，由于根据购买者的损失风险对不同购买者设定不同的产品或服务价格，是一件几乎不可能完成的任务，故所有的购买者往往会支付相同的"侵权保险"保费，作为产品或服务价格的一部分。这样一来，同低风险购买者相比，高风险购买者可能就会倾向于购买更多的产品或服务，因为这样可以使其以相同的价格获得更多的保险。对于某些需求非常没有弹性的产品或服务而言，其购买量并不会发生太大变化，但其中依然存在低风险购买者对高风险购买者的交叉补贴。

侵权法不仅可能引起这种低风险潜在受害人对高风险潜在受害人的交叉补贴，还可能引起较低收入潜在受害人对较高收入潜在受害人的交叉补贴。对于相同的产品和服务，高收入购买者和低收入购买者支付的包含在产品或服务价格中的"侵权保险"保费相同。但是，在支付相同"侵权保险保费"的情况下，当高收入购买者遭受损害时，他们可以得到更多对于收入损失的侵权赔偿，因为他们损失的收入更多。事实上，在低收入产品购买者和医疗服务消费者与高收入购买者和消费者之间，存在前者对后者的交叉补贴。

最后，由于关联损失（correlated losses）的影响，侵权法损失分散功能的发挥并不理想。当面临关联损失时，保险无法良好运作。仅在保险人承保的风险相互独立于彼此时，大数法则才能在保险中发挥作用。否则要么是保险人可因无损失发生而赚取巨额利润，要么是保险人由于大部分或所有保单持有人都遭受损失而无力赔付，损失分散功能因而无法实现。同样地，某些侵权责任也可能会受到关联损失的严重影响。如果产品被证明存在设计或警示缺陷，购买或使用人群广的产品的生产者，可能就要对相当多的受到产品损害的产品购买者、使用者及其他受害人承担责任。此时，生产者可能并不是很合适的保险人，因为其可能会因承担灾难性的责任而破产。[①] 当然，生产者或许也可以通过购买责任保险，来为其责任风险提供一定程度的保障，但在此之后，责任保险人也面临着相似的难题，而且必须找到一种方式来分散风险。因此，大规模侵权责任通常无法很好

[①] See Richard A. Epstein, "Products Liability as an Insurance Market," 14 *Journal of Legal Studies* 645 (1985).

地实现损失分散的目标。但如第七章所述，由于威慑效应在大规模侵权案件中经常会受到减弱，这些案件因而越来越多地被与损失分散而非威慑关联更多的赔偿因素所主导。

二 作为侵权法的保险：在承保损失的同时预防损失

正如侵权法通常不是一种非常有效的保险机制一样，在某些情况下，保险在损失预防方面通常也不是很有效。毕竟，保险损失分散的特征与损失预防之间存在根本矛盾。仅在损失分散功能受到限制时，保险才能发挥损失预防的作用。另外，仅在保单持有人可以通过预防损失影响未来保费时，费率厘定形成的风险分类才能为保单持有人制造维护保险标的安全的激励。然而，风险分类的因素常常是保单持有人之构成或活动的不可变特征，此时，费率厘定便无法提高安全性。以过往损失经历为基础的费率厘定方法制造安全激励的能力最强，因为保单持有人的未来保费会直接受到当前损失经历的影响。但是，完全的经验费率法仅在保单持有人的损失基数较大时，才能发挥其统计学上的作用。对于损失基数不大的保单持有人，经验费率法的作用有限。免赔额及投保限额也能够产生安全效果，并得到了保险人越来越多的使用，笔者将于下文对此详加介绍。

然而，费率厘定尽管不能直接影响安全水平，但其通过影响对更安全活动的资源分配，或许依然可以影响活动的数量，从而影响损失预防。从事损失风险较高的活动，自然须承担较高的保险费。在其他条件相同时，较危险的产品会比其更安全的替代品的保险费更高，因为前者引发的责任风险更高；与此相似，在其他条件等同时，治疗冠状动脉阻塞的外科手术就会比无创诊疗的保险费更高。故此，资源通常就会被分配给更安全的活动。这样的结果可能就是，安全系数高的活动越来越多，风险系数高的活动越来越少。

但是，和费率厘定中的某些影响因素是不可变的一样，某些活动也是不可变的。为了降低所支付的机动车侵权责任保险费，笔者固然可以拥有更少的汽车，即使保费是根据笔者拥有驾驶执照的家人的年龄（不可变因素）所确定。但是，笔者无法通过进行更少的生存的"活动"，来降低人寿或健康保险的保费。而且，如果笔者的劳工补偿或产品责任保险的保费与总收入存在函数关系的话，那么对笔者而言，为了降低保费而提供更少的服务或生产更少的产品是没有意义的。

保险若要在损失预防中扮演更重要的角色,最具吸引力和最简单的方式是采用更高的免赔额。这是一种得到认可的预防道德风险的方法,同时为保单持有人创造了将其损失降到最低程度的激励。但其中的疑问则是,为何这种做法并未得到更多的采用?

(一) 公司购买保险的动因

关于该疑问,存在若干解释。首先,大型公司保单持有人往往已经自行在其保险计划中采用了较高的免赔额或自负额。例如,对于 CGL 保单项下发生的责任,美国大型公司普遍自行承担最初的 100 万美元或更高金额的赔偿责任。[1] 对于众多的此类公司而言,该责任水平处于能被合理预测的范围之内,且每年保持稳定。而如要购买那些全额赔付的责任保险,需要向保险人支付处理和赔偿预测范围内之损失的费用,以及其他附加保费。所以对于合理预测范围以外的责任,美国公司才往往会购买责任保险。而小型和中型公司一般则会采用更低的免赔额,因为它们无法轻易地自我承保高额责任。

但是,为何美国最大的公司每年购买数亿美元的责任保险,却只采用了数百万美元的自负额,这依然是一个有趣的问题。为何一些最大的公司每年总收入达到数百亿甚至千亿美元,资产净值达到数百亿美元,购买的却只是每年仅提供 5 亿美元或更低保额的责任保险?此类公司的股东无疑有能力通过分散个人的风险组合,独立承担该数额的责任风险,而无须公司为其代劳。对于小型或中型公司而言,购买保障其对雇员、供应商和顾客应承担之责任的责任保险的确可以使其获益,因为责任保险可以使其免于因承担侵权责任而招致财产减损。就此而言,责任保险是小型和中型公司的一种保障机制。[2] 但是,对于非常大型的公司而言,由于责任保险承保的责任金额在公司资产净值中所占比例较小,因而几乎没有保障作用。

对此的一种解释或许是,购买责任保险的大型公司,同时还从保险人处购买了促进公司降低损失并因而降低保费的风险管理服务。但不幸的是,这种解释所依赖的事实前提在很大程度上并不正确。大型责任保险人

---

[1] 关于免赔额的使用及其引起的复杂情况,see Kent D. Syverud, "The Duty to Settle," 76 *Virginia Law Review* 1113, 1185—1193 (1990)。

[2] 对购买似乎适用于小型和中型公司的责任保险的这种解释和其他解释,see David Meyers and Clifford W. Smith, "On the Corporate Demand for Insurance," 55 *Journal of Business* 281 (1982)。

拥有的相关知识，或许可以使自己在风险管理方面比小型和中型公司更具优势。但是，责任保险人实际极少向大型保单持有人提供风险管理服务，大型保单持有人其实比保险人更了解自己的企业。例如，同责任保险人相比，通用电气（General Electric）公司更了解如何制造涡轮机，波音（Boeing）公司也更了解如何设计飞机的发动机。而且，关于如何维持生产安全，两家公司的了解程度至少和保险人是相同的。每个公司都设有风险管理部门，在如何降低损失方面，除公司已经采取的措施外，保险人恐怕也无法为公司提供太多别的风险管理手段。

另外两种解释在体系中体现得并不是很明显，但笔者认为它们更具说服力。证券市场对公司未保责任（uninsured liability）之反应令公司非常担忧，而这两种解释都涉及于此。第一，尽管大型公司极有能力自我承保数亿美元的侵权责任风险，但在实际发生未保责任的任何一年，公司的资产负债表都会受到影响。是故，必须要采取措施对此加以应对。由于证券市场可能会对这种影响反应过度，购买责任保险就成了平衡每年的资产负债表的一种方法。此外，由于公司管理层可能持有大量的公司股份，从而使其风险的分散性低于普通股东，避免公司资产负债表受到冲击，可能更多的是为了维护管理层的自身利益。[①] 购买责任保险使公司得以避免自行承担周期性的高额侵权责任，因而也就避免了公司自我保险储备金的减少，这就不会给资产负债表造成太大影响，而每年支付的保费引起的只是资产负债表的微小变动。于是，对大型公司而言，购买承保非灾难性责任的保险，是对短期财务风险的预防，而非对损失风险的转移。一旦有保险承保的大型公司发生了责任，谁应支付赔偿金当然值得公司与保险人争议一番，但获得针对责任的保险赔偿可能并不总是保险交易首要的核心目的。

大型公司购买保险的第二项原因与前述第一项原因有关。如果公司没有购买责任保险，并在之后发生了高额责任，公司股东很可能会以董事未购买责任保险为由，主张董事违反对公司的忠实义务而对董事提起诉讼。诉讼的结果取决于，陪审团是否相信不购买保险的决定属于合理的商业判断。经济学家或许可以立即明白不购买保护大型公司小部分资产净值的保

[①] Tom Baker and Sean Griffith, "The Missing Monitor in Corporate Governance: The Directors' and Officers' Liability Insurer," 95 *Georgetown Law Journal* 1795 (2007).

险，其实是一种审慎的行为，但事后才得知情况的陪审团中的非专业人士，则可能无法立即理解。所以，购买责任保险可以避免这种风险。

在不存在可适用的免责条款的情况下，公司董事在此类股东诉讼中被追究的责任，一般可以得到董事责任保险的保障。法律禁止公司就董事被追究的责任向其作出补偿，而董事责任的数额近似等于公司因未投保CGL保险而遭受的损失。这样一来，董事责任保险的保险人就间接地成为公司的CGL保险人。因此，极少有保险人会愿意为没有购买CGL保险的公司提供董事责任保险，因为这样做会使其董事责任保险不得不承保双重风险——首先是直接的董事责任保险下的风险，其次是间接的公司未购买的CGL保险下的风险。总之，即便是大型公司也会购买CGL保险，这在一定程度上是因为若不购买CGL保险，其将很难购买到董事责任保险。

故此，如果大型公司不担心资产负债表的平衡和能否购买到董事责任保险的话，购买CGL保险的利益对其而言将并不明显。而且，除了这种担忧外，如果此类公司打算购买CGL保险，对它们而言可能更具意义的是，在可能发生的责任超过数亿美元时才购买此种责任保险（此时，保险中实际存在一个数亿美元的免赔额），而非以现在这样的方式购买保险。在现在这种方式下，保险责任终止而非起始于该责任水平。有趣的是，笔者在第五章中分析的CGL保险可信赖性的降低，也使公司在朝着这个方向发展，尽管进程十分缓慢。

（二）对高免赔额和高保险金额的鼓励

由以上分析而产生的一个更广泛的问题是，对于购买各种保险的大型及小型保单持有人而言，购买更少承保低额损失的保险和更多承保高额损失的保险，是否对其更加有利。当然，保险理论表明，有限的金钱应当被用于保障高额损失而非低额损失。普通个人究竟购买了多少承保小型低额而非高额损失的保险，是不完全清楚的。但通过对30年来保险交易新闻的阅读以及与保险学教授的交谈，笔者产生的一种强烈印象是，典型的个人保险消费者通常会购买免赔额相对较低的保险。这样的结果就是，同更多的高免赔额是常态的情形相比，承保低额损失的保险更多，承保高额损失的保险更少。

保单持有人遵循这一看起来与其利益相悖之实践的原因在于，他们似乎想从其支付的保费中获得一些实际的好处。当保单持有人本人必须对其低额或轻微损失承担高比例的补偿责任时，他们有时会觉得其保险提供的保障是不足的。而且，有许多保单持有人是根据劳动关系拥有的健康保险，此时其并不直接支付保费，因此当他们必须要为医疗费用支付免赔额或共负额时，他们会感觉自己的权利遭到了否定。在这种情形下，保单持有人可能认为自己拥有的是有保障的医疗服务，而非健康保险。于是，共负额的义务被认为是这种医疗保障中的一个缺口，而非控制医疗服务数量和增加高额损失保险的有效手段。

由于这些保单持有人对保险的态度，经纪人、代理人、雇主和其他保险中介可能会发现，如果保险可以为其个人顾客或雇员的损失提供更高比例的赔付，那么将可能会有相当一部分顾客或雇员对其服务更加满意。而中间人需要维持满意度的低额和轻微损失风险顾客，要远远多于因未购买足额保险而遭受超过保险金额之高额损失的顾客。由于这一原因，保险代理人和其他中介可能并不会鼓励投保人采用更高的免赔额，以及购买保险金额也相应更高的保险。

保单持有人拥有的承保低额损失的保险可能过多，承保高额损失的保险可能不足的第二项原因是，当保单持有人被提起索赔时，消费者机动车侵权责任保险或房屋所有人责任保险中的任何种类的免赔额或共同保险，都会使保险人抗辩与和解义务的适用复杂化，高的免赔额或共同保险当然包括在内。在无免赔额和共同保险的情况下，保险人的义务是确定的。若索赔请求在原告胜诉时可能属于保险承保范围，责任保险人必须要对索赔请求进行抗辩；若原告提出的和解要约是合理的，责任保险人必须接受。然而，如果这些责任保险中存在免赔额或共同保险，那么就需要针对更复杂的，而且可能存在交叉的新义务，拟定和批准新保单条款。例如，当保单持有人不同意支付免赔额部分的和解赔偿时，保险人可能就无法与原告达成和解。那么此时，就必须制定相关规则规定，保险人可在何种情形下请求或要求保单持有人支付免赔额部分的和解赔偿。而这又会引起有关规则适用范围的诉讼。于是，保险人会发现，对其最有利的做法是顺其自然，以及向个人保险消费者销售不含免赔额的责任保险。

大部分保险都不存在高免赔额的最后一项原因是，保险人销售低免赔额的保险赚取的收入，可能比销售高免赔额的保险高。虽然"若保险中的免赔额更高，同样的保费可以购买到更多保险保障"这一说法是正确的，但保单持有人还是会选择在保险方面支出得尽可能少。鼓励采用更高的免赔额，并不会使大多数保单持有人以相同的保费购买更多的保险。相反，许多人会选择以更低的保费购买与以前同样多或稍微多一点的保险。由于保险公司的利益往往不仅通过提高盈利能力而实现，扩大经营规模也能够增加其利益，故保险公司的经营者不会一味地鼓励保单持有人采用高免赔额。因此，使用高免赔额或共同保险的机构压力可能就会比预想的要小一些，因为保险人的收入会因使用高免赔额或共同保险而减少。

但是采用无免赔额或极低免赔额的实践，是与保单持有人的利益相悖的。保险的首要功能是分散保单持有人自己无法有效承担的损失风险。个人可以轻易地控制相对低额的损失，而最需要保险保障的其实是高额损失。采用低免赔额且无共同保险的做法，会使保险持有人将有限的保费花费在承保低额损失的保险上，因而使保险人丧失了鼓励保单持有人购买更多承保高额损失之保险的机会。这种实践同时也破坏了保险的损失预防能力，因为普通的保单持有人对发生概率高、严重程度低的损失风险，具有的利益极小。而更高的免赔额和共同保险则可以更有效地促进对事前和事后道德风险的预防。如果保险被重构为包括由保单持有人支付的高共负额，那么保险就能够同时且更有效地实现对最严重损失的分散和预防。

而问题是如何才能实现该假设。最不具有强制性的做法是，由州保险监理官颁布一项监管规则，要求保险人必须在免赔额和共同保险之间，给予消费者保险的投保人一种清晰的选择，而且这种选择的空间要比现在更大，即保险人所提供的免赔额和共同保险的种类要更多。另一种稍具强制性的做法是制定一项默示性的监管规则，要求除非投保人明示选择了更低的共负额，否则自动适用高免赔额和共同保险条款。此外，还可以通过设计一种可选择的机动车侵权责任保险和房屋所有人责任保单来实现上述假设。在这种保单项下，投保人选择的责任保险金额越高，免赔额和共同保险的水平就越低。保险人的抗辩义务和和解权利依然与现在一样，但保单持有人必须受保险人和解决定的约束。保险人的和解决定会使保单持有人承担共同保险的义务，而该义务的功能则非常类似于保险期间末进行的追溯式保费计算。这种在保险期间结束时对保单持有人收取额外费用的做法，会对保单持有人有些不利，但作为回报，保单持有人可以获得更多的保险保障。总之，以上三种方式都可以鼓励保单持有人更多购买承保具有破坏性的高额损失的保险，更少购买承保更能被个人控制的低额损失的保险。

三 值得深思的局限

试图利用侵权法促进损失分散,利用保险促进损失预防的实践尽管已持续了几十年之久,但其距离完全成功依然极其遥远。事实上,笔者希望自己已经表明,影响现代侵权法和保险之特征的部分原因,正是两个体系有时会被要求承担其无法有效承担的职能。侵权法不可能成为完全令人满意的损失分散工具,保险也不可能成为完全有效的损失预防工具。然而,侵权法或保险在20世纪的实践发展,却恰好反映了这一追求。当我们以超过两个体系能够正常发挥功能的限度,试图从侵权法中获得更多的损失分散,从保险中获得更多的损失预防时,往往必须付出相当巨大的社会和经济成本。控制两个体系功能交叉的程度,似乎是这一难题的自然解决方法,但是二者当前相互渗透的程度已经非常之深,以至于这种简单的做法并不可行。一个世纪的相互影响和发展已经以许多不可逆的方式融合了两个体系。

重要的是,变革是否必要,一直都是一个"同何者比较"的问题。当单独考虑时,减少侵权责任,并使侵权法的一些损失分散功能回归到保险当中,可能是一种合理的做法。但是,这种做法也可能会降低责任的威慑效应。那么接下来的问题就是,我们用以促进威慑效应的其他工具,如市场调节作用和政府安全管制,是否能够补充侵权责任被降低的威慑效应。另外,笔者在第七章的总结处提到,可以赋予人寿、健康和失能保险的保险人以其保单持有人之名的完全的代位求偿权,且笔者本人及其他人在别处也曾表达过这一提议。这样的话,个人就无须再提起侵权诉讼。而且,作为将所有侵权赔偿请求权转让给保险人的回报,保单持有人可以得到更为慷慨的保险赔付。可见,这种做法可使侵权诉讼在保留责任威慑效应的同时更加流程化。[①]

[①] See Kenneth S. Abraham, "Twenty-First-Century Insurance and Loss Distribution in Tort Law," in M. Stuart Madden (ed.), *Exploring Tort Law* 106-110 (New York, 2005); Charles Fried and David Rosenberg, *Making Tort Law* 91-92 (Cambridge, Mass., 2003); Robert Cooter and Steven D. Sugarman, "A Regulated Market in Unmatured Tort Claims: Tort Reform by Contract," in Walter Olson (ed.), *New Directions in Liability Law* 174 (New York, 1988); Jeffrey O'Connell and Janet Beck, "Overcoming Legal Barriers to the Transfer of Third-Party No-Fault Insurance," 58 *Washington University Law Quarterly* 55 (1979).

和我们现在所为的利用侵权法促进损失分散的做法可能并不妥适一样，利用保险促进损失预防通常也是一种不值得提倡的做法，尤其是在如果这样做就会不当妨碍保险损失分散的能力时。根据保单持有人的责任风险分别收取不同保费的精确度越高，保险的损失预防能力就越强，但损失分散能力就越弱。反过来，责任保险区分收取保费的精确度越低，其损失预防的能力就越弱，但损失分散的能力就越强。这不仅在责任保险中成立，在第一方保险中也同样成立。保险一直以来都将自己置于纯粹的损失分散与最大限度的损失预防之间的某个位置。而现实问题就是，任何特定保险安排所产生的损失分散与损失预防功能的结合，是否是最优的，以及可能改变这种结合的法律规则是利大于弊还是弊大于利。在大部分情况下，我们可以通过在所有保险单中设置更高的免赔额条款，来更有效地促进损失预防和最佳的损失分散，但通过更精确的保费区分来创造损失预防的激励并不可取。

笔者认为从以上分析以及整本书的许多内容中应当得到的经验是，我们应当主要在侵权法和保险体系各自最擅长的层面利用二者，而且仅在采取某种必要措施便可实现的层面上对二者进行利用。"侵权法是一个追求一系列不完全相容之目标的体系"这一20世纪的观点在21世纪逐渐转变为：侵权法如今追求的目标中，有一些是只有保险才能有效实现的，有一些是保险充其量只能以补充的形式实现的，还有一些则是侵权法和保险都无法有效实现的。事实已经证明，两个体系均无法完全达到我们所期望的理想状态，此时，寻求其他的实现方法将会是一种更加明智的做法。因此，在这两个体系的一些重要方面，"少即是多"或许是正确的。

译后记

　　侵权法与保险等损害救济机制的相互协同,共同构筑了高度复杂的受害人损害救济体系。本书作者肯尼斯·亚伯拉罕(Kenneth S. Abraham)研究了 20 世纪初至 21 世纪初这 100 多年里美国侵权法和保险体系的各自发展及相互联系,从结构特点和运行方式两个层面对侵权法和保险的相互作用进行了探析,不仅为二者功能的更好发挥提供了一种崭新思路,也为现代损害救济体系的完善提供了指引。

　　本书的翻译是译者博士论文研究的承接和延续。译者在攻读博士学位期间与保险法结缘,保险法的小巧精致以及诸多仍待研究的理论空白之处,激发了译者对之的研究兴趣和热情。结合此前的民法研究积累,在针对保险法的一些问题初作探索之后,译者逐渐将研究目光集中于损害救济体系的建构。损害救济来源的多元性导致受害人在遭受损害后,不仅可以向侵权人请求侵权赔偿,还能够从商业保险、社会保险等途径获得救济。当从多种途径获取的救济超出实际所受损害的范围时,就会使受害人因损害而获益,这似乎不符合民法损失填补原则的一般法理。是故,损害救济的诸种机制需要由法律加以协调。如何构建一个公平合理且富有效率的损害救济体系,亦是一项极具理论与实践意义的研究课题。在搜集相关资料期间,译者发现了本书,并在阅读之后深受启发。然而考虑到损害救济体系的建构这一主题实在过于宏大,两三年的博士论文写作时间恐怕难以驾驭,于是译者选择将目标收窄,先从保险代位权的角度探讨侵权赔偿与商业保险赔付这两种损害救济方式的协调,之后再将本书翻译过来,展示美国学者对此问题的研究和见解,以为后续研究作好铺垫。

　　值得一提的是,本书无论是在研究视角、研究方法,还是学术见解方面都具有较高的创新性。就研究视角而言,在本书之前,学者只是对侵权法和保险体系分别进行研究,而从未对二者的相互联系展开过系统分析,本书则填补了这一理论空白,独辟蹊径,在前人对两个体系的单独研究基础之上,开启了对两个体系的综合研究。在研究方法方面,本书主要采用的是一种实证性的研究方法。对于侵权法与保险的相互联系，本书大多数情况下是对现象的客观描述和分析，既未对此种相互联系的利弊得失作出评判，也未对任何侵权法改革表示支持或反对，秉持的是一种客观中立的研究态度。在学术见解方面，本书提出应当保留侵权损害赔偿，将对各种赔偿来源进行协调的任务留给具有利害关系的机构，并且更有效地利用其他平行赔偿来源。此外还应在侵权法和保险体系各自最擅长的层面利用二者，而且只在采取某种必要措施便可实现目标的层面上对二者加以利用，以更有效地促进损失预防和损失分散功能的实现。

美国的损害救济体系十分广泛和发达，既包括侵权赔偿，也包括由健康保险、失能保险、人寿保险、机动车保险、劳工补偿保险、责任保险和财产保险所构成的庞大的私人商业保险体系，还包括联邦医疗保险、联邦医疗补助和社会保障失能保险这类公共性的"社会"保险。由这些损害救济机制所牵涉的机制协调问题自然也极为复杂和棘手。同美国相比，我国的损害救济体系远未发展到此种精细程度，所面临的具体的损害救济方式的协调问题也不尽相同。然而，问题的形态固然不同，本质却是相通。本书对美国损害救济体系运作现状的展示和反思，亦能为我国损害救济体系的建构和相关问题的解决提供一些前瞻性的启发。所谓"前事不忘，后事之师"，我国损害救济体系的建构或许能够借助于后发优势，得到更为完满妥适的设计。

"译事艰难"是众多翻译者常挂嘴边的四个字，经由对本书的翻译，译者本人也切身体会到了这四个字的重量。本书的翻译始于2016年秋，此后又经历了三轮校对，最终于2019年春节定稿。寒来暑往中，尽管翻译工作始终在四季如春的空调房间内进行，但忠实原文之"信"与中文表述之"达""雅"之间的权衡，以及对翻译语言凝练性、准确性和学术性的追求，都着实让翻译经验有限的译者倍感抓狂与折磨，时常陷入躁动不安的情绪当中。所幸的是，经过反复的修改和润色，译稿最终达到了译者基本满意的程度。同时，也要感谢王骁同学卓越的校对工作。当然，由于译者水平有限，反复的校对可能仍然无法完全避免其中的错误和疏漏。还请读者不吝批评、指正，有任何意见或建议，欢迎来邮，以便译者进一步完善。译者的邮箱是：wuyiwencivillaw@163.com。

武亦文

2019年7月16日于珞珈山